MAX LIEBER-
MANN

BERND KÜSTER/ELLERT & RICHTER VERLAG
MAX LIEBERMANN
EIN MALER-LEBEN

Für Wilhelm M. Busch

Max Liebermann

„Ich glaube, daß es kaum einen anderen Maler gibt, über den zu schreiben undankbarer wäre, und mir scheint darin ein Vorzug meiner Kunst. Natürlich ist es leichter, über einen zu schreiben, der alle paar Jahre mit einer anderen durchgeht oder jeden Abend in der Gosse liegt oder sonst sich genialisch gebärdet. Ohne Stürme ist mein Leben dahingegangen, wenigstens ohne äußerlich sichtbare: mein Leben ist und war Mühe und Arbeit und ich glaube, daß ich mit meinem Pfunde nicht gewuchert habe."
(Max Liebermann an Gustav Pauli, 26. September 1911)

Vorwort	9
Berliner Kindheit und Jugend	11
Weimar	24
Paris	32
München	48
Holland	56
Berlin	70
Der Naturalist	90
Der Impressionist	108
Die Sezession	121
Im Zenit des Schaffens	143
Schwarzweiße Kunst	151
Sezessionskrise	156
Die Lebenswelt des Klassikers	170
Kriegszeit	180
Der Porträtist	187
Späte Jahre	196
Maler und Jude	207
Das Ende	214
Epilog	225
Biographie	227
Register	229
Literaturverzeichnis	230
Impressum/Bildnachweis	232

Die Lebensgeschichte Max Liebermanns blieb auch im Ruhm eine Geschichte von Ressentiments. Als ein Maler, dessen Natur auf die Verwirklichung eines großen Werkes drängte, hat er sich niemals frei von Vorurteilen entwickeln können, beschwor mit seiner Arbeit vielmehr neue Vorurteile herauf: gegen den Wahrheitsanspruch seiner Kunst, gegen seine klare Absage an künstlerische Heuchelei und falsches Pathos, gegen seinen unbeugsamen und lauteren Charakter, der auf beinahe vollkommene Weise mit seinem Werk verschmolz. Gewichtig bis zuletzt blieb ein Ressentiment gegen seine jüdische Abstammung, das seiner großen Karriere jenes letzte Maß von Erfüllung vorenthielt, welches er hätte erwarten dürfen.

Max Liebermann, 1927

„Ein kindlicher, origineller Künstler mit einem starken Herzen ..."
(Jozef Israels über Max Liebermann)

Eine Epoche lang stand Max Liebermann auf der Höhe der Kunst, mit seinem Werk führte er, allen voran, die deutsche Malerei aus dem 19. Jahrhundert in die Moderne. Dann drohte dieses Werk zwischen den Mahlsteinen der Geschichte zerrieben zu werden, und zuletzt blieb, demütigend und unverständlich, der größte Maler seiner Nation peinlich isoliert; im Tode konnte er nicht einmal mehr die Zuversicht haben, daß sein Name und sein Lebenswerk ihn überdauern würden.

Liebermann verkörperte eine Epoche, aber er lebte in Widerspruch zu ihr. In tiefem Bekenntnis zur Humanität gab er durch seine Arbeit Gegenbilder zu seiner von humanitären Idealen nicht gerade heimgesuchten Zeit. Seine Kunst wuchs aus Überzeugung, und niemals handelte Liebermann anders als seiner Überzeugung gemäß. Er war ein ungeliebtes Kind seiner Zeit und wurde doch zuletzt ihr bedeutendster Repräsentant. Talent sei Charakter; dieser von ihm gern zitierten Gleichung konnte er selbst eine große Wahrscheinlichkeit geben.

Max Liebermann gehörte nach Berlin. Hier wohnte er am einen Ende der Prachtstraße Unter den Linden, der Kaiser an dem anderen. Sie hatten wenig füreinander übrig, Liebermann nannte den Kaiser „Wilhelm den Letzten", dieser den Maler einen „Anarchisten". Wilhelm II. wollte das Liebermannsche Haus neben dem Brandenburger Tor erwerben, um es abreißen zu lassen; der Maler untersagte das und blieb wohnen. Sein Widerspruchsgeist und seine Zivilcourage machten vor keinem Kaiser halt.

Dann sah er mit an, wie Wilhelm II. von seinem Ende der Straße wich; das Kaisertum, dessen Demütigungen Liebermann zeitlebens ausgesetzt war, zerfiel. Ein neues Zeitalter, wie es in seinem Frühwerk utopisch angelegt schien, brach an, doch er begegnete ihm nicht mit Euphorie. Fast wehmütig sah er eine Ära untergehen, mit der ihn tiefe Haßliebe verband, zu der er in beständigem Widerstreit stand, an der er jedoch Anteil hatte und deren Tugenden er ganz verinnerlichte. In hoher Selbstdisziplin und einem beinahe unermüdlichen Fleiß schuf Liebermann sein Werk, preußischer konnte Kunst nicht entstehen. Sechs Jahrzehnte Arbeit führten ihn schließlich zu Weltruhm, doch dieser Ruhm blieb ohne Glück.

Einmal hat Max Liebermann erklärt, er sei als Jude geboren und würde als Jude sterben – aber das war nach den achtzig Jahren seines Lebens nicht mehr dasselbe. Über sein unwürdiges Ende Betroffene haben ihm – in befremdendem Zynismus – nachgerufen, er habe ganze drei Jahre zu lange gelebt, um auf der Höhe seines Ruhms aus der Welt abzutreten. Liebermanns ganz unbeabsichtigte Assimilierung ist ihm manchmal zum Vorwurf gemacht worden; er empfand sich in stärkerem Maße als Preuße denn als Jude, und darin setzte er eine familiäre Tradition fort, die wenigstens zwei Generationen vor ihm begann. Zu spät kam seine Einsicht, darin gefehlt zu haben.

Aus dem Dunkel, das sein Leben beschloß, steht sein Lebenswerk neu auf, nicht nur als ein epochales Stück Kulturgeschichte, sondern auch als ein tiefes Bekenntnis zu Humanität, zum Aufrechtgehen des Menschen in Würde – und damit als ein immer noch brauchbares und immer wieder notwendiges Stück Utopie.

Max Liebermann wurde in die Zeit eines lautlosen Umbruchs hineingeboren, in das Ende einer von außen beschaulichen, in sich geschlossenen biedermeierlichen Welt. In jenen Tagen war Berlin beinahe noch provinziell, in Geruhsamkeit ging das Leben seiner dreihunderttausend Einwohner vor sich, wohl auch an jenem Sommertag, da Liebermann in dieser Stadt geboren wurde. Das geschah am 20. Juli 1847 in der Burgstraße, mitten im kaufmännischen Zentrum der späteren Reichshauptstadt. Das Haus des Kaufmanns Louis Liebermann war erst um die Mitte der vierziger Jahre in der Burgstraße 29 unmittelbar neben der Herkulesbrücke viergeschossig errichtet worden, dem Bau der Berliner Stadtbahn mußte es später weichen.*

„Ich entsinne mich noch deutlich des Hauses, das sicherlich aus der Schinkelschule hervorgegangen war und einfach und vornehm aussah. Auf der anderen Seite der Straße war die Herkulesbrücke, die über einen Nebenarm der Spree führte und deren Figuren jetzt auf der Brücke stehen, die zum Lützowplatz führt. Von der Burgstraße zogen meine Eltern in die Behrensstraße 48 in ein Empirehaus, das einem Bierpalast weichen mußte." (Max Liebermann).*

Die von C. G. Langhans entworfene Herkulesbrücke war mit allerlei Figuren Schadows bestückt worden, darunter die des Herkules im Kampf mit dem nemeischen Löwen. Diese Figurengruppe war auf Anregung des Hofbaumeisters einem Motiv der Florentiner Ponte Vecchio nachgebildet worden. Als diese Skulpturen auf den Lützowplatz umzogen, war Liebermanns Elternhaus bereits ein anderes geworden: nach vorübergehendem Domizil in der Bischofstraße und der Behrensstraße zog die Familie in ein Palais unmittelbar an der Nordseite des Brandenburger Tores. Der Erwerb dieses Hauses, in welchem Max Liebermann noch bis zu seinem Tod wohnte, vollzog sich 35 Jahre, nachdem erstmals ein Liebermann Berliner Boden betreten hatte. Das war der Großvater Joseph Liebermann, der 1824 aus Märkisch-Friedland in Westpreußen hierher übersiedelte, gefolgt von seinen beiden älteren Brüdern.

Gemeinsam gründeten sie als „Gebrüder Liebermann" ein Handelshaus für Manufakturwaren, sahen sich eine Zeitlang auf dem Markt um und beschlossen, sich an der anschwellenden Flut der Warenproduktion direkt zu beteiligen. Zunächst wurden sie Teilhaber an einer Fabrik für Kattundruck, doch darin erfüllten sich ihre geschäftlichen Ambitionen nur vorübergehend. Nach der Jahrhundertmitte erwarben sie zwei abgewirtschaftete schlesische Eisenhütten, brachten diese zum Florieren und finanzierten aus den Renditen den Kauf der „Danneberg'schen Kattunfabrik" in Berlin, womit sie unabhängig wurden von Teilhabern. In der Zwischenzeit hatten die Neffen Joseph Liebermanns eine Reihe weiterer Produktionsbetriebe gegründet, es bildete sich ein verzweigtes Netz Liebermannscher Industrieunternehmen, die den Familiennamen zu einem der gesellschaftsfähigsten in der späteren Reichshauptstadt machten.

Joseph hatte drei Töchter und sieben Söhne; Benjamin, den ältesten, entsandte er nach England, um ihn das Verfahren des maschinellen Baumwolldrucks studieren zu lassen; Benjamin leitete später den väterlichen Betrieb mit den etwa einhundert Beschäftigten, der zu einer wichtigen Bastion gegen das bis dahin bestehende englische Monopol heranwuchs und in seiner Branche führend in Deutschland wurde.

* Zur Geschichte dieses Hauses: Renate Kroll „Das Geburtshaus von Max Liebermann", in: Kat. „Für Max Liebermann", Nationalgalerie Berlin/DDR 1985, p. 173

* Zitate Max Liebermanns werden im folgenden ohne Nennung seines Namens wiedergegeben. Zum Verständnis des zeitlichen Zusammenhangs wird gegebenenfalls die Datierung dem Zitat nachgesetzt, im Falle eines Briefzitats um den Namen des Adressaten ergänzt. Nicht von Liebermann stammende Zitate sind namentlich gekennzeichnet.

Eine erste Anekdote der Familiengeschichte lieferte der Großvater: Anläßlich einer Audienz bei Friedrich Wilhelm IV. – nicht III., wie der Maler später erzählte – soll der Kommerzienrat Joseph Liebermann auf die Frage, wer er sei, dem König erwidert haben: „Majestät, ich bin derjenige, welcher die Engländer vom Kontinent vertrieben hat (nämlich in der Kattunbranche)."*

*1869 erschien ein Artikel über die Liebermannsche Kattunfabrik unter dem Titel: „Wer verdrängt hat die Engländer von de Continente." (In: „Die Gartenlaube")

Außer dem Sohn Adolph, der mit einem Hang zum Musischen etwas aus der Art schlug, waren die Söhne Joseph Liebermanns entweder Mediziner geworden oder blieben dem Familienunternehmen verbunden. Adolph Liebermann, durch Heirat in Adelsstand und Reichtum versetzt, hatte eine ansehnliche Kunstsammlung angelegt, zu der auch Menzels berühmtes „Eisenwalzwerk" gehörte. Die übrige Familie mochte das Bild nicht.

1824 ließ Joseph Liebermann sich malen, im Innern seines mönchisch eingerichteten Kontors, mit jüdischer Kopfbedeckung am Pult sitzend, dem Geschäftlichen nur vorübergehend abgewandt. Das Selbstbewußtsein eines zum Unternehmer aufgestiegenen Bürgers spricht aus dem Portrait und nicht minder bereits aus dem Entschluß zum Gemaltwerden, mit welchem sich Joseph Liebermann in Widerspruch zu jüdischen Glaubensregeln setzte. Das Bild gleicht kaum einem Fabrikantenporträt der Gründerjahre, eher einem Gelehrtenbildnis aus vergangener Zeit. Es stimmt milde gegen den Dargestellten, seine Züge sind die eines ernsten, strenggläubigen Mannes, der alles andere als ein Despot zu sein scheint. Das Bild verrät, daß Luxus nicht in dieses Leben paßte. Der schmucklose Innenraum, worin nur die Rücken der Geschäftsbücher ein wenig Verzierung zeigen, steht für ein puritanisches, ganz auf Arbeit ausgerichtetes Leben der Familie Liebermann, die aus märkischem Kleinbürgertum in die höchsten Kreise der preußischen Hauptstadt aufgestiegen war. In Charlottenburg baute sich der Millionär Joseph Liebermann ein Landhaus, in dem der Enkel Max viel Zeit seiner Kindheit verbrachte. Die fanatische Enthaltsamkeit allem Zweckfreien und Luxuriösen gegenüber kehrt noch auffällig bei den Söhnen wieder, auch bei Louis, der das Unternehmen kaufmännisch betreute.

Louis Liebermann war fünf Jahre alt, als die Familie nach Berlin zog. Sein Leben war durch die väterlichen Unternehmungen vorbestimmt, darin mußte sich seine Karriere erfüllen, als mehrfacher Millionär immerhin, aber durch den ererbten Betrieb reglementiert.

Wie hat man sich ihn vorzustellen? Sein Sohn Max hat ihn mehrfach gezeichnet, in allen Darstellungen kehren die milden Züge Joseph Liebermanns nicht wieder; Louis erscheint verhärtet, zu Herzlichkeit oder Heiterkeit kaum fähig. Er wurde Abgeordneter der Stadt, sein Ressort die Armen- und Waisenfürsorge, das er in sozialem Verantwortungsgefühl, aber leidenschaftslos und ohne allzugroßes Mitgefühl versah. Die Askese des Vaters lebte in ihm weiter, Louis war tief gläubig, enthaltsam, ein ausgesprochen streng Erziehender.

„Mein Vater, Louis Liebermann, erzog mich, treu dem Glauben der Väter, in der jüdischen Religion." (Max Liebermann in seinem Lebenslauf, den er zum Abitur einreichte.)

Keine Frage, daß Kunst dem puritanischen Louis Liebermann nicht viel bedeutete. Temperament und Veranlagung des Sohnes Max rührten wohl von der Mutter Philippine Haller her, mit der er seit 1841 verheiratet war. Bei der Ketzervertreibung unter Ferdinand III. war die Familie Haller aus Wien verbannt worden und seither in Hamburg und Berlin ansässig. „Mein Großvater mütterlicherseits, Haller, war Juwelier und Inhaber der Firma Haller & Rathenau. Der Bruder meines Großvaters siedelte sich in Hamburg an und trat zum Christentum über, und dessen Sohn war der berühmte Bürgermeister Haller, dem Hamburg 1866 seine Unabhängigkeit zu danken hatte."

Es war die Mutter, die in ihrer lebensbejahenden wie klugen Art den enthaltsamen Lebensstil durchbrach, dessen strenge Prinzipien aber kaum zu verdrängen vermochte. „Von bildender Kunst verstand sie soviel oder sowenig wie ihr Mann, der ein nebensächliches Interesse höchstens für italienische und italisierende Ausgeglichenheit und Glätte aufbrachte." (Julius Elias, „Max Liebermann zu Hause", Berlin 1918, p. 27)

Man hat bei der bemühten Suche nach Vorfahren des künstlerischen Talents immer wieder auf die Wiener Linie der Familie Haller verwiesen, wo Schöngeistiges zum Leben gehörte, doch bei Philippine entwickelte sich neben Charme und Güte nur das Talent zum hübschen Dekor; Kunst sagte ihr im Grunde nichts. Durchs Liebermannsche Haus wehte der Geist der Gründerjahre, erklärte Lebensziele waren Rentabilität, Rendite und Reichtum. Den Alltag bestimmte nüchterner Ehrgeiz. Das familiäre Unternehmen prosperierte wie alle jener Zeit in dieser Stadt, der gesellschaftliche Aufschwung der Familie wurde in zweiter Unternehmergeneration noch entschiedener. Der Name Liebermann stand für einen ganzen Seitenzweig der Industrie in Preußen; ein Kapitel Berliner Industriegeschichte ist mit diesem Namen verbunden, jenes, das den Übergang der Stadt in eine Metropole bezeichnet.

Zwischen 1840 und 1860 verdoppelte sich die Einwohnerzahl Berlins, dann noch einmal innerhalb des folgenden Jahrzehnts, womit die Millionengrenze überschritten wurde. „Wer Berlin vor zehn Jahren gesehen hat, würde es heute nicht wiedererkennen. Aus einem steifen Paradeplatz hat es sich in das geschäftige Zentrum des deutschen Maschinenbaus verwandelt." (Karl Marx, 1859)

Die Familiengeschichte Liebermanns wurde ein Präzedenzfall vom Aufstieg des Bürgertums im Wilhelminischen Preußen. Kaum eine Generation lag zwischen den Betreibern eines kleinen Manufakturhandels und den Statthaltern eines Industrieimperiums. Die Revolution von 1848 gab das auslösende und stimulierende Fanal, sie brachte zwar dem Bürgertum eine politische Niederlage, aber einen moralischen und vor allem wirtschaftlichen Sieg, den es sich nicht mehr nehmen ließ. Unter seinen Händen verwandelte sich das ländliche Königreich beinahe hastig in einen Industriestaat, die Flut der Produktion lief fort bis ins Deutsche Reich und noch fast bis ans Ende der Monarchie. Tatsächlich hatte das Bürgertum um die Jahrhundertmitte bereits triumphiert, als die alten feudalen Musterstaaten, geschichtlich längst veraltet, noch nominell bestanden. Beispiel für das Aufbäumen des Industriewesens: 1800 gab es in Berlin die erste Dampfmaschine, 1846 in Preußen etwa 1100, 1860 sechsmal soviel, eine davon in der Liebermannschen Kattunfabrik. Die Kehrseite der Entwicklung: vor allem aus den heruntergekommenen Ländereien der preußischen Güter trieb es Massen auf der Suche nach Arbeit in die blühende Industriestadt. Um die Jahrhundertmitte galten 96% der Einwohner Preußens als unbemittelt oder arm, davon lebten 2,5

Das Haus der Familie Liebermann
Pariser Platz 7, neben dem
Brandenburger Tor
(Foto um 1930)

Millionen unter dem Existenzminimum, mit heutigen Maßstäben kaum vergleichbar.
Beide Bewegungen betrafen Berlin in stärkerem Maße als andere Ballungsräume, etwa das Ruhrgebiet. Während sich die Einwohnerzahl in drei Jahrzehnten mehr als verdreifachte, lebten zwei Drittel in Klein- oder Kleinstwohnungen, mit sieben Personen im Durchschnitt. Fast einhunderttausend Berliner zogen allabendlich zu ihren für Pfennige angemieteten Schlafstellen, eine feste Bleibe kannten sie nicht.
Am Landsberger Tor, am Cottbusser Tor, auf dem Rixdorfer Feld und am Frankfurter Tor wuchsen Elendsquartiere aus Bretterbuden. Hier lebten die von den preußischen Rittergütern Entflohenen und nahmen selbst diese unwürdigen Lebensumstände noch als eine Vergünstigung des Schicksals; in den Provinzen östlich der Elbe hatten selbst die Schweine besser gelebt als diese Menschen.
Zu Denkmalen der Berliner Gründerjahre wurden die nach Reichsgründung aus dem Boden gestampften Mietskasernen, die das Wohnungselend eindämmen sollten. Aber auch in diesen kalten Quadern hausten Seuchen; Hygiene gab es kaum im Mindestmaß. Die Innenhöfe, in die hinein spärlich das Tageslicht fiel, waren gerade so groß, daß eine Feuerspritze darin wenden konnte. Es ist wichtig, sich das vor Augen zu führen, weil dieses Massenelend das Liebermannsche Haus nicht berührte. Besser als Liebermanns konnte man in Berlin nicht wohnen. Das Haus am Pariser Platz Nr. 7, wo die Familie den ersten Stock für sich behielt, flankierte das Brandenburger Tor im Norden, westlich des Hauses lag der bewaldete Tiergarten, von der Charlottenburger Chaussee durchschnitten. Nach Osten öffnete sich der Pariser Platz, längs der Straße Unter den Linden sah man hinunter bis zum Kaiserpalast. Das politische Leben der Stadt zeigte sich aus dieser Perspektive öffentlich und spektakulär, in Paraden, Aufmärschen und Staatsempfängen. Max Liebermann konnte sein Leben lang das alles mit ansehen, bildlich festgehalten hat er es nicht. Neben seinem Haus lag das Palais Friedlaender-Fuld, zur Seite des Platzes, Unter den Linden 38, die Akademie der Künste. Im Nachbarhaus wohnte gelegentlich der Dirigent Meyerbeer, aber familiäre Kontakte bestanden nicht. Später erinnerte sich Liebermann, ihn hin und wieder in Begleitung Jacques Offenbachs gesehen zu haben.
Vier Kinder hatte das Ehepaar Liebermann: Georg, der die Geschäftsleitung der Kattunfabrik übernahm; Max, den Zweitgeborenen; Felix, den späteren Historiker; Anna, die einzige Tochter.
Über die Kindheit ist wenig bekannt, auch Max teilte in späteren Erinnerungen wenig darüber mit. In dem reichen Berliner Haus wurde sparsam gelebt, die drei Söhne bewohnten ein gemeinsames Zimmer. Der Salon, die gute Stube der Wohnung, wurde nur an Festtagen geöffnet. Der Vater orientierte die Erziehung mitleidslos an preußischen Prinzipien und jüdischen Glaubensregeln, seine Lebensauffassung war Selbstdisziplin in Bekenntnis zur Arbeit und zum Glauben. Nach dem Tode des Vaters Joseph sah er sich noch strenger in der Rolle eines Verwalters des Familienvermögens, das zu mehren ihm Lebensaufgabe genug erschien. Alles, was nicht diesem Zweck diente, berührte sein Dasein kaum. Die von ihm ererbte und in Erziehung weitergegebene Lebensauffassung blieb noch bei Max bis ins Alter fühlbar. Louis Liebermann war der Despot der Familie, Gehorsam war ihm oberstes Gebot, die Kinder hat-

* Diese wie auch andere wichtige Liebermann-Biographien werden im folgenden – nach ihrer ersten bibliographischen Erwähnung – nur noch mit Namen des Autors und der bezogenen Seitenzahl zitiert. Der Name des Malers wird bei Nennung der Quellen mit M. L. abgekürzt.

ten nicht viel zu lachen. „Ihn erfüllte die alttestamentarische Anschauung von der väterlichen Gewalt. In dem Bewußtsein, nur das Beste der Seinigen im Auge zu haben, duldete er die Auflehnung gegen seinen Willen ebensowenig, wie er zugeben wollte, daß eines anderen Meinung, vor allem die seiner Kinder, richtiger sein könnte, als seine eigene." (Erich Hancke, Max Liebermann, Berlin 1914, p. 13) * Nüchternheit und praktischen Verstand hatte er mit den Berlinern gemeinsam, nicht aber jenen aus Ironie geborenen Mutterwitz, der nichts so nimmt, wie es scheint. Und es gab etwas, das Louis völlig unzugänglich blieb: das Sinnliche als Gegengewicht zu einer pragmatischen Rationalität, der Zweckvernunft der Gründerjahre. In seinem Künstlerdasein lehnte sich Max gegen diese schonungslos nüchterne und berechnende Seite der Welt auf, aber bewahrte sie dennoch in den entscheidenden Zügen: zuallererst wohl in seinem Ethos der Arbeit, welche das Leben ausmacht und dessen Sinn bedingt.

Wie konnte aus einer prosaisch nüchternen und ganz und gar unkünstlerischen Familie – die des Vaters war bis zur Betroffenheit kulturlos – eine Malernatur wie die Max Liebermanns hervorgehen? Sie mußte im Verborgenen reifen, hinter der Fassade des für Max so schweren Schulalltags. Er war kein künstlerisches Naturtalent, die Gabe des Zeichnens brach in ihm nicht wie eine Knospe auf, sondern wurde mühselig erarbeitet.

Hierin blieb er dem Ehrgeiz verbunden, der in seiner Familie bereits solide Tradition angenommen hatte.

Es ist den Liebermannschen Kindern nicht zu verdenken, daß sie jede Gelegenheit zur Zerstreuung nutzten, um der Askese im Elternhaus eine Zeitlang zu entfliehen. Max trieb leidenschaftlich Sport, seiner schwächlichen Konstitution sah man es kaum an. Zur Stärkung seiner wenig robusten Natur sandte man ihn zu Kuren nach Kissingen oder Wiesbaden. Sommeraufenthalte der Familie führten ins belgische Ostende, meistenteils aber nach Schlesien, wo nach wie vor zwei Eisenhütten zum Unternehmen gehörten. Hier wurde Max mit dem Handwerk vertraut, entdeckte ein gewisses Geschick für praktische Fertigkeiten, und das gefiel dem Vater.

„Ich hatte schon als kleiner Junge Spaß am Basteln, am Zeichnen, am Zusammensetzen von sogenannten Ausschneidebögen. Das machte mir einen solchen Spaß, daß mir mein Vater eine richtiggehende Tischlerwerkstatt einrichtete."

Darüber hinaus gefiel dem Vater nicht sehr viel an seinem Zweitgeborenen: das Leistungsprinzip als Erfolgsgarantie schien an ihm maßlos zu versagen. Max wurde auf dem Realgymnasium in der Dorotheenstraße, wohin man ihn – nach anfänglichem Besuch einer Sommerschule in Charlottenburg – einschulte, ein mittelmäßiger bis leistungsschwacher Schüler. Die Familie hielt ihn für minderbegabt und träge, dem Vater war die Abneigung des Sohnes gegen Mathematik ein Dorn im Auge. Später erzählte Max Liebermann, er habe in seiner Jugend niemals freiwillig ein Buch in die Hand genommen; in dieser Zeit, gestand er, sei er ganz und gar ungebildet gewesen.

„Die realen Wissenschaften waren und sind mir ein Buch mit sieben Siegeln geblieben, und ich konnte mich nur mit der größten Mühe an die Vorstellung gewöhnen, daß die Erde sich dreht. Auch wurde ich nicht wenig geneckt, weil ich als Junge gesagt hatte, daß der Mond in der Leipziger

Straße am größten sei. Ich hatte ihn nämlich mal beim Spazierengehen in der Leipziger Straße als riesige Scheibe am Himmel gesehen."
Er wuchs auf im Schoß der Familie, aber abseits ihrer gepriesenen Leistungswelt, die ihn weder anspornte noch in irgendeiner Weise besonders zur Kenntnis nahm. Max Liebermann war allein – und in einem dem Wort angemessenen Sinn ist er es ein Leben lang geblieben.
„Seine Beziehungen zu den Menschen waren stets kühl – er hatte viele Bekannte, aber keine Freunde – nur ein starkes Band gab es für ihn, und dieses verknüpfte ihn mit seiner Familie." (Hancke, p. 19) Er bewahrte den Sinn fürs Familiäre; selbst als er das Gemeinschaftliche im Elternhaus zunehmend störend empfand, verließ ihn der Wunsch nach intakten Familienbindungen nicht. Etwas davon kehrt später in seinen Gemälden wieder, als Beschwörung von häuslicher Idylle und Gemeinsinn, weitgehend vermittelt über Bilder der Arbeit.
Entgegen aller äußerlichen Strenge und Herzlosigkeit gab ihm der Vater ein Vorbild: im Ehrgeiz. Später, als der reife Maler den kranken Vater kurz vor dessen Tod noch einmal zeichnete, muß er gespürt haben, daß er ihm eines zu danken hat: die Entschiedenheit des Willens, im Ethos der Arbeit einen Lebensplan zu verfolgen.
Der Schriftsteller Hans Ostwald besuchte Ende der zwanziger Jahre den greisen Maler in dessen Villa am Wannsee, beeindruckt vom unverminderten Arbeitspensum des nunmehr Achtzigjährigen. „Ich mußte unwillkürlich ausrufen: ‚Was Sie noch leisten, Herr Professor! Das ist ja ein großes Glück für Sie und für uns: Das ist ja ein Wunder!' ‚Nee, wissen Se, wat det is?' antwortete Liebermann, und vom Berliner Dialekt ins Hochdeutsche übergehend: ‚Das ist Dressur! Das ist Disziplin! Selbstzucht! Sie kennen doch meine Familiengeschichte? Wir waren aus reichem Hause. Aber unser Vater hat uns streng erzogen. Er sagte: Ihr müßt euch selbst ernähren ... Da hieß es eben arbeiten! Und das war gut! Da war man genötigt, was zu leisten." Und Liebermann noch einmal nachfassend: „Nee, nee, das is kein Wunder. Das ist so eingeübt. Immer wieder die innere Mahnung: Arbeit!" Und zum Abschied: „Det is preuß'sch! Det is preuß'sch!" (Zit. n. Hans Ostwald, „Das Liebermann-Buch", Berlin 1930, p. 15 f.)
Noch immer gab es kaum ein Indiz für irgendeine ausgeprägte Regung von künstlerischem Talent. Etwa zehnjährig begann Max zu zeichnen, er, der dem schulischen Zeichenunterricht hartnäckig aus dem Wege ging. Statt dessen lief er in den Zoo oder durch die Straßen der Stadt, zu zeichnen bemüht, was ihm vor die Nase kam. Etwas Anregung kam aus der Hallerschen Familie, im Geschäft des Großvaters sah Max auch Antiquitäten, zu denen Bilder gehört haben mögen. Was immer es war, das ihn anregte, ein einschneidendes Urerlebnis gab es wohl nicht. „Ich weiß nicht durch welchen Anlaß, aber schon in frühester Jugend suchte ich das, was ich gesehen, auf dem Papier wiederzugeben. Es entstand in mir eine heftige Liebe zur Malerei ..." (1866)
Während er im Zoo oder auf der Straße flüchtig Figuren in sein Zeichenbuch skizzierte, wuchs auf ganz natürliche Weise das Interesse am bildnerischen Ausdruck: er lernte in Bildern sehen, hauptsächlich in solchen seiner Alltagswelt.
Bis 1870 bestand in Berlin noch eine große kulturelle Dürre, vom wirtschaftlichen Aufschwung dieser Stadt in keiner Weise begünstigt,

sondern eher noch vermehrt. Einen Maler wie Adolph Menzel hier zu finden, grenzte fast an ein Wunder; alles neben ihm erschien bieder, unauffällig, provinziell. 1841 war der „Verein Berliner Künstler" gegründet worden, aber ein lebhaftes Kulturinteresse wollte mit der Stadt nicht wachsen. In der Jägerstraße gab es die „Kunsthandlung Sachse" als einziges Forum für zeitgenössische und vor allem auch ausländische Kunst. Die tonangebenden Franzosen Delacroix, Corot und die Landschaftsmaler von Barbizon waren vertreten; Liebermann hat sie gesehen, aber er schätzte anfangs die Schule von Barbizon mit ihrer ungewohnten Freilichtmalerei nicht besonders.

In einer Etage der Akademie – Liebermann war 14 Jahre alt – wurde 1861 die „Kunstsammlung Wagener" ausgestellt, die der Sammler im gleichen Jahr dem Staat als sein Vermächtnis übergab. Der in der Akademie provisorisch untergebrachte Bestand von mehr als 260 Gemälden wurde als „Wagenersche und Nationalgalerie" der Grundstock der Berliner Nationalgalerie. Wageners Kunstgeschmack war wechselhaft und keineswegs immer niveauvoll, er liebte im Grunde leichte Kost, nicht das allzu Anspruchsvolle und schwer Verdauliche, etwa die Kunst der Franzosen. Aber Liebermann konnte diese Sammlung mit Gewinn erleben, auch wenn er später gestand, sich lieber vor den Schaufenstern der kleineren Galerien herumgedrückt zu haben.

Die ersten Einblicke in Kunst ergaben sich wohl aus den familiären Kontakten; die Privatsammlung des Berliner Fabrikanten Pierre-Louis Ravené enthielt Gemälde von Ludwig Knaus und von Franzosen. Knaus, ein Altmeister der „Armeleutemalerei", traf Liebermann eines Tages im Berliner Zoologischen Garten, dem offensichtlich idealen Studienort des frühen Berliner Naturalismus. Beim Finanzier Strousberg konnte er ebenfalls französische Malerei sehen, im Grafenpalast (am späteren Standort des Reichstagsgebäudes) war die Sammlung Raczynski mit Romantikern wie Peter von Cornelius ausgestellt. In einem Seitenflügel dieses Schinkelbaus saß der greise Meister Cornelius und zeichnete seine überformatigen Kartons des „Campo Santo". Liebermann stahl sich heimlich mit seinem Bruder Felix hinein, in diesen Saal, wo Kunst noch wie ein Mysterium zelebriert wurde.

Unter den ersten Eindrücken von Kunst war von besonderem Gewicht die Kunstsammlung seines Onkels Reichenhein mit einem großen Bestand an Gemälden Carl Steffecks. Dieser Onkel war es auch, der Max einen ersten Ölmalkasten schenkte, was insofern erwähnenswert ist, als die übrige Familie den künstlerischen Neigungen ihres schulunlustigen Sprosses nicht gerade mit Wohlwollen begegnete.

Als eine Berliner Illustrierte zwei Federzeichnungen des Zwölfjährigen abdrucken wollte, mußten diese unter fremden Namen erscheinen, da der Vater um den guten Ruf der Familie fürchtete.

Es bestanden tiefe „Gegensätze zwischen ihm und seiner Familie – mehr als sonst bei Künstlern, die ja meist aus einfachen Familien zum Künstlertum emporsteigen. Es wäre also falsch zu glauben, sein Weg sei ihm leicht geworden. Auch seine Kindheit war nicht eitel Sonnenschein. Es war sicher ein Glück, daß er sich manchmal mit einem guten Witz über den Druck hinaushelfen konnte. Vielleicht förderte der Druck auch seine Witzigkeit ..." (Ostwald, p. 50)

Vermutlich 1862 folgte dann ein Schlüsselerlebnis, das aus den Neigungen des Fünfzehnjährigen einen festen Berufswunsch zu formen begann. In vornehmen Berliner Kreisen wurde seinerzeit eine Malerin „herumgereicht", die repräsentative Bildnisse schuf. Auch Frau Liebermann ließ sich von ihr malen, zu den Porträtsitzungen begleitete sie Max. Im Atelier der Antonie Volkmar begann er ebenfalls, ein Porträt der Mutter zu zeichnen. Zum ersten Male saß jemand vor seinen Augen Modell und er konnte sich Zeit nehmen, dementsprechend fiel das Ergebnis sehr viel besser aus als frühere Skizzen. Fräulein Volkmar war sichtlich beeindruckt und schlug der Mutter vor, den Sohn als Zeichenschüler zum Maler Steffeck zu schicken. Als sie in späteren Jahren Liebermann wiedersah, sagte sie: „Ich bin zwar keine gute Malerin. Doch ein Verdienst habe ich: Ich trug dazu bei, daß Sie Maler wurden." Zunächst nahm Liebermann Zeichenunterricht bei einem Professor Holbein, dann ging er als Schüler zu dem damals hochberühmten Carl Steffeck.

Steffeck gehörte unbedingt in das Bild Berlins jener Jahre, er war der angesehendste Mallehrer der ganzen Stadt und sehr viel bekannter noch als Menzel. Künstlerisch setzte er die Tradition seines Lehrers Franz Krüger fort, jenes „Pferdekrügers", von welchem er die Hingabe zu Reiterbildern und Pferdeporträts geerbt hatte. Franz Krüger war vor Menzel der Hauptmeister des Berliner Realismus. Seinem Werk aber fehlt jede kritische Note, jeder Milieubezug, sein Realismus erschöpfte sich in einer penibel beschriebenen Oberfläche. Krüger war preußischer Hofmaler, offizieller Porträtist der höfischen Kreise, sein Lieblingssujet waren Adelige zu Pferde. Wie bei ihm, so galt auch bei Steffeck die Naturgenauigkeit in der Zeichnung als oberstes künstlerisches Gebot, seine erzählenden Bilder sind äußerst akkurat gemalt, bleiben aber in der Wirkung steif und lebensfern.

Steffeck war eine außerordentlich joviale Gestalt, er ging genüßlich in seinem Ruhm, war Vorsitzender und Seele des „Vereins Berliner Künstler", berühmt für seinen Witz, der sicherlich auch auf seinen Schüler Liebermann abfärbte. Da Steffeck nun 14 eigene Kinder hatte, die er unter seinem Dach vereinte, mußte er Geld verdienen. Und so ließ er sich im Garten seines Hauses in der Hollmannstraße im Berliner Süden zwei Atelierbauten errichten, wovon einer für seine nach französischem Vorbild eingerichtete Zeichen- und Malschule reserviert blieb.

In Paris, wo Steffeck selbst studiert hatte, stellten private Akademien immer mehr die Bedeutung der Kunsthochschulen in Frage und zogen nach 1850 eine Generation von Malern heran, die den Auftakt zum Impressionismus und damit zur Moderne gab. Selbst die angehenden Repräsentanten des deutschen Impressionismus studierten weitgehend in Paris an diesen privaten Akademien, unter denen das Atelier Gleyre und die Académie Julian herausragten.

In der auf Deutschland übergreifenden Tendenz, die offiziellen Akademien als Zuchtstätten spröde gewordener Konventionen zu übergehen, spielten private Schulen – wie die Steffecks – eine wegbereitende Rolle. Steffeck verstand sich keineswegs als Widersacher der Akademie, sondern lehrte in deren Geist. Der schlechte Ruf der damaligen Berliner Akademie ließ scharenweise Schüler zu ihm strömen, darunter Laien, aber auch Größen von künftigem Ruhm.

„Die Hochschule für bildende Kunst, die damals Akademie hieß, war sehr versumpft und erfreute sich keines besonderen Renommees. Desto

mehr Zuspruch hatte Steffeck…" Von 9 bis 13 Uhr wurde vormittags in Steffecks Atelier nach der Natur gezeichnet, nachmittags nach Gipsfiguren. An solchen Tagen hatte das Atelier kaum fünf Schüler, in den Aktzeichenkursen an den Abenden waren es immerhin zwanzig.
Unter ihnen saß neben Liebermann der spätere Kunsthistoriker Wilhelm von Bode, auch Hans von Marees und der Marinemaler Richard Eschke waren Schüler, der Hamburger Thomas Herbst kam im September 1866. Beim Abendakt zeichnete Steffeck selbst mit und Liebermann bewunderte seine Versiertheit und die Geschmeidigkeit seiner Handschrift. Die spätere künstlerische Distanz zwischen beiden gab Liebermann keinen Grund, seinen Lehrer in irgendeiner Weise zu schmähen; noch im Haus des alten Liebermann hingen Bilder Steffecks. „Möglich …, daß mir Steffecks Bild allzu ‚verklärt' in der Erinnerung geblieben ist, im Lichte der goldenen Jugendzeit. Steffeck erscheint mir wie ‚der große Künstler' in Romanen: schön, geistreich, witzig, unter dessen Pinsel mühe- und sorglos, bei anmutigem Getändel mit schönen Damen und klugen Reden mit vornehmen Herren, Meisterwerke entstehen."
Mit fünfzehn Jahren erreichte Max Liebermann das sogenannte „Einjährige", den Realschulabschluß. Das damit verbundene Zeugnis aber genügte dem Vater so wenig, daß er sich mit gebührender Autorität dem Wunsch des Sohnes, Maler werden zu wollen, entgegenstellte. Obwohl Louis Liebermann jetzt bestätigt fand, daß er in diesem Sohn niemals eine brauchbare Kapazität für das Familienunternehmen finden würde, verlangte er energisch das Abitur; erst danach sei dem Sohn die Berufswahl freigestellt. „Da nämlich mein Vater bemerkte, daß ich mich der Kunst widmen wollte, so hielt er es für geraten, daß ich die Realschule mit dem Gymnasium vertausche und wählte das Friedrich-Werdersche-Gymnasium, weil er selbst auf dem Grauen Kloster Schüler des Herrn Direktors gewesen war." (1866)
Max Liebermann mußte also vier weitere Jahre lang einen Schulalltag aushalten, der ihm nicht viel gab. Später behauptete er, es sei eine ganz und gar verlorene Zeit gewesen. Zweimal in der Woche – mittwochs und samstags – ging er zum Zeichnen in Steffecks Atelier, das mußte als Trost genügen. 1866, als das Abitur in Sichtweite rückte, brach er diesen Unterricht ab. „… als Primaner verging mir vor lauter Schularbeiten die Lust zum Zeichnen, wenigstens bei Steffeck …"
Die frühen Zeichnungen leugnen nicht – wie Erich Hancke bemerkt – eine gewisse Naivität und zeugen von der „Abwesenheit jeder Geschicklichkeit". (A. a. O., p. 26)
Die Schulzeit ging zu Ende, die wohl alles in allem nicht ganz so unglücklich war, wie Liebermann es später gern dargestellt hat. Sein Biograph Julius Elias behauptet, er hätte die Schulerinnerungen im nachhinein verfärbt, um mit der Betonung der Leistungsschwäche und den schlechten Zensuren ein wenig zu kokettieren. In Wahrheit sei er ein ganz guter Schüler gewesen, anderslautende Behauptungen seien „fromme Renommisterei". Unter den elf Abiturienten seines Jahrgangs schnitt Liebermann als vierter ab, mit „ungenügend" in Mathematik. Sein schulisches Benehmen war untadelig, sehr viel anders, als die vom exzentrischen Jüngling sprechende Darstellung Hanckes glauben machen will. „Wir haben einen braven jungen Liebermann." (Elias)
Ob als Schulabgänger mehr oder minder diszipliniert, den jungen

Liebermann erfüllte die Entschlossenheit zur Malerei, an nichts anderem hat er vergleichbare Willensstärke demonstriert. Selbstsicher verfaßte er zum Abitur seinen Lebenslauf: „Ich bin jetzt im Begriff, das Abiturexamen zu machen. Sobald ich diese Prüfung glücklich bestanden haben werde, will ich mich, nachdem ich meiner Militärpflicht Genüge geleistet habe, zur Malerei wenden. Zum Schluß sage ich all denen, die mich während meiner Schulzeit geleitet haben, meinen innigsten Dank." (1866) Nur einer aus dem Kreise der mit höflichem Dank bedachten Lehrer sei hier noch erwähnt: „De Lagarde, der eigentlich Böttcher hieß, der später berühmte Verfasser der ‚Deutschen Schriften', der mein griechischer Lehrer in der Sekunda war, behauptete, daß ich nach dem Schnitt meiner Augenbrauen von den assyrischen Königen abstamme..." 1866 schrieb Liebermann, daß dieser de Lagarde „durch seine eigentümliche Art zu unterrichten mir stets im Gedächtnis bleiben wird". Mit seinen rassistischen Schriften spielte besagter de Lagarde in den achtziger und neunziger Jahren eine verhängnisvolle Rolle bei der epidemischen Ausbreitung des Antisemitismus in Deutschland.

Max Liebermann war neunzehn Jahre alt, als er die Abiturprüfung bestand. Die Familie zeigte sich erleichtert und machte zur Anerkennung mit ihm eine Reise in die Schweiz, die Max nicht sonderlich beeindruckte. „Immer wenn man was sehen möchte, kommt ein Berg."

Zurückgekehrt stellte sich unmittelbar die Frage nach einem künftigen Beruf. Wohl um den Eltern einen Gefallen zu tun, ließ sich Liebermann an der Philosophischen Fakultät der Berliner Friedrich-Wilhelm-Universität immatrikulieren, aber ganz offensichtlich nur zum Schein, denn ein Seminar oder eine Vorlesung hat er niemals besucht. Statt dessen ritt er im Tiergarten umher, wo er an einem Novembertag des Jahres 1866 seinen alten Lehrer Steffeck wiedertraf, „der jeden Tag vor der Arbeit ein paar Stunden seinen Gaul stil- und sportgerecht tummelte. Er forderte mich auf, in sein Atelier zu kommen und ein Pferd, das er zu porträtieren hatte, mitzumalen. Zum ersten Mal hatte ich Pinsel und Palette in der Hand. Der Versuch fiel nach Steffecks Meinung überaus günstig aus, und ich war Maler geworden."

Ganz so im Sinne einer Heimsuchung vollzog sich der Weg in die Malerei nicht: aus dem Vorjahr 1865 ist ein gemaltes Porträt seines Bruders Felix bekannt, aus dem Jahr 1864 ein Bildnis seines Sprachlehrers Henri Joachimsohn. 1866 entstand ein erstes Selbstbildnis, vermutlich unter Steffecks Anleitung in dessen Atelier. Der Wille zur Kunst ließ sich vor den Eltern kaum noch verheimlichen, der Vater sah den Sohn damit endgültig aus der Bahn der familiären Seriosität geworfen und klagte darüber seinem älteren Bruder: „Was sagst Du zu dem Unglück, daß Max Maler werden will?" Darauf der Bruder Benjamin: „Es gibt noch größeres Unglück, und vielleicht wird noch mal was aus ihm."

Im Atelier in der Hollmannstraße erschien Max Liebermann gewöhnlich mit einem hellgrauen Zylinder; die Ausbildung nahm er sehr ernst und wurde Steffecks eifrigster Schüler, mit einer bis dahin nicht an ihm gekannten Ausdauer und nahezu unermüdlichem Fleiß war er bei der Arbeit. Was ihm hier zugute kam, war nicht die altbackene Kunstanschauung seines fast drei Jahrzehnte älteren Lehrers, sondern dessen Auffassung des künstlerischen Handwerks. Solider und gründlicher konnte eine Ausbildung zum Maler kaum gedacht werden. „Zeichnet,

Adolph Menzel zeichnend

was ihr seht', war seine immer wiederholte und beinahe einzige Lehre. Mit sonstiger Ästhetik behelligte er uns nicht, denn er wußte, daß alles Lernen in der Kunst in nichts anderem bestehen kann, als die Form zu finden, das Gesehene wiederzugeben."

Während dieser Lehrzeit entwickelte sich zwischen Liebermann und Steffeck eine enge persönliche Freundschaft. Der Lehrer schätzte das zuweilen ungestüme Temperament seines Schülers, dieser wiederum mochte die unkomplizierten, etwas burschikosen Umgangsformen des Lehrers. „... Steffeck war ein famoser Kerl."

Was Steffeck mit Liebermann allerdings nicht zu teilen bereit war, das war dessen Bewunderung Adolph Menzels. „Menzels Krönungsbild war gerade ausgestellt und war sehr abfällig beurteilt, besonders von Steffeck. Menzel, dem das zu Ohren gekommen sein mochte, hatte sich an Steffeck brieflich mit der Bitte gewandt, wenigstens vor dem Publikum sein ungünstiges Urteil über das Bild etwas zurückzuhalten, worauf ihm Steffeck geschrieben, daß er sich der größten Mäßigung befleißigt hätte, sonst hätte er erklärt, daß das Krönungsbild so aussehe, als ob es vierzehn Tage lauter Scheißdreck darauf geregnet hätte." (1908)

In seinem Talent zur Farbe, das ihm auf natürliche Weise eher zuzukommen schien als ein sich noch mühevoll äußerndes Talent zur Zeichnung, war Max Liebermann seinem Lehrer nicht nur ebenbürtig, sondern durchaus überlegen. Steffeck respektierte das, machte es sich aber sogleich zunutze. Nachdem beide das Pferdeporträt absolviert hatten, zog Steffeck seinen Schüler zur Mitarbeit an dem Gemälde „König Wilhelm bei Königgrätz" heran. Liebermann malte anatomische Details – darunter Porträts – und Uniformen. Als der König persönlich kam und das fertige Bild sah, verweigerte er den Ankauf.

Für Liebermann bedeutete die Mitarbeit an diesem Bild nicht nur, wie Hancke anmerkt, einen entscheidenden Schritt zur Selbständigkeit, sondern er verinnerlichte dabei zugleich eine ihm durch Steffeck vermittelte malerische Methode, die, gemessen an der Menzels, ganz unmodern war. Steffeck forderte unbedingte Solidität des künstlerischen Handwerks, die präzise zeichnerische Durchgestaltung eines Motivs vor jedem Gebrauch der Farbe. „... die Zeichnung wurde zuerst mit einem dunklen Umbraton angemischt, dann wurden die Lokaltöne in die braune Untermalung hineingesetzt, die Schatten blieben womöglich von der Untermalung, jedenfalls ganz dünn und transparent, stehen und zum Schluß wurden ein paar pastose Glanzlichter aufgesetzt. Neben der Korrektheit der Zeichnung handelte es sich für Steffeck um die Eleganz des Vortrages. Wo diese Eigenschaften einem höheren, gesteigerten Leben geopfert waren, wie bei Menzel, war's aus mit seiner Anerkennung."

Malereigeschichtlich bereitete Adolph Menzel die alla prima Technik für die deutsche Kunst vor: die unmittelbare malerische Umsetzung eines gesehenen Motivs in allen farbigen Nuancen; eine impressionistische Methode, die Liebermann sich später ganz zu eigen machte und wohl am weitesten führte. „Eines Tages sagte mir Steffeck, ich solle nach einem gefallenen Gaul, der irgendwo im Stall lag, 'ne Oelstudie machen. Ich gehe hin – da liegt der Kadaver und stinkt. Das Vieh war schon in Verwesung übergegangen. Die Luft war geradezu verpestet. Na – ich hielt aus und malte. Als ich fertig war, war mir entsetzlich übel. Ich ging nu zurück und übergab die Studie – und mich auch."

Während der Lehrzeit bei Steffeck deutete bereits vieles auf die spätere Ausbildung hin, am ehesten wohl der Umstand, daß Liebermann die Grenzen dieser konventionellen Meisterlehre erfuhr. Steffeck baute die Kunst auf das solide Handwerk, trug es mit dem gemäßigten Charme eines preußischen Beamten vor, der sich keinerlei formale Freiheit zugestand. „Ihm fehlt die innere Leidenschaft, der Kampf und das Ringen nach dem Höchsten, die Konzentration, vor allem aber der künstlerische Egoismus, der alles seinem Werk opfert. Weil sein Werk ihn nicht mit sich fortreißt, reißt er auch uns nicht mit sich."

Die sachliche Nüchternheit, mit der Steffeck seine Themen vortrug, seine ganz und gar unsentimentale Beziehung zu einem Motiv und eine lässige Zurschaustellung seines Künstlertums, das waren Momente, die Liebermann aus dieser Lehre bezog. Im Frühjahr 1868 verließ er seine Heimatstadt, um nach Weimar zu gehen, deren Akademie bereits eine Reihe von Steffeckschülern aufwies. Mit der absolvierten Lehre aber wurde Max Liebermann, ohne daß er es wissen konnte, fest in die Tradition Berliner Malerei eingeschlossen.

Die Großherzogliche Kunstschule in Weimar war eine der jüngsten und fortschrittlichsten im damaligen Deutschland, prädestiniert, eine auf Naturalismus hin orientierte Malerpersönlichkeit wie die Liebermanns aufzunehmen und in bestem Sinne zu fördern. Doch es dauerte, bis die neuen Einflüsse auf den knapp Zwanzigjährigen Früchte trugen.

1860 erst war diese Kunstschule begründet worden, auf Anregung Stanislaus von Kalckreuths durch den Großherzog von Sachsen-Weimar. Dieser Großherzog Karl-Alexander versuchte – darin seinen Großvater Karl-August nachahmend –, Weimar als Kulturstadt wiederzubeleben. Durch die Berufung von Kalckreuths erhielt die Schule von Beginn an ein Programm, das ihre Attraktivität sehr begünstigte: sie wurde eine der tragenden Akademien für die Freilichtmalerei in Deutschland.

Darüber hinaus besaß sie das Novum künstlerischer Selbstverwaltung und einen Lehrplan, der sich wohltuend von landläufig akademischen unterschied. Hier wurde die Malerei in unmittelbarer Naturwahrnehmung gelehrt, etwas, das sonst als vollkommen unakademisch eher verpönt war.

Als Liebermann kam, war Stanislaus von Kalckreuth noch als erster Direktor im Amt. Die Sektion Malerei war nach Themen gegliedert: eine Historienmalklasse (als Kompromiß zu den herkömmlichen Akademien) leitete der gebürtige Belgier Pauwels, eine Landschaftsmalklasse zunächst Arnold Böcklin, eine Klasse für Genre vormals Franz von Lenbach. Böcklin und Lenbach hatten Weimar 1862 verlassen, für sie kam der Freilichtmaler Alexander Michelis, dem die Einführung der Grafik als eigenständiges Studienfach zu danken ist. 1871 folgte Theodor Hagen als Leiter der Klasse für Landschaftsmalerei; nur fünf Jahre älter als sein mit ihm befreundeter Schüler Liebermann. Im Jahr darauf wurde der Courbet-Schüler Charles Verlat als Lehrer an die Kunstschule berufen, unter seinem Einfluß stand Liebermann in den letzten Akademiejahren. Aus München kam der Piloty-Schüler Karl Gussow, der mit seinen realistischen Themen und seiner flächigen Malweise als überaus modern galt, sein Stil gab dieser Weimarer Kunstschule zeitweise so etwas wie ein Ideal.

Als in den späten achtziger Jahren Leopold von Kalckreuth – Sohn des bis 1876 amtierenden Direktors – die soziale Thematik ins Lehrprogramm aufzunehmen versuchte, erhob der Großherzog Einspruch und Kalckreuth verließ Weimar in Richtung Karlsruhe.

In der Klasse Paul Thumanns zeichnete Liebermann zunächst noch einmal nach den verhaßten Gipsabgüssen, um sich ein Gefühl für Proportion und menschliche Anatomie anzueignen. Dann absolvierte er die Malklasse Pauwels. „Vier Jahre war ich in seiner Malschule und fing Bilder in des Meisters Manier an, ohne eins zustandezubringen."

Liebermanns Aufbruch aus Berlin stand im Zeichen großer Selbstsicherheit. In Weimar aber fand er dafür keinen Boden bereitet, noch einmal wurde er Anfänger neben Debütanten, Schüler unter Schülern. Statt selbst zu malen, saß er viel Modell, wie er es schon in Berlin beim Steffeck-Schüler Nathanael Sichel getan hatte. Hier in Weimar saß er für Pauwels, dann für Thumann, zuletzt für den Porträtmaler Leon Pohle; bis ins hohe Alter wird Liebermann immer wieder als Modell beansprucht, wohl kein Künstler ist von Kollegen so häufig porträtiert worden.

Künstlerisch mußte ihm die Weimarer Lehre zunächst wie ein Rückschritt hinter der Ausbildung bei Steffeck erscheinen, die errungenen künstlerischen Freiheiten waren dahin, auch persönlich waren die vier Weimarer Jahre für Liebermann keine sehr glückliche Zeit. „Liebermann fand in Weimar sicher nicht das, was er erwartet hatte. Auch wurde er bestimmt nicht von seinen Lehrern erkannt." (Ostwald, p. 90)
Das Zeichnen nach Gipsabgüssen bei Thumann erschien ihm trocken und langweilig, nahezu demütigend aber wurde die Lehre bei Pauwels, der diesen Schüler anfangs regelrecht verachtete.
Ferdinand Pauwels, 1830 geboren, hatte die belgische Tradition realistischer Historien- und Genremalerei mit etwas Verspätung aus Antwerpen nach Weimar gebracht. Als Maler erwies er sich von eher mäßiger Bedeutung, als Lehrer war er ausgesprochener Pedant seiner Technik, die aus Lehrformeln traditioneller Malkultur bestand. Zu Liebermann sagte er bei Antritt der Lehre: „Wenn Sie sich keine Haarpinsel anschaffen, so können Sie nicht mein Schüler sein." In dieser Malklasse begann Max Liebermann mit der Kopie eines Porträts von Cranach, aber das weckte seine Begeisterung nicht. Pauwels ließ mit großer Regelmäßigkeit Historienspektakel inszenieren, zu vorgegebenen Themen aus Mythologie oder Bibel hatten die Schüler Kompositionsentwürfe abzuliefern, die jeweils samstags gemeinschaftlich besprochen und benotet wurden. Der Schlechteste zahlte die Kneipenrunde für alle, Liebermann mußte das zweimal tun. Diese Demütigung stachelte seinen Ehrgeiz an und er komponierte so ausdauernd, bis schließlich seine Version zum Thema „Abgewiesener Freier" als beste Arbeit bewertet wurde. Erst dann war er mit sich zufrieden. Historische oder mythologische Sujets blieben ihm zeitlebens ein Greuel; wo er sich ihrer später annahm, spürte er sehr bald die Grenzen seiner Fähigkeiten.
Weimar bedrückte ihn wie ein Ort der Verbannung. Liebermann bezog ein Zimmer am Frauenplan, direkt gegenüber dem Goetheschen Haus. Hier lebte er ganz zurückgezogen, schrieb häufig Briefe nach Hause, litt unter Heimweh. Vergnügungen ging er absichtlich aus dem Wege. „Wenn ich ein Rendezvous hatte, fand ich es gewöhnlich zu langweilig, hinzugehen."
Zu dieser Zeit begann er viel zu lesen, allen voran den Klassiker Goethe, den er jetzt für sich entdeckte und der zeitlebens so etwas wie ein geistiger Mentor für ihn blieb. „Manchmal, wenn ich am Fenster in einem Band Goethe las und vom Buch auf mein Gegenüber blickte, glaubte ich Goethe leibhaftig vor mir zu sehen, aber nicht nur ihn, sondern auch alle seine Gestalten. Wie in einem guten Porträt nicht nur der Dargestellte, sondern ebenso stark sich der Maler zeigt."
Er machte sich auf den Weg und suchte nach noch lebenden Zeitzeugen des großen Dichters, fand schließlich den ehemaligen Kutscher und nahm ihn als Modell für seine erste großformatige Figurenkomposition; dessen Mantel behielt Liebermann und verwahrte ihn zeitlebens wie eine Reliquie.
Zum Jahreswechsel reiste er nach Berlin, einmal im Jahr kamen die Eltern nach Weimar. Zu dem gescheiterten Sohn entwickelten sie nicht gerade ein liebevolles Verhältnis, nahmen aber immerhin fürsorgend Anteil an seinem Schicksal. 1869, als der Vater während eines Kuraufenthaltes in Kissingen schwer an Typhus erkrankte und alle Kinder zu sich

rief, legte er dem ältesten Sohn sehr ans Herz, sich in Zukunft um den armen Max zu kümmern.

Liebermanns Einsamkeit wich, als Berliner Freunde zu Weimarer Kunstschülern wurden: Mosson, Tepper und Thomas Herbst. Aus Hamburg kamen Hans Speckter und Carolus Stelling hinzu, gemeinsam bildeten sie einen Freundeskreis, aus welchem sich für Liebermann im besonderen die Beziehung zu Thomas Herbst bewahren sollte.

Liebermanns Studienarbeiten sind nicht erhalten, aber es kann davon ausgegangen werden, daß seine Leistungen unter denen der Kommilitonen nicht auffällig hervortraten, im Gegenteil. Er mühte sich redlich, den kleinkarierten Ansprüchen Ferdinand Pauwels zu genügen, um dann, nach zwei Jahren ernsthaften Studierens, aus dessen Mund zu hören: „Ich möchte wissen, wozu Sie Talent haben." Daß Mitschüler wie Herbst oder Speckter sehr viel größere Erfolge verbuchen konnten, muß den von Ehrgeiz besessenen Liebermann regelrecht gequält haben.

In einem Brief an den Bruder Felix: „Ach, wie wohl muß Dir des Abends sein, wenn Du, aller Sorgen ledig, zu Deiner Lieblingsbeschäftigung greifen kannst, während so ein armer Maler, nachdem er sich einen ganzen Tag vor der Staffelei geschunden hat, sich oft sagen muß, daß all sein Tun umsonst war. Und dann steigen wieder Zweifel in ihm auf, ob seine Arbeit überhaupt je zu einem Resultat führen wird. Kurzum, der junge Künstler hat, wie ich gerade heute, einen fürchterlichen moralischen Katzenjammer." (8. April 1869)

Deutlicher wird seine aus Resignation und Hochmut gepaarte Gemütsverfassung dieser Monate in einem anderen Brief, der das Ziel seines Ehrgeizes klar formuliert: „Meine Hoffnung schrumpft immer mehr zusammen, obgleich ich's immer noch besser habe als meine Kollegen, die allerdings nicht gerade an überflüssigem Talent leiden. Jedenfalls bin ich entschlossen, mich mit Aufbietung aller meiner Kräfte durchzuarbeiten. Ein guter Maler muß ich werden. Damit Gott befohlen." (27. April 1870)

Das Eigene seiner Malernatur zeigte sich noch nicht, Liebermann blieb um die Aneignung malerischer Techniken bemüht. Nachdem er sich bei Steffeck eine behutsam vorgehende alla prima Technik angewöhnt hatte, die sorgsam das Gesehene auf Farbnuancen hin studierte und diese auf dunklen Grund setzte, war bei Pauwels eine traditionelle Schichtenmalerei gefragt: auf einer Konturzeichnung wurden helle und dunkle Bildpartien in Schwarz und Weiß getrennt, darauf baute man mit transparenten Farbschichten langsam die gewünschten Tonwerte auf, die bei aller optischen Delikatesse doch immer ein wenig totgemalt aussahen. Gemessen an dem von den Franzosen vorgegebenen malerischen Standard jener Tage wirkte die von Pauwels gelehrte Lasurmalerei wie ein Rückschritt ins Mittelalter. Gegen ihn stand selbst Steffeck auf der Höhe der Zeit.

Während der Weimarer Studienzeit unternahm die Malklasse Ferdinand Pauwels einen Ausflug nach Kassel, um im Schloß Wilhelmshöhe die Gemälde van Dycks zu studieren. Liebermann besah intensiv die Bilder Rembrandts, als Pauwels ihn anfuhr: „Dazu führe ich Sie nicht her. Von van Dyck können Sie was lernen, von Rembrandt aber nicht."

Bei Ausbruch des deutsch-französischen Krieges stand dem Dreiundzwanzigjährigen der Militärdienst bevor. Aufgrund eines schlecht verheilten Armbruchs aber wurde er davon freigestellt, was ihn nicht daran hinderte, einmal als Augenzeuge auf die Schlachtfelder bei Metz zu ziehen. Mit grauenvollen Eindrücken kehrte er zurück; verarbeitet hat er sie nicht, eher verdrängt in einem Gegenbild: in Absprache mit Pauwels malte er ein Rokokomotiv, das ein Paar in feudaler Umgebung in ein Gespräch versunken zeigen sollte. Das dunkle Rot des Krapplack gab den Oberton, Liebermann begann zu lasieren, immer und immer wieder rot. In dieser Farbgewalt mißriet das Bild vollständig, der Hohn der Mitstudenten war ihm sicher, nicht anders der innere Groll über sein Scheitern.

Das Beispiel zeigt, wie wenig gemäß ihm die Lehre bei Pauwels war, wo er immer wieder zu Stoffen und Techniken genötigt wurde, die fast das Gegenteil waren zu dem, was später folgte.

Und sieht man den unglücklichen Liebermann in Auseinandersetzung mit der von Pauwels gepredigten Malerei, so blieb nur die Hoffnung, daß ein anderer ihm ein gemäßeres Vorbild in Themen und Technik zu vermitteln in der Lage war. Dieser andere wurde Theodor Hagen; das Vorbild gab die Kunst eines Mihaly Munkácsy.

Mihaly Munkácsy, der eigentlich Michael Lieb hieß, war nur drei Jahre älter als Max Liebermann, aber zu dieser Zeit bereits berühmt und hochgeehrt; er lehrte an der Düsseldorfer Akademie, wo er selbst bei Ludwig Knaus studiert hatte. Von diesem übernahm er die Genremalerei, führte sie durch kalte Glätte und überzogene Sentimentalität bis zur Rührseligkeit, wurde aber gerade damit außerordentlich populär. Sein Einfluß auf Fritz von Uhde ist unverkennbar, man kann in Uhdes Werk eine nicht immer gelungene Mischung aus Liebermanns Realistik und Munkácsys Gefühlsschwulst erkennen. Der gesuchte Effekt bestimmte Munkácsys Sujets und Maltechnik, er kostümierte das Genre, setzte es mit Raffinesse malerisch um, aber so elegant er das tat, so wenig bedeutend erscheint es. Er suchte den Erfolg und dafür war ihm jedes Mittel und jedes Zugeständnis recht, er malte alles ohne jeden Skrupel. In Ungarn hatte er eine abenteuerliche Kindheit verbracht, von umherziehenden Malern erste Anregungen bekommen, seine Studien später auf den Akademien in Budapest, Wien und München fortgesetzt. Piloty in München wies ihn als talentlos zurück, Munkácsy ging zu Leibl in die Lehre. Sein mitleidsheischender „Letzter Tag eines Verurteilten" machte ihn dann über Nacht berühmt, auf dem Pariser Salon erhielt er eine Goldene Medaille. In seiner Malerei suchte er mit wenig Aufwand nach großen Wirkungen, in seinem Leben den materiellen Erfolg. Der Ruhm war ihm schließlich vergönnt, aber er dauerte nur so lange wie sein Leben, das 1900 in geistiger Umnachtung zu Ende ging.

1871 wurde Theodor Hagen vom Akademiedirektor Kalckreuth nach Düsseldorf gesandt, um Munkácsy zur Annahme einer Professur in Weimar zu bewegen. Max Liebermann begleitete ihn. Die Mission blieb letztlich ohne den gewünschten Erfolg, aber diese Reise brachte der Entwicklung Liebermanns eine grundlegende Orientierung.

Munkácsys Stern war mit dem „Letzten Tag eines Verurteilten" aufgegangen, in einem anderen Rührstück mit leisem historischem Anklang überbot er sich noch: den „Charpiezupferinnen". Frauen zupfen im Innern eines dunklen Raumes Verbandstoffe für verwundete Soldaten, die das Bild – eine Anekdote auf den deutsch-französischen Krieg –

selbst nicht zeigt. Statt dessen präsentiert es von Mitleid erfüllte Gesichter der tätigen Frauen, zwischen denen ein Mann wachend auf- und abgeht. Liebermann sah dieses Bild im Düsseldorfer Atelier, es war ihm gänzlich unbekannt und er empfand es als eine außerordentliche künstlerische Leistung, die er sich zum Maßstab nahm. Das war das primäre Ergebnis der Düsseldorf-Reise, von der Liebermann, vermutlich von Munkácsy angeregt, nicht unmittelbar nach Weimar zurückkehrte, sondern einen Abstecher nach Holland unternahm. In Amsterdam besuchte er die Museen, von dort aus reiste er weiter nach Den Haag und Scheveningen. Tiefer und nachhaltiger hat kein anderes Land jemals auf ihn gewirkt, sein halbes Malerleben wird er später hier verbringen.

Angereichert mit völlig neuen Eindrücken, unter denen die der holländischen Meister mindestens ebenbürtig waren zu denen der Kunst Munkácsys, kehrte Liebermann nach Weimar zurück. „... Mit meinem ersten Bild bin ich gründlich hineingefallen. Dagegen bin ich jetzt mit einem ganz kleinen beschäftigt, das mir viel Spaß macht. Als ich nämlich von Düsseldorf kam, wußte ich nicht, was tun? Da malte ich in der Verzweiflung eine Ecke meines Ateliers. Das gefiel Pauwels so gut, daß er mir riet, ein Bild daraus zu machen. Ich setzte einen armen Kerl hinein. Und so ist ein alter Raritäten-Krämer fertig." (An den Bruder Felix, 12. Juni 1871)

Das Bild offenbart die wechselnden Orientierungen, denen Liebermann ausgesetzt war: es ist ein Kompromiß aus altem Holland und neuzeitlicher Farbentechnik, insgesamt sehr auf Konvention bedacht und einem Mann wie Pauwels nicht grundlos wohlgefällig. Während Liebermann daran malte, gingen seine Gedanken zu einer sehr viel aufwendigeren, originelleren und figürlichen Komposition, die mit Munkácsys „Charpiezupferinnen" konkurrieren sollte. Doch schien die Form eines solchen Entwurfs – der räumliche Zusammenhang mehrerer Figuren – ihm noch große Schwierigkeiten zu bereiten. „Jetzt gehe ich mit einem großen Bilde schwanger. Aber leider bringt es mir auch Geburtswehen und ich glaube, keine Mutter kann beim Gebären größere Qualen ausstehen, als ich bei meinem Opus. Vorerst will ich Dir das Sujet nicht mitteilen, da ein guter Musiker nicht lange präludiert. Er musiziert ..." (An den Bruder, 19. Juli 1871)

Was bei den Geburtswehen herauskam, war die große Komposition der „Gänserupferinnen", ein aus vielerlei fremden Einflüssen zusammengewachsener Entwurf – und doch ein erster eigener Liebermann. Ein Zufall und ein Freund kamen ihm dabei zu Hilfe. An der Kunstschule hatte er das Atelier neben Karl Gussow bezogen und teilte es mit dem ein Jahr jüngeren Thomas Herbst. Beide absolvierten in weiten Teilen dieselbe Ausbildung, Herbst hatte von 1866 bis 1868 bei Steffeck studiert, bevor er nach Weimar kam. Später war er mit Liebermann wieder in Paris zusammen, von dort kehrte er über München nach Hamburg zurück. Von einem ländlichen Studienaufenthalt hatte Thomas Herbst eine Zeichnung mitgebracht, eine Darstellung gänserupfender Frauen. Darin sah Liebermann die bisher vergeblich gesuchte Bildidee und kaufte dem Freund die Komposition ab. Aus den vorgegebenen Elementen – die „Charpiezupferinnen" vor Augen – baute er sein Bild der „Gänserupferinnen", das er 1872 vollendete. „Es ist überhaupt kein Zweifel, daß er, von Munkácsy geblendet, auch so wie jener malen, den Meister spielen

„Gänserupferinnen", 1872
Öl/Lwd. 118 : 172 cm
Nationalgalerie, Berlin (Ost)

wollte, nur daß er, einmal am Werke, die Fähigkeit zu eigener, wirklicher Meisterschaft fand." (Hancke, p. 53)

Das Gemälde muß aufgrund der Situation, aus der heraus es entstand, als künstlerischer Kompromiß angesehen werden. Liebermann war getrieben, sich zu beweisen: vor Pauwels, vor den Kommilitonen, vor den Eltern – zuletzt wohl auch vor Munkácsy. Es bildete sich eine fixe Idee, die kaum noch von ihm ließ: was andere vermochten, das mußte er auch können. Und so bewies er in den „Gänserupferinnen" das Eigene – die Malernatur – über das Fremde – Thema, Bildaufbau, gereihte Figuren in spärlich erhelltem Interieur.

Wie gehetzt und ohne Pause hat er daran gemalt, so als beschwöre er den bisher vergeblich gesuchten Erfolg; und der Erfolg gab ihm in jeder Hinsicht recht. Selbst Pauwels, der Liebermann jetzt nicht mehr in kühler Distanz behandelte, konnte seine Anerkennung nicht verweigern. Bereits vor dem noch unvollendeten Bild gestand er, diesem Schüler nun nichts mehr beibringen zu können. „Pauwels hat mich aus seiner Zucht entlassen. Das ist mir sehr angenehm. So kann ich nach meiner Fasson arbeiten. Nur wenn ich mich mal verfahren habe, steht es mir frei, ihn als Freund zu konsultieren. Mein Bild ist allerdings noch nicht über den Berg, denn da das Sujet gleich Null ist und alles der Malerei untergeordnet, so kann ich mich da nur auf mein gutes Gewissen verlassen – und wenn das Bild fertig ist, möge mir all mein Heil beistehen. Sollte mein Bild schlecht sein, so ist es wenigstens Künstlerisches, was ich erstrebt habe. Allerdings habe ich bei meinen Kollegen unbedingtes Lob geerntet. Doch ist mir das ziemlich schnuppe, da ich weiß, wie miserabel das hier fabrizierte Zeug ist. Ich schicke mein Bild zuerst auf die große Hamburger Ausstellung. Sollte es da wider Erwarten gefallen, habe ich immer noch Zeit, es in Berlin auszustellen …" (2. Februar 1872)

Aus diesem Brief spricht nicht nur ein beim jungen Liebermann oft befremdender Hochmut, nicht nur sein Ringen um Anerkennung, das er ausdrücklich auf Berlin bezieht, sondern hier formuliert er auch ein merkwürdiges Bekenntnis zur Inhaltslosigkeit seines Themas. Der Widerstand, zu dem Publikum und Kritik vor diesem Werk fanden, entfachte vor allem am Inhalt des Bildes, erst in zweiter Linie an der malerischen Form. Das Thema gab Liebermann offensichtlich nur das Mittel zum Zweck, große Malerei zu praktizieren.

Auf der Hamburger Ausstellung wurden die „Gänserupferinnen" 1872 gezeigt und umgehend erworben, für 1000 Mark vom Berliner Kunsthändler Lepke. Der reiste sofort nach Weimar und bot Liebermann einen Vertrag an, in welchem er sich auf sämtliche noch entstehenden Werke ein Vorkaufsrecht sicherte. In gleicher Absicht kam der Kunsthändler Honrath, doch Liebermann unterschrieb bei Lepke.

Unterdessen wuchs auf konservativer Seite eine schmähende Kritik an dem Bild, die Liebermann gelassen zu nehmen versuchte. „Lepke war gestern hier, kaufte mir das kleine Werk ab, das eigentlich nur eine Studie ist (die Studie eines stehenden Mädchens; der Verf.). Ich forderte 50 Friedrichsdor. Ich glaube, ich hätte auch 100 bekommen. Ein anderes großes Bild bestellte er zum festen Preis.

Die Kritiker in Berlin haben mich heruntergerissen. Der heftige Tadel dieser Kritiker zeigt mir, daß mein Bild nicht mittelmäßig war, was mir das Deprimierendste gewesen wäre. Mögen die Kerle schimpfen. Jeder,

der etwas will, muß das aushalten ..." (An den Bruder, 19. Juni 1872) Als das Bild noch im gleichen Jahr auf dem Berliner Salon gezeigt wurde, schrieb der Kritiker Ludwig Pietsch in der „Vossischen Zeitung": „Das Aufsuchen des widerlichst Abscheulichen, was es an rohen, verkümmerten, durch angeborene, von Arbeit und Alter großgezogene Häßlichkeit entstellten und verhunzten Menschenbildern, speziell alten Dorfweibern in aller Welt nur geben mag, ist eine ganz eigentümliche Neigung. Aber sein großes Talent hat er unbestreitbar bewiesen." (5. November 1872) Einen etwas gemäßigteren Ton stimmten das „Berliner Tageblatt" und die „Zeitschrift für bildende Kunst" an, deren Kritiker ebenfalls die handwerkliche Qualität des Bildes anerkannten, wenngleich man auch hier die „absolute Leerheit" des Themas verwarf.
Adolph Menzel, vor dessen Kritik kaum etwas zu bestehen vermochte, zeigte sich von dem Gemälde beeindruckt und ließ den jungen Maler zu sich kommen. „Hocherfreut machte ich mich nun eines Tages auf zu Menzel, um persönlich aus seinem Munde zu hören, was er über meine Arbeit denke. Ich klingele in der Sigismundstraße, vier Treppen hoch; der Kerl kommt nicht! Ich warte und warte – er scheint nicht zu Hause zu sein. Da schlürft etwas den Korridor entlang und öffnet die Tür. Menzels scharfblickende Augen mustern mich. ‚Was wollen Sie, wer sind Sie?' ‚Ich bin der Maler der „Gänserupferinnen", die Sie bei Lepke gesehen.' ‚Was? Sie sind der Maler dieses Bildes?' Und mich hineinführend in den Korridor, herrscht er mich höchst unwirsch an: ‚Wissen Sie, was ich Ihnen sagen muß? Ihr Vater sollte Ihnen die Hosen vollklopfen von wegen des Bildes, denn so etwas malt man mit 50 Jahren, nicht aber in Ihrem Alter!'"
Legt man Liebermanns Verhalten ein bestimmtes strategisches oder wenigstens absichtsvolles Denken zugrunde, nach welchem er seinen Weg zur Kunst umsichtig vorausberechnete, um nicht zu scheitern, so wird man leicht verstehen, warum er aus Weimar, wo seine Lehrzeit nun zu Ende war, nicht umgehend nach Berlin zurückkehrte. Bevor er das tat, brauchte er eine größere Reputation, und so stieß er sich selbst aus dem beschaulichen Weimar hinaus in die europäische Kunsthauptstadt, wo sich entscheiden mußte, ob er werden konnte, was er von sich versprach.

Nach diesem so unerwarteten Erfolg (d.i. der Verkauf der „Gänserupferinnen"; der Verf.) reiste ich im Sommer 1873 zum ersten Mal nach Paris, wo ich Munkácsys Bekanntschaft machte." (1889) Hier irrt Liebermann: der zweiwöchige Aufenthalt in Paris anläßlich seiner ersten Erkundungsreise fand 1872 statt, die Begegnung mit Munkácsy noch ein Jahr früher. Die Fehlleitung der Erinnerung muß nicht dem Versuch zugerechnet werden, zwischen die „Gänserupferinnen" und das darin unübersehbare Vorbild eine zeitliche Kluft zu schieben; der Verdacht immerhin bleibt. „Munkácsy war neulich hier in Weimar und gratulierte mir zu meinem Bilde, das er in Düsseldorf gesehen hat. Er freut sich, daß ich sein Schüler werde." (An den Bruder, 22. Oktober 1871)

Hoffnungen auf eine Professur des Ungarn an der Weimarer Kunstschule hatten sich zwischenzeitlich zerschlagen, Munkácsy heiratete die junge Witwe des Barons de Marches und fand durch sie den langersehnten Reichtum. In Paris wuchs seine Sucht nach der Gunst des Publikums, nach Bestätigung seiner allzu eleganten Kunst. In der Rue de Lisbonne ließ er sich eine mondäne Villa bauen, richtete sie verschwenderisch ein, gab herrschaftliche Empfänge, während seine Kunst allmählich verfiel. Sein erstes Bild soll auch bereits sein bestes gewesen sein. Sein oberflächliches und ganz auf Glamour ausgerichtetes Leben fand in seiner Kunst eine Entsprechung: er betrieb seine Milieustudien nach Fotografien, was auch Liebermann sehr befremdete, als er das sah. Das zeitgleiche Aufblühen des Impressionismus nahm Munkácsy nicht ernst, er verachtete Manet, bewunderte allerdings die Landschaftsmaler von Barbizon. Liebermanns Kunstgeschmack hat er stark beeinflußt, ja es scheint sogar, als verkörpere er eine Zeitlang so etwas wie ein Idol des Erfolges für den nur drei Jahre Jüngeren.

„Was Liebermann weiterhin zu Munkácsy trieb, war der Wunsch, die die ganze europäische Malerei beherrschende banale Sittenmalerei, die Genremalerei genannt wurde, zu überwinden, sich frei zu machen vom Erzählenden, ja Anekdotischen, ohne auf der anderen Seite einer ebenso bedenklichen Geschichtsmalerei zu verfallen." (Karl Scheffler, „M. L.", Frankfurt/M. 1953, p. 21)

Liebermann besah sich in Paris Gemälde aus der Schule von Barbizon und solche des großen Courbet, der der gesamteuropäischen Bewegung zum Realismus in der Kunst als Protagonist vorausgeeilt war. Während der Maître aufgrund seiner politischen Taten zur Zeit der Pariser Kommune im Gefängnis saß, trieb der Pariser Galerist Durand-Ruel mit den Bildern des Häftlings gute Geschäfte. Gustave Courbet ist niemals zu einem direkten Vorbild für Liebermann geworden, aber es gibt bestimmte Elemente der Komposition und der Maltechnik, die auf Einflüsse hindeuten. So ist die serielle Reihung von Figuren auf Überformaten ein Bauprinzip, das Courbet 1850 in seinem „Begräbnis von Ornans" anwandte.

Unmittelbarer schien auf Liebermann der Einfluß der Maler von Barbizon zu werden, die das Malen unter freiem Himmel bereits eine Generation lang betrieben hatten, während in Deutschland eine Entwicklung dorthin kaum stattgefunden hatte.

Nach zwei Wochen reiste Max Liebermann von Paris aus zu seinem ersten Malaufenthalt nach Holland, begleitet von dem seit der gemeinsamen Zeit bei Steffeck befreundeten Maler Ernst Tepper. In Scheveningen malte Liebermann Häuser, noch vor der Natur vollendete er die Studie in gedämpften Nuancen auf hellem Grund; die pechfarbene Dunkelheit der Munkácsy-Grundierungen begann er mit diesem Schritt ins Pleinair zu überwinden. In einem Dorf in der Nähe von Leiden – vermutlich in Rijnsburg – entstanden ein „Interieur mit Korbflechter" und ein „Schweinekoben".

In Amsterdam stieß Liebermann zufällig in Nähe des Hafens auf einen Schuppen, worin Frauen Gemüse putzten und es für Konserven vorbereiteten. Das Sujet fand sein Interesse, er malte eine Studie vor Ort, die er, nach Weimar zurückgekehrt, innerhalb von nur einer Woche zu seinem zweiten Mehrfigurenbild umsetzte: den „Konservenmacherinnen". Noch sind diese Figuren als konturlose Wesen in das bedrückende Dunkel eines Interieurs eingesperrt, aber die Arbeiterinnen haben hier – gegenüber den „Gänserupferinnen" – zu einem vergleichsweise natürlichen Nebeneinander gefunden. Diese Komposition sucht nicht nach theatralischem Effekt oder anekdotischem Erzählzusammenhang; die Individuen ordnen sich einer Gemeinschaft zu, die Reihung ist kompositorisches Prinzip, das von keiner Einzelfigur mehr durchbrochen wird. Als der Belgier Charles Verlat, „der seit einem Jahr Lehrer in Weimar geworden war und mich wegen seiner fabelhaften Routine im Malen sehr anzog", das Bild im Entstehen sah, riet er, es nicht in Deutschland zu zeigen, sondern im nächsten Jahr auf dem Salon in Antwerpen. Das war für Liebermann ein dankbarer Umweg, der ihn erneut nach Paris führen sollte.

In Antwerpen wurden die „Konservenmacherinnen" versehentlich gleich zweimal verkauft, per Gerichtsbeschluß mußte der Maler eine zweite Version anfertigen. Liebermann reiste an und kam mit französischen Kunsthändlern ins Gespräch, die ihn auf Paris verwiesen. Der Gedanke, ganz in die französische Hauptstadt zu ziehen, war längst in ihm gereift; zuletzt war es wohl immer noch Munkácsy, der ihn dorthin zog. Künstlerisch aber wollte sich Liebermann für diesen Schritt legitimieren, mit einem aufwendigen Gemälde, das den „Gänserupferinnen" nicht nachstehen sollte; es galt, den jungen Ruhm gebührend zu verteidigen. Und so entstand in Weimar die überformatige Darstellung eines Schlächters, der ein Kalb mit sich zieht. Kurz vor der Fertigstellung aber hat Liebermann dieses Bild, mit welchem er sich überforderte, selbst zerstört.

Während er sich von einer kurzen Krankheit erholte, ging er vor den Toren Weimars spazieren und sah Bauern bei der Arbeit auf den Rübenfeldern. Das war seine neue Bildidee, die mit Mühe und Verspätung zur Verwirklichung fand. Zunächst studierte er die Figuren einzeln unter freiem Himmel, dann fügte er sie auf separater Leinwand im Atelier zu einem Gruppenbild zusammen. Karl Gussow, dessen Zynismus allgemein gefürchtet war, betrat das Atelier und riet Liebermann, das Bild erst gar nicht zu malen, denn das habe schon ein anderer vor ihm getan. Liebermann, durch Kritik immer leicht zu verunsichern, nahm einen Spachtel und kratzte das begonnene Gemälde von der Leinwand.

Sechsundzwanzigjährig stand Max Liebermann an einem entscheidenden Punkt seiner Entwicklung, ein mit den „Gänserupferinnen" ad hoc gesetzter Maßstab ließ sich nicht ohne weiteres überbieten, nicht einmal einhalten. Die hoffnungsvoll begonnene Karriere geriet ins Stocken, nachdem beide im Anschluß versuchte Kompositionen gescheitert waren. Der Weg nach Paris schien aus der Arbeit dieses Jahres 1873 kaum noch zu legitimieren, der Maler fühlte sich in den Status eines unbeholfenen Akademieschülers, der nur nach festen Vorbildern arbeiten kann, zurückversetzt. Kleinere Gemälde, mit denen er vor den Augen des Publikums zu bestehen hoffte, nahm niemand für ernst. Auf die von Rübenarbeitern befreite Leinwand malte er das „Selbstporträt mit Küchenstilleben", um es seiner Mutter zum Geschenk zu machen. Künstlerisch ist das Werk ohne Bedeutung und bleibt thematisch ohne Nachfolge. Stilleben kommen im Werk Liebermanns nicht mehr vor. Er habe dazu keine Ruhe, sagte er einmal.

Im Herbst verließ er Weimar und reiste nach Wien. Als Gerüchte von Cholera sich ausbreiteten, zog er bereits nach zwei Tagen weiter, nicht ohne vorher den wohl berühmtesten Historien- und Salonmaler jener Tage besucht zu haben: Hans Makart.

„So viel Talent wie der möchte ich auch haben."

Im Dezember erreichte er Paris und bezog in der Rue Larochefoucauld am Montmartre ein Atelier.

So freizügig dieser Ortswechsel erscheinen mag, er stand unter der gravierenden Last der politischen Ereignisse. Nach verlorenem Krieg war in Frankreich ein massiver Chauvinismus gegen Deutsche ausgebrochen, wodurch es Liebermann unmöglich wurde, hier einen künstlerischen Dialog mit französischen Kollegen zu führen. So sehr Nationalismus und Fremdenhaß auch den Alltag Liebermanns belasteten, sie führten in letzter Konsequenz dazu, daß ihm ein Zugang zu den großen Malern Frankreichs versagt bleiben mußte.

Im gleichen Haus wie Liebermann wohnte der künstlerisch ambitionierte Graf Lepic, ein Vetter Napoleons III., der den Kaiser in die Gefangenschaft auf die Kasseler Wilhelmshöhe begleitet hatte. Lepic war selbst Maler geworden, pflegte Umgang mit den Künstlergrößen seiner Zeit, war mit Desboutin und Degas befreundet. Das gute nachbarschaftliche Verhältnis half Liebermann nicht, in der Kunstwelt der Hauptstadt Fuß zu fassen; ihm wurde, bis auf wenige Ausnahmen, überall die Akzeptanz verwehrt.

Als erstes Bild und als einzige thematische Konzession an seine neue Wahlheimat malte er ein Bild der „Folies-Bergère"; die subtile Studie des Pariser Caféhauses ist mit preußischen Augen akkurat erfaßt, aus zahlreichen Vorstudien entstand ein komponiertes Bild. Als er eines Tages nicht zu Hause war, führte sein Nachbar Lepic den mittlerweile achtundsiebzigjährigen Camille Corot, den Vater der modernen Landschaftsmalerei, vor das halbfertige Bild. Corot schrieb auf die Leinwand: „Bravo! Bravissimo!", bevor er Liebermanns Atelier wieder verließ. Ein Kontakt zu den Impressionisten ließ sich nicht herstellen. Vorsorglich hatte ihm der alte Lehrer Steffeck zwei Empfehlungsschreiben mitgegeben, eines an den Maler Bonnat, eines an Alfred Stevens. Bonnat gab ihm bei einem Wiedersehen den Rat: „Faites le petit sacrifice de vous faire naturaliser et vous serez de nôtes."

Von dem Brief an Stevens, einem Maler aus dem engeren Kreis des Impressionismus, machte Liebermann erst nach Jahren Gebrauch. In Paris begann für ihn eine Zeit der persönlichen und künstlerischen Isola-

tion, die schwerer wog als jene der Lehrjahre in Weimar: Jetzt hatte er als freier Maler einen Anspruch vor der Welt zu vertreten.
Sein Umgang beschränkte sich anfangs auf Munkácsy, in Ermangelung besserer Alternativen. Liebermann spürte, daß die Kunst des ehemaligen Vorbildes kaum noch zu verteidigen war, so sehr der Zuspruch des Publikums gerade zu dieser Zeit der Popularität dieses Malers einen Aufwind verlieh. Munkácsys Eitelkeit und der immer deutlicher werdende Kostümzwang seiner Motive stießen Liebermann ab, aber eine Freundschaft blieb zwischen beiden bestehen; bis zum Jahr 1877 verkehrte der Ungar regelmäßig in Liebermanns Atelier.
Der ehemalige Studienfreund Ernst Tepper hatte ihn an einen gewissen Spitzer, einen Angestellten des Bankhauses Rothschild, verwiesen, mit welchem Liebermann sich häufiger traf. Über den skandinavischen Maler Hill lernte er dessen Kollegen Edelfelt und Geyerfelt kennen, später den deutschen Maler Jettel und den Ungarn Laszlo Paal, die ebenfalls in Paris lebten; intensiv waren all diese Kontakte nicht.
Die Franzosen mieden die Kreise ausländischer Künstler, ihre Ignoranz verstieg sich zuweilen zu bitterstem Haß. Im Gegenzug hielt Max Liebermann eine Anerkennung der Franzosen sehr zurück, auch Manet gab ihm nicht viel. Mit Ausnahme der „Folies-Bergère" klammerte er Paris ganz aus seiner Malerei aus, widmete sich Motiven und Bildideen, die noch in die Weimarer Zeit gehörten. Sein Stil entfernte sich nicht weit von dem Maßstab, den die dortige Lehre gesetzt hatte. Einmal noch ging er auf Munkácsy ein und malte eine großformatige Marktszene mit allerlei genrehaften Anekdoten; aber die Anschauung fehlte, vielleicht auch die Überzeugung; das Bild blieb unvollendet.
Im Frühjahr 1874 reichte Max Liebermann seine „Gänserupferinnen" zur offiziellen Pariser Kunstschau, dem „Salon", ein. Dieser Versuch hatte wenig Aussicht auf Erfolg, Haßtiraden gegen alles Deutsche gehörten ins tägliche Bild der Pariser Presse, eine kulturelle Verständigung wurde in jedem Ansatz erstickt. Doch das Unerwartete geschah und das Bild wurde angenommen, sogar in die begehrte unterste Reihe der drei- bis vierstöckig übereinander drapierten Gemälde gehängt, was bereits einer Auszeichnung gleichkam. Und bald kam das Gerücht auf, Liebermann solle eine Medaille bekommen; das aber wurde vermieden, um die in der Presse geführten Kampagnen nicht unnötig zu entfachen. Im „Tintamare" schrieb ein Kritiker: „Mögen gesinnungslose Kreaturen kommen und sagen, die Kunst habe kein Vaterland. Ich werde stets behaupten, daß es ein Verbrechen ist, Richard Wagner in Frankreich aufzuführen und Preußen bei unseren Ausstellungen zuzulassen! Ein Deutscher, der die Gastfreundheit des Pariser Salons in Anspruch nimmt, muß sich naturalisieren lassen!" Liebermann verließ nach Eröffnung des Salons die Hauptstadt und verbrachte den Sommer in Barbizon am Rande des Waldes von Fontainebleau.
„Munkácsy zog mich mächtig an, aber noch mehr taten es Troyon, Daubigny, Corot, vor allem aber Millet, und die Schwärmerei für letzteren, den ich für den epochemachendsten der Maler halte, bin ich bis heute treu geblieben." (1889)
Die „Schule von Barbizon" war mit den genannten Malern zu dieser Zeit bereits historische Institution geworden, deren unvermindert anhaltende Wirkung – insbesondere auf den Malerkreis der Impressionisten –

„Im Park von Versailles", um 1874
(Verbleib unbekannt)

Dorfteich in Etzenhausen

„Dorfteich in Etzenhausen",
1879
(Verbleib unbekannt)

kaum zu überschätzen ist. Der französische Impressionismus ist durch diese Landschaftsschule hindurch- und aus ihr erst hervorgegangen, hatte hier die Mittel der Freilichtmalerei erprobt und sie in die Hauptstadt zurückgetragen. Max Liebermann wohnte im Gasthof der Mutter Vêron, in Dorfmitte gelegen und unmittelbar angrenzend an das Grundstück des verehrten Millet, den Liebermann unbedingt kennenzulernen wünschte. Doch Millet war als verbitterter Chauvinist bekannt und ließ keinen Deutschen in seine Nähe, ein Kontakt kam nicht zustande. Liebermann sah ihn lediglich aus der Entfernung in seinem Garten, aber diese Enttäuschung hinderte ihn nicht an uneingeschränkter Verehrung Millets; „... den verehre ich am meisten, da ich finde, daß er – wenigstens in seinen Zeichnungen – den Eindruck der Natur am wahrsten (für mich gleichbedeutend mit: am schönsten) wiedergegeben hat." (1889) Jean François Millet war in seinen Gemälden weit über die Schilderung der Landschaft hinausgegangen, das Figürliche erst gab ihm eine Ausdrucksmöglichkeit, welche die landschaftliche Natur nicht bot: das Ethos des Landlebens zu symbolisieren. Damit wurde Millet einer der ersten, die mit Pathos die Naturverbundenheit einfacher Leute malerisch hervorkehrten; in seiner künstlerischen Erbfolge stellten sich unter anderem Liebermann und van Gogh, für den Millet unangefochten der Prophet von Einfachheit und Wahrheit blieb. Liebermann, mittlerweile von der dekadenten Malerei Munkácsys abgeschreckt, war frei geworden für Einflüsse, die die tätige Bindung des Menschen an die Natur unsentimentaler zeigten, weniger durch Gefühlsreinheit geschönt als durch wirkliche Arbeit charakterisiert und geadelt. Millet glorifizierte zwar den armseligen Alltag der Bauern, aber er zeigte ihr wahreres, menschliches Gesicht, und das imponierte Liebermann. Die Natur hier interessierte ihn wenig, wohl aber ihre Umsetzung in Malerei. Und wie er Paris in nur einem Bild flüchtig zum Thema nahm, malte er hier in Barbizon nur einmal ein Gehöft mit einer aufgeschreckten Gänseschar.

Lichtmalerei war für ihn noch kein Thema, ebensowenig suchte er Spektakuläres in den Erscheinungen, sondern zeigte die Natur – wie Scheffler einmal sagt – in ihrem „Alltagsgewand" (a.a.O., p. 28). In das Naturbild bezog er den Menschen mit ein, aber auch darin hielt er an mitgebrachten Bildideen fest. In Barbizon erinnerte er sich der Weimarer Studie von „Arbeitern im Rübenfeld", suchte in der Landschaft nach einem entsprechenden Motiv und fand im Spätsommer schließlich Bauern bei der Kartoffelernte. Zwei gebückte Figuren vor karger, graubrauner Weite malte er als Studien und übertrug diese später auf eine großformatige Leinwand. Die Komposition erschien ihm wenig glücklich und er variierte die Figuren, setzte in den Hintergrund weitere hinzu. Schließlich gab er mit einem in den Bildvordergrund gestellten Kind, das den Kartoffelsammlern zusieht, dem Ganzen einen familiären und sentimentalen Zug. Gemessen etwa an Millets 1857 gemalten „Ährenleserinnen" fehlt dem Bild die Einheit, die es bedeutend machen kann. Das Gemälde blieb in Barbizon unvollendet, aus dem überstarken Einfluß Millets hat Max Liebermann noch nichts Eigenes gewinnen können. „So merkwürdig es erscheint, so ist doch der Berliner Kaufmannssohn ein naiverer Bauernmaler, als der normannische Bauer (d. i. Millet; der Verf.). Sobald er aber dessen Spuren folgen wollte, mußte er unendlich hinter ihm und seinen eigenen Leistungen zurückbleiben und ins Falsche

„Bildnis Johannes Sperl", 1879
(Verbleib unbekannt)

„Bildnis Fritz von Uhde", 1891
Kohle/Kreide 54,3 : 37,8 cm
Slg. G. Schäfer, Schweinfurt

und Äußerliche verfallen." (Hancke, p. 91) Erst Jahre später, in München, hat Liebermann sein Bild der „Kartoffelernte" abgeschlossen, es aber niemals ausgestellt. 1884 verschenkte er es an den befreundeten Maler Johannes Sperl. Im Sommer des Jahres 1875 – Millet war zu Jahresbeginn gestorben – kehrte Liebermann von Paris aus noch einmal nach Barbizon zurück, doch offensichtlich ohne hier zu malen. Der Ort mißfiel ihm jetzt und er reise weiter – nach Holland.

Der folgende dreimonatige Aufenthalt Liebermanns in Holland stand noch nicht im Zeichen der bis an sein Lebensende anhaltenden Euphorie für dieses Land, sondern trug den Charakter einer Studienreise. In späteren Erinnerungen des Malers taucht diese Hollandreise nicht auf, obwohl sie durch Bilder bestätigt wird, die zu einem wichtigen Bestandteil seiner Entwicklung wurden. Im Dorf Zandvoort richtete er sich im Hause eines Zimmermanns ein, wohin er noch in späteren Jahren zurückkehrte und Fritz von Uhde mitbrachte, der das Interieur mehrfach malte. Bei Liebermanns erstem Aufenthalt entstanden zwei Ansichten der Werkstatt; nachträglich wurden sie mit Figuren versehen, die nicht ins Bild passen wollen und den Studien eine triviale erzählerische Note geben; der Maler nennt es: „Die Familie des Holzhackers."

Figurenreihungen begannen, Liebermanns Idee künstlerischer Eigenständigkeit zu okkupieren; seit Munkácsys erster Anregung suchte er darin nach Originalität und blieb darauf fixiert wie auf ein Ziel, das ihm ganz vorbehalten schien. Näherungen an solche Themen waren nicht spontan, sondern vollzogen sich langsam und mit beinahe zögernder Zurückhaltung. Doch Liebermann blieb dieser Idee verbunden, bis er sie in den großen Versionen vollkommen erfüllte.

Als er im Herbst 1875 nach Paris zurückkehrte, widmete er sich einem Thema, das ihm während des Sommers vorzuschweben begonnen hatte: badende Knaben, deren halb- oder unbekleidete Körper in ihren lichten Nuancen, gegen das konventionelle Dunkel ausgespielt, malerisch eine Herausforderung gaben.

Auf einem Überformat begann er im Winter hier die fünfte seiner großen figuralen Kompositionen, von denen er bis zu diesem Zeitpunkt nicht eine an ein glückliches Ende bringen konnte.

Vor Jahresende bezog er ein neues Atelier am Boulevard de Clichy, das er während des Winters mit dem aus Düsseldorf angereisten Thomas Herbst teilte. Hier setzte er die Arbeit an den monumentalen „Badenden" fort, stellte sie bald darauf jedoch ein; 1877 nahm er sie wieder auf, doch das Bild verließ Paris unvollendet. Vielleicht begann er in Berlin, es zu zerschneiden; 1894 ging es verloren und tauchte erst 1925 wieder auf. Nach einer Restaurierung wurde es dann in Teilen von Liebermann noch einmal übermalt.

Hans Ostwald erzählt (a.a.O., p. 124), Liebermann habe anläßlich dieses Hollandaufenthaltes in Haarlem ausgiebig Bilder von Frans Hals kopiert, um dadurch dann einen eigenen Stil zu finden. Liebermann selbst verlegt dieses immerhin drei Monate dauernde Kopieren ins Jahr 1879, was offensichtlich eine Fehldatierung ist. Scheffler setzt den Beginn der Hals-Kopien ins Jahr 1875, Hancke 1876, was der Wahrheit entspricht. Ein zweiter Irrtum unterläuft Liebermann, wenn er die Studien zur „Kleinkinderschule", die Arbeit im Amsterdamer Waisenhaus und die Kopien nach Hals zeitlich miteinander verbindet.

„Ich kopierte dort nach den Frans Halsschen Bildern in Haarlem, machte zugleich Studien zu der ‚Kleinkinderschule' in Amsterdam und arbeitete in dem dortigen Waisenhause." (1889)

Die Daten fallen noch verwirrender durcheinander, wenn der Maler ergänzt: „Um diese Zeit fing ich an, die Bilder vor der Natur zu malen..." Damit fing er 1872 an, die Kopien nach Hals datieren ins Jahr 1876, ebenso die Studien zum Mädchenwaisenhaus; 1875 malte er in Holland Studien einer „Kleinkinderschule", eine Ansammlung von Kleinkindern in einem halb erhellten Interieur.

Im Frühjahr 1876 vollendete er die „Arbeiter im Rübenfeld", dieses Sujet, das sich nach mehrfachen Häutungen und vergeblichen Versuchen aus einer alten Weimarer Impression schließlich herausgeschält hatte. Offensichtlich wollte Liebermann mit Arbeitsdarstellungen Millets konkurrieren, in Format, Schlichtheit des Themas und Sorgfalt der Ausführung einer ganz unspektakulären Szenerie: neun Figuren sind nebeneinander in den Bildraum hineinpostiert, alle stehend, einige von ihnen zur Arbeit am Boden geneigt. Fahles bühnenhaftes Licht umhüllt sie, vereint sie in bleichen Tonwerten vor dem dunklen schweren Hintergrund. Jede Farbigkeit bestimmt der Maler von diesem Dunkel her, für impressionistische Augen ist das Bild leblos. Die Figuren sagen sich nichts, deuten kaum zueinander; eine Frau zur Linken, auf ihre Hacke in Pose gestützt, sieht interessiert dem Betrachter entgegen, so als sei dieser mit einer Kamera in den Feldern unterwegs. Etwa so bemängelt es Hancke: „Die Bewegungen dieser Arbeiter ... sind unglaubwürdig, sie wirken als wären sie nur zum Schein gemacht. Man sollte meinen, die Leute fühlen den Blick des Betrachters auf sich ruhen." (A.a.O., p. 100)

Der Maler zwang die Modelle in eine orthodoxe Arbeitshaltung, zeichnete sie einzeln im Atelier, gab ihren verschlissenen Kleidern geschmackvolle Details, machte verschiedene malerische Vorentwürfe und addierte auf großem Format das alles zusammen: der Eindruck eines Natürlichen ließ sich durch die Montage nicht erzeugen. Da sind Modelle auf einen imaginären Acker gestellt, an dessen Natur sie nicht wirklichen Anteil nehmen; klar ausgegrenzt bleiben die Figuren von der dunklen Tonigkeit der Landschaft. Als das Gemälde 1876 zum Pariser Salon zugelassen wurde – zusammen mit einem Kinderbild „Die Geschwister" –, fand es wenig Beachtung; die Franzosen waren mit solchen Themen verwöhnt, ihrer wohl auch etwas müde.

Im Sommer folgte, nach einer Reise über Düsseldorf und Berlin, ein fünfmonatiger Aufenthalt in Holland. Drei Monate davon verbrachte Liebermann im Haarlemer Rathaus, wo eine große Anzahl von Bildern Frans Hals' gezeigt wurde. Dazu gehörten frühe Schützenstücke, in braunem Ton gehalten, Arbeiten der mittleren Jahre mit ihrer Entdekkung des flüchtigen Malstrichs und des Lokalkolorits, aber auch Arbeiten des Achtzigjährigen, wie Bilder eines Altmännerhauses und eines Altfrauenhauses. Liebermann kopierte wochenlang in etwa dreißig Studien Details, versetzte sich freiwillig noch einmal in den Status eines devoten Schülers, der ergeben und aufmerksam der Hand des Meisters zu folgen versucht. Daß er in dieser Arbeit so ausdauernd blieb, verwundert um so mehr, als er bereits zu jener Zeit von großer innerer Unruhe und sichtlicher Nervosität charakterisiert wurde. Die Frage Erich Hanckes scheint berechtigt, warum der dreißigjährige Liebermann sich hier noch einmal einer fremden künstlerischen Haltung unterwarf, eigene Ansprüche zurückstellte, das Naturstudium ganz ignorierte, um zuletzt die Handschrift aus einem vergangenen Jahrhundert zu imitieren. Ist er zeitgenössischer Vorbilder überdrüssig, sucht er im Vergangenen nach richtungsweisenden Orientierungen? Steht er in einer Phase selbstkritischen Zweifels über sein öffentlich kaum beachtetes Talent und will er dieses Talent über die Hand eines anderen beweisen?

Von der selbstlosen Bewunderung für Frans Hals wurde er niemals frei: „Seit dreißig Jahren sehe ich mir das nun an und weiß immer noch nicht, wie Frans Hals es macht, daß ein Auge so sieht." (Um 1910)

Eine Anziehungskraft, die über das rein Maltechnische hinaus eine gewisse Seelenverwandtschaft begründen konnte, lag zweifellos in der prosaischen Haltung zur sozialen Wirklichkeit als Motiv und im Temperament der Ausführung begründet. „Aus diesen Exerzitien hat Liebermann einen Gewinn für sein ganzes Leben gezogen, vor allem als Bildnismaler." (Scheffler, p. 34)

In Amsterdam traf Liebermann mit dem Radierer William Unger zusammen, die Verbindung zu ihm war durch den gemeinsamen Freund Jettel aufrechterhalten worden. Wiederholte Behauptungen, die beiden hätten sich erst jetzt kennengelernt (vgl. G. Busch; „M. L.", Frankfurt/M. 1986, p.35), sind falsch. In der gemeinsamen Weimarer Zeit standen sie bereits in engerem Kontakt, Unger saß im Vorstand des Künstlervereins, dem auch Liebermann zeitweise angehörte. „Nach Jahren sah ich in Amsterdam Max Liebermann wieder, mit dem ich in Weimar, als er Schüler Pauwels' war, viel verkehrt hatte." (W. Unger, „Mein Leben", Wien 1929, p.162)

William Unger, der als der wichtigste deutsche Reproduktionsgrafiker im 19. Jahrhundert zu bezeichnen ist, hielt sich seit 1874 im Auftrag des Amsterdamer Kunstverlages „Buffa en Zonen" in Holland auf und arbeitete an einer Serie von Radierungen nach Gemälden aus dem Rijksmuseum. Der als Künstlertreffpunkt beliebte Verlag hatte sein Domizil in der Kalverstraat und wurde seit 1872 von den Italienern Caramelli und Tessaro geleitet, sie hatten 1874 in dem Verlagsgebäude eine Kunstgalerie eingerichtet. Im selben Haus bewohnte William Unger ein Atelier, in welchem auch Jozef Israels gelegentlich gearbeitet hatte und in das noch im selben Jahr Max Liebermann einzog. Unger und Liebermann verbrachten viel Zeit gemeinsam. Ihre Wege führten sie immer wieder in das Rijksmuseum, wo Liebermanns Rembrandtverehrung an Tiefe gewann. Sie wuchs hier nicht nur aus der Anschauung, sondern in tätigem Nachvollziehen; auf Ungers Anregung hin zeichnete er Rembrandtsche Radierungen in Ausschnitten mit der Feder nach.

In der Kalverstraat befand sich auch das Bürgerwaisenhaus der Stadt, und auf einem seiner Wege sah Liebermann in den Hof des Hauses, wo Mädchen in hellen Hauben und roter Tracht ihre Freistunde verbrachten. Was ihm bisher als vage Idee vorgeschwebt hatte, in Evidenz schien sie hier wirklich geworden: die Anordnung gleichförmiger Figuren im Raum; in dem natürlichen Beieinander der in die Farben der Stadt gekleideten Waisen schien das Problem der Komposition – das sich noch in den „Arbeitern im Rübenfeld" nachteilig bemerkbar macht – mit einem Male gelöst. Umgehend ersuchte Liebermann bei der Vorsteherin des Waisenhauses um Malerlaubnis, die aber wurde ihm verwehrt. Jetzt

kam ihm die Freundschaft mit Unger zu Hilfe: „Sein sehnlichster Wunsch, Gelegenheit zu haben, Studien von den originell gekleideten Amsterdamer Waisenmädchen machen zu können, fand durch meine Vermittlung Erfüllung. Caramelli war Regent eines katholischen Waisenhauses, und um mir gefällig zu sein, machte er es möglich, daß Liebermann ganz ausnahmsweise gestattet wurde, im Hofe des Waisenhauses seine Studien zu machen, ja er konnte direkt ein Bild vor der Natur schaffen, das größten Erfolg erzielte und ihn mit einem Schlage in die Reihe der Vorkämpfer der Freilichtmalerei stellte." (Unger, p. 162 f.)
Es entstanden fünf Studien vor der Natur, Gruppen der Mädchen vor der ockerfarbenen Fassade mit den weißen Fensterumrahmungen. In starker Verkürzung ist der Raum in die Tiefe hinein erschlossen, von einer fensterreichen Fassade flankiert, im Mittelgrund von einer zweiten Fassadenfront zugestellt. In dieser eher schlichten Architektur, die durch Perspektive und den Rhythmus der Fenster den Raum formal gliedert, sind die Figuren der Mädchen eingestreut, nicht als Individuen, sondern – vor allem in den Studien – als farbige Nuancen. Die Frankfurter Endfassung des Themas geht dahinter einen Schritt zurück, bereitet erzählend die Gesichter wieder individuell auf. Im Innern desselben Hauses malte Liebermann eine Studie der in Bänke gesetzten nähenden Mädchen, die „Holländische Nähschule", die er im Winter 1876/77 in Paris zu einer zweiten Version umsetzte. Die mißglückte Raumperspektive der ersten Fassung ließ er durch einen heruntergekommenen Mathematiklehrer neu konstruieren. Da hinein malte er noch einmal die Mädchen; das gelbe Licht, das durch die Fenster fällt, wird zu einem goldenen Ton gebrochen, der sich auf die Köpfe der Kinder legt. Gegen diesen Ton steht als milder Kontrast das Blaugrau des Schattens.
William Unger hatte im selben Sommer in Wien zu tun, wo er für die „Gesellschaft für vervielfältigende Kunst" tätig war. Max Liebermann bezog das Dachatelier über der Buffaschen Kunsthandlung, malte aus dem Fenster den Blick über die Dächer zur Westerkerk und nahm an den regelmäßigen Künstlerzusammenkünften im Erdgeschoß des Hauses teil. Hier traf er August Allebé, Professor an der Rijksakademie und ein ausgezeichneter Kenner des Amsterdamer Milieus. Allebé hatte eine ausgesprochene Vorliebe für das jüdische Viertel, wo er sich Themen und Modelle suchte. Manchmal begleitete ihn Liebermann auf den Streifzügen und erlebte zum ersten Mal das Milieu in den kleinen Gassen um die Antonisbreestraat und die Jodenbreestraat, wo einst der verarmte Rembrandt gewohnt hatte. Eine erste Zeichnung gibt den Blick auf die Brücke vor der Valkenburgerstraat wieder. An einem Freitagabend besuchte er mit Allebé die Portugiesische Synagoge der Stadt, wohin er bald zurückkehrte, mit einer inzwischen gereiften Idee zu einem sehr ungewöhnlichen Bild: einer Darstellung des zwölfjährigen Jesus im Tempel. Eine erste Studie des von gebrochenem Licht erfüllten Kircheninteriors aus dunklem Holz entstand an diesem Ort, bevor der Maler im Oktober 1876 nach Paris zurückkehrte.
Mit einer merkwürdigen Verzögerung reiften Liebermanns Bildideen. Die Zeit nach diesem intensiven Arbeitssommer erweckt den Eindruck, als sei er gar nicht in Holland gewesen. Studien, die er in Vorbereitung größerer Werke geschaffen hatte und sie schließlich dafür auch verwandte, ruhten.

„Holländische Nähschule",
1876
Öl/Holz 64,5 : 81 cm
Von der Heydt-Museum,
Wuppertal

„Freistunde im Amsterdamer
Waisenhaus", 1881/82
Öl/Lwd. 78,5 : 107,5 cm
Städelsches Kunstinstitut,
Frankfurt/M.

Paris

„Mutter mit Kind", 1877
Öl/Lwd. 73 : 59 cm
Slg. O. Reinhart, Winterthur

In Paris schien er wieder der Konvention folgen zu wollen, malte altbackene Themen unter Mißachtung der in Holland gewonnenen malerischen Dimension, die seine Entwicklung schließlich weiter brachte als alle in Paris gemachten Fehlversuche auf großem Format. „Er war nach Paris gekommen, um Karriere zu machen, aber auch um sein Können zu erweitern, und dabei hatte er wohl ein bestimmtes Ziel." (Hancke, p. 101) Im Atelier am Boulevard de Clichy entstand während des Winters ein gigantisches Bild, das drei Frauen in Überlebensgröße miteinander im Gespräch zeigte, die linke Figur mit einem Kind im Arm. Thomas Herbst, der den Winter hier verbrachte, malte eine Aquarellstudie, die Liebermann im Atelier bei der Arbeit zeigt; es blieb das einzige authentische Zeugnis für das Gemälde. Liebermann stellte es nach der Vollendung im Pariser Salon aus, aber eine positive Resonanz blieb diesmal aus; enttäuscht sandte er es zur Akademieausstellung nach Berlin, wo das als „Klatschgeschichten" betitelte Bild zusammen mit den „Arbeitern im Rübenfeld" gezeigt wurde. Zu ersterem las man im „Tageblatt":

„Es ist ein lebenswahrer Schmutz
Des Bildes Hauptverzierung.
Ihm käme wahrlich sehr zu Nutz
Die Seifen-Restaurierung."

Dem zweiten Bild gab man den spöttischen Titel „Im Runkelpark", den Maler beider Werke nannte man einen „Sohn der Finsternis".
Die Kritik an Liebermanns Werk war von Beginn an mit zynischem Spott überladen und vollkommen an der Sache der Malerei vorbeigesagt. Unglücklicherweise nahm Liebermann Kritik sehr persönlich, auch wo er ihr mit Gelassenheit zu begegnen schien. Und er nahm jede Kritik ernst: ein Dienstmädchen konnte mit einer abfälligen Bemerkung Liebermann zur Aufgabe eines Bildes oder zu voreiliger Überarbeitung bringen. Nach dem zweiten Mißerfolg seiner „Klatschgeschichten" zerschnitt er das Bild, um nur den linken Teil – Mutter mit Kind – zu erhalten.
„Die Pariser Jahre, in denen Liebermann von seinen frühzeitigen Erfolgen Rechenschaft geben mußte, waren für ihn eine Zeit der Kämpfe und tiefer seelischer Depression. Er war oft nahe daran zu verzweifeln. Und es bot sich ihm nirgends eine Stütze, es verstand ihn niemand. Nach Meinung aller war er seit Weimar nur zurückgegangen." (Hancke, p.124)
Das ist das eine: die Krise des ehrgeizigen Liebermann in mittleren Jahren, von dem Vorsatz erfüllt, ein großer Maler zu werden. Das andere ist die Krise seiner Bildvorlieben, mit denen er den Erfolg zu erzwingen versuchte. Seine Malerei stand bereits weit über dem Herkömmlichen, aber seine Themen blieben gestrig; und gerade deretwegen wurde er in oft verletzender Weise attackiert, wegen Themen, die ihm allzuoft „gedanklich gleich Null" waren. Er wagte es kaum, sich aus dieser Konvention fortzubewegen, nicht hier in Paris, wo sein Aufenthalt allmählich überflüssig zu werden begann, da die Erfolge ausblieben. Bezeichnend für seine Krise ist, daß im Verlauf des Winters 1876/77 in Paris nur noch ein einziges Bild entstand: die Reprise der „Holländischen Nähschule".
Im Sommer 1877 reiste er erneut nach Holland, um Eugen Jettel zu besuchen, der mit ein paar anderen Landschaftsmalern in Dordrecht arbeitete. Es ist merkwürdig, daß sich Liebermann anläßlich solcher Gelegenheiten nicht zur Landschaftsmalerei entschließen konnte, deren große holländische Vergangenheit ihm durch die Kenntnisse der öffentlichen

Sammlungen deutlich geworden war. Und wenn nicht durch den mittlerweile in Blüte gekommenen Impressionismus, so mußte ihm der Reiz und die Aktualität der Landschaft als Sujet doch wenigstens durch die Schule von Barbizon nahegebracht worden sein. Das alles aber gab ihm keine Herausforderung, die er sonst leicht anzunehmen bereit war. Liebermann dachte in großen Themen, und diese waren ihm nicht anders als figürlich vorzustellen.

Als er Jettel in Dordrecht besuchte, stieß er auf einen Schlächterladen, der ihn sofort inspirierte. Er wartete bis zum Sonntag, wo das Geschäft geschlossen war, und malte das Ladeninnere, das er nachträglich um eine Figur unglücklich ergänzte. Wie schwer ihm die Raumperspektive fiel, mag sich hieran beweisen. In Zandvoort malte er die Studie einer Dorfstraße, die – wie viele der durch Zufall gewonnenen Motive – auf ein Werk der Zukunft deutet. Der Besuch in Holland war kurz, Liebermann kehrte wieder nach Paris zurück und begann noch einmal mit der Arbeit an seiner großen Komposition der „Badenden Knaben". Das Bild, das Hancke für verschollen hielt und auf 3 x 5 Meter schätzte, hatte ursprünglich ein Format von etwa 2 x 2,5 Metern. Es schien für den Salon gemalt, doch Liebermann wagte nicht, es dort auszustellen, sondern zeigte es 1878 nur einmal in Amsterdam; seither hielt er es verborgen. Dieses Überformat galt dem letzten Versuch des Dreißigjährigen, in der Welthauptstadt der Kunst zu reüssieren. Danach schien er es für sich aufgegeben zu haben, dieses so schwierige Terrain zu erobern. Maß er seine äußeren Erfolge noch an denen Munkácsys, so mußte er sich für gescheitert erklären. Wie weit seine Selbstzweifel in diesen Monaten reichten, kann nur vermutet werden. Er dachte sicherlich an einen Ortswechsel, doch wohin? Berlin stand wohl als Ziel bereits im fernen Hintergrund, aber unmittelbar führte kein Weg in diese Stadt. Als dort im gleichen Jahr die 1875 in Holland gemalte „Zimmermannswerkstatt" ausgestellt wurde – neben dem frühen, dunklen „Atelier" und den „Geschwistern" von 1876 – bekam der Maler nur ein sehr bescheidenes Lob. In ihrer dunklen Farbgebung und den unproportioniert hineingesetzten Figuren stieß die „Zimmermannswerkstatt" auf vehemente Kritik. Im Satireblatt „Die Wespen" erschien der Beitrag: „Schmerzhafte Ratschläge zu einer Konferenz über das Thema Schmutz, nach Ideen von Liebermann." In das vor allem durch Kritiker vergiftete Klima Berlins zurückzukehren, konnte ihm nicht in den Sinn kommen.

Bekannt ist, daß die Eltern des Malers im Frühjahr 1878 in Paris auftauchten; ob gerufen oder unangemeldet aus Sorge um den verlorenen Sohn, bleibt ungewiß. Es ist anzunehmen, daß sie den in ihren Augen definitiv Gescheiterten in der erwarteten Misere vorfanden und ihn zur Rückkehr nach Berlin zu bewegen suchten. Überraschend reiste Max Liebermann mit ihnen, aber noch schien er nicht zu einem Ortswechsel ganz entschlossen, da er sein Atelier in Paris nicht aufgab.

Während seines Aufenthaltes in Berlin stieg er eine unbeleuchtete Treppe hinauf, glitt aus und brach sich ein Bein: der nur vorübergehend gedachte Aufenthalt bei den Eltern dauerte sechs Monate, Liebermann mußte vollständig von der Malerei pausieren. Auf Rat des behandelnden Chirurgen Langenbeck reiste er im Sommer 1878 nach Bad Gastein zur Erholung, von dort aus weiter nach Venedig. Ohne daß er es ausdrücklich entschieden hatte: Liebermanns Pariser Jahre waren vorbei.

Folgende Doppelseite:
„Freistunde im Amsterdamer Waisenhaus"
(Ausschnitt aus Abb. S. 43)

Max Liebermann

Freistunde im Amsterdamer Waisenhaus

Clement Bellenger,
„Max Liebermann fünfunddrei-
ßigjährig",
Holzstich 1882

„Es hat selten ein Künstler so an sich gearbeitet wie er." (Hancke, p. 57) Max Liebermann war von nervösem Ehrgeiz getrieben, Unruhe begleitete sein Arbeiten. In seinem Werk schien er beharrlich und ohne Konzessionen einen Plan sichtbar werden zu lassen; etwas, das ihn als Maler erheben und ihm Originalität geben sollte. Doch dieser Plan ließ sich nicht widerstandslos verwirklichen. Offensichtlich waren die Ziele, die er in Paris auf Überformaten noch zu verfolgen schien, im Scheitern begriffen; und Holland besaß für ihn noch nicht jene unverbrauchbare Stimulanz wie in späteren Jahren. Es war ein schwieriges Intervall seines Lebens, das der Besuch bei den Eltern ungewollt nach sich zog, aus dem Liebermann dann aber letztlich als der hervorging, „der er war" (Ostwald, p. 128). Das Reisen bot ihm kaum jemals Ablenkung; stand es nicht im Zeichen einer künstlerischen Absicht, so folgte diese doch zumeist daraus. Vielleicht suchte er in der Kunst Italiens nach neuen Orientierungshilfen. Denn wenn er sich unsicher fühlte, trat er vor etwas, das durch die Geschichte zu Größe erhoben war, um sich ihm ergeben zur Seite zu stellen.

In Venedig traf er auf eine Gruppe Münchner Maler – unter ihnen Franz von Lenbach – und blieb für zwei Monate. Was ihn in den Bann schlug, war, wie er sagte, die Malerei eines Carpaccio oder Bellini. Ostwald will wissen, daß ihn besonders Tizian und Tintoretto anzogen (a.a.O., p. 126). In der venezianischen Synagoge studierte Liebermann noch einmal das Innere eines solchen Raumes; außerdem entstand das Bild einer alten sitzenden Frau, das ein wenig weiter weist als das Bisherige: es zielt in dem detailgenauen Realismus zu Leibl. Im Grunde weisen auch die Studien des Kirchenraumes zu Leibl, der von 1878 bis 1881 in Berblingen die drei „Frauen in der Kirche" malte.

Biographen sind sich darin einig, daß es Franz von Lenbach war, der Liebermann in Venedig zu einem Zwischenaufenthalt in München überredete. Künstlerisch aber stand Liebermann in einer Situation, die keine Überredungskunst mehr erforderte, um ihn nach München – und in die Nähe Leibls – zu bewegen.

In Frankreich hielt ihn nichts mehr und Berlin konnte ihm noch nichts geben. Lieberman begleitete also Lenbach auf dessen Rückreise nach München, wohin ihm bald darauf Thomas Herbst folgte. „Sonst ganz fremd, waren wir beide auf uns fast ausschließlich angewiesen."

Das ist sicherlich eine Unterbewertung der bereits in Paris wichtig gewordenen Freundschaft, von denen es im Leben Liebermanns nicht allzuviele gab.

In München hatte der malerische Realismus, der sich allmählich aus dem Umkreis einer sehr ländlichen Genremalerei herausentwickelte, eine feste künstlerische Erbfolge ausgelöst. Die auf Genauigkeit und Gewissenhaftigkeit bedachte Schilderung von Szenen des Alltagslebens konnte nicht zuletzt dadurch grassieren, daß sie – mit gewissem historisierendem Einschlag – an der Münchner Kunstakademie gelehrt wurde. Auch die als Vorschule des Naturalismus unumgängliche Freilichtmalerei hatte hier ihre Repräsentanten, die München zu einem der wichtigsten Zentren des deutschen Frühnaturalismus machten. In Malern wie Kobell oder Wagenbauer hatte die Münchner Malerei eine frühe realistische Note gefunden. Und die Freilichtmalerei blühte, seit sich in Polling am Ammersee Maler wie Henson (der Lehrer Spitzwegs), der ältere

Eduard Schleich, Heinrich Bürkel und Christian Morgenstern zum Malen zusammengefunden hatten. Morgenstern malte neben Rottmann als einer der ersten Deutschen ganz impressionistisch. Ein Repräsentant des frühen Sozialrealismus, der damit im wahrsten Wortsinn Schule machte, war Karl von Piloty. Wie viele Maler gleicher Ambition hatte Piloty nur ein sehr oberflächliches Verständnis für die soziale Problematik seiner Gegenwart, die er in seiner Malerei geglättet zeigte. Aber es war der Versuch, aus der Geschichtslüge der Nazarener auszubrechen und sich malend der Wahrheit zu nähern: das Auge verdrängte den Gedanken. Sein Gönner Maximilian II. – immerhin mutig genug, die französische Malerei zum Maßstab zu nehmen – lenkte seinen Schützling Piloty auf historische Themen und berief ihn 1856 als Lehrer an die Münchner Akademie.

Hier wurden neben Piloty Wilhelm von Lindenschmit und Wilhelm von Diez zu wichtigen Lehrern der Münchner Schule einer realistisch geläuterten Historienmalerei, letzterer mit insgesamt mehr als tausend Schülern.

Was München als Kunststadt neben allem anderen aufwertete, war die seit 1854 hier bestehende Ausstellungstradition im Glaspalast. Dieser nach dem Vorbild des Londoner „Paxton's Chrystal Palace" errichtete Bau, der 1931 abbrannte, wurde das Foyer für den Impressionismus und die Moderne in Deutschland. 1869 fand hier die erste internationale Kunstausstellung statt, unter anderem mit Bildern Courbets, Leibls, Millets und Manets. Unter den 4500 Exponaten hingen allein 500 Gemälde aus Frankreich. Auf der zweiten, 1879, blieb der Rang der Franzosen weiterhin unübersehbar. Im Umfeld solcher Ausstellungsereignisse wuchs das Prestige Münchens zu dem einer Hauptstadt der deutschen Kunst des späten 19. Jahrhunderts.

Max Liebermann kam nach München, um – wie Hancke versichert – ein Schüler Wilhelm Leibls zu werden. Das war allerdings kaum möglich, da Leibl sich seit 1873 nur noch sporadisch in München aufhielt. Zunächst malte er zwei Jahre in Graslfing im Dachauer Moos, dann zwei Jahre in Unterschondorf am Ammersee. Im Jahr der Ankunft Liebermanns in München hatte er in Berblingen seine Arbeit an den „Frauen in der Kirche" begonnen. In den frühen siebziger Jahren bestand ein „Münchner Leiblkreis", in welchem die – analog zu Courbet entwickelte – realistische, das heißt unsentimentale Naturauffassung propagiert wurde und malerisch Verbreitung fand. In diesen Kreis gehörten auch Wilhelm von Diez und Wilhelm Trübner. Leibl war im Anschluß an seine Münchner Akademiezeit nach Paris gegangen und dort unter den Einfluß des befreundeten Kollegen Courbet geraten.

„Leibl erzählte mir öfter, und nicht ohne Stolz, von der Münchner großen Ausstellung 1869, wo er Courbet kennengelernt hatte und wie abends bei einem Künstlerbankett ihm der Franzose mit einem lauten Prosit zugetrunken hätte, worauf Gabriel Max dem Courbet das Wort Schwein an den Kopf geworfen hätte, demselben Courbet, dem wir die höchste Blüte der Malerei seit der Renaissance mit zu danken haben. Was Courbet seine Landsleute, hat Leibl uns gelehrt: Er hat uns in seinen Werken gezeigt, was reine Malerei ist, daß der Gedanke in der Kunst die Ausführung, daß die Seele der Kunst ihre Qualität ist." (1929)

Liebermanns Münchner Aufenthalt, wohl nur als Übergang geplant, begann im Dezember 1878 und dauerte fast sechs Jahre. Er bezog ein Atelier in der Landwehrstraße und begann sofort, die venezianischen Studien der Synagoge mit denen der portugiesischen aus Amsterdam zur Darstellung des „Zwölfjährigen Jesus im Tempel" zusammenzuführen. Im April 1879 war das Bild vollendet. Es ist nie ganz klar geworden, was Liebermann zu diesem Thema veranlaßt hat; vielfältig traten Einflüsse aus altniederländischer und venezianischer Malerei hier zusammen, seit den ersten Amsterdamer Studien hatte eine solche Bildidee in dem Maler immer klarer werdende Formen angenommen. In einem späteren Brief ging er auf die Entstehungsgeschichte des Bildes noch einmal ein und betonte, daß die Idee dazu bis 1876 zurückreiche, „wie zahlreiche Zeichnungen in meinen Skizzenbüchern beweisen" (an Lichtwark, 5. Juni 1911), also noch vor den Studien in Amsterdam anzusetzen ist.

Wollte er durch Spektakuläres Aufsehen erregen? War ihm die Glaubensfrage zu dieser Zeit von Bedeutung? Die merkwürdigste Antwort gab Liebermann später selbst; zu Hancke sagte er, „der damals anwachsende Antisemitismus habe ihn darauf gebracht". Wahrscheinlich aber war es umgekehrt, daß erst die öffentliche Reaktion auf das Bild den Maler mit dem Phänomen des Antisemitismus direkt konfrontierte.

Liebermann inszenierte das Bild unter großem Arbeitsaufwand: den Bildraum setzte er aus studierten Teilen zusammen, das Interieur stammte aus der Amsterdamer Synagoge, die Treppe aus Venedig. Zu jeder der Figuren betrieb er aufwendige Aktstudien, bevor er sie bekleidet zu malen begann. Ein unwirkliches Licht fließt in den Bildraum und läßt die komponierten Elemente unter beinahe mystischem Beiklang verschmelzen: ein Knabe spricht zu andächtig Zuhörenden, die sich um ihn als leuchtende Mitte zentrieren.

Die erste Resonanz auf das Bild – das 1879 in München zusammen mit den „Gänserupferinnen" und den „Arbeitern im Rübenfeld" erstmals ausgestellt wurde – ist kaum glaublich. „... die mißlichen Erfahrungen, die ich bei dieser Gelegenheit zu machen hatte, waren mir so zuwider, daß ich seitdem kein religiöses Bild mehr gemalt habe."

Gegen dieses Bild brandete eine Welle von Empörung. Während der Widerstand von seiten der Kirche und der reaktionären Kritiker immer unerbittlicher und verletzender wurde, ergriffen Künstlerkollegen für das Werk entschieden Partei: Kaulbach, Zügel, Lenbach, der Bildhauer Gedon und schließlich Leibl. Die Vertreter der Kirche verlangten, das anstößige Objekt umgehend aus der Ausstellung zu entfernen. Lenbach erhob als Vorsitzender der Ausstellungsjury Einspruch; das Bild blieb, aber es wurde in einen Nebenraum verbannt. „... als ich am selben Tage, an dem die Jury über das Bild abgeurteilt hatte, abends in die ,Allotria', die damalige Künstlerkneipe auf dem Karlsplatz komme und mich still unter meine näheren Freunde setze, schreit Gedon, der mit den Prominenten tarokerte, durch die Kneipe: ,Hier kommen's her! Einer, der so ein Bild gemalt hat wie Sie, gehört zu uns!' Und von Stund an war ich in München berühmt, was aber nicht verhinderte, daß, wenn ich in die Regensburger oder die Nürnberger Wurstküche kam, wenn gerade das Bier besonders gut war, die Philister einander zuriefen: ,Da kommt der Herrgottschänder.'"

Dem anhaltenden Skandal verdankte Liebermann eine erste Begegnung

mit Leibl. Eines Tages klingelte es an der Tür des Ateliers in der Landwehrstraße, Liebermann öffnete und sah vor sich eine bärtige, hünenhafte Gestalt. „Ich bin der Leibl. Ich habe gehört, daß Sie wegen Ihres Bildes so angegriffen werden. Es ist ein Meisterwerk, und wer Ihnen ein Haar krümmt, ich schlag ihn tot, den Hund." Leibl war für seine athletische Beschaffenheit berühmt, was seiner Drohung einen handfesten Rückhalt gab. 1869, während des Banketts anläßlich der ersten internationalen Ausstellung, hob er den verehrten Courbet mitsamt dem Stuhl in die Höhe und zeigte ihn der anwesenden Künstlerschaft. Bei einer anderen Gelegenheit, als sich zwei Jagdhunde ineinander verbissen hatten, trat Leibl hinzu und riß sie wieder auseinander.
Seit ihrer ersten Begegnung hielt Leibl große Stücke auf Liebermann, die Bewunderung war gegenseitig.
1899 schrieb Leibl seinem Neffen nach Berlin: „Es könnte Dir vielleicht nicht schaden, wenn Du einmal bei Liebermann Besuch machtest und Grüße von mir ausrichtest. Ist doch Liebermann einer der geschicktesten Maler, die wir haben."
Eine Freundschaft, die über kollegiale Verbundenheit hinausging, erwuchs zwischen beiden nicht. Liebermann lebte in München sehr zurückgezogen, bekam selten Besuch und hielt sich von Geselligkeiten fern. Freundschaft im engen Sinne bestand zu dieser Zeit in erster Linie zu Thomas Herbst. Auch der 10 Jahre ältere Leopold von Kalckreuth, Studienfreund aus Weimarer Zeit, schloß sich enger an Liebermann an. Prinzregent Luitpold, so etwas wie ein liberaler Schirmherr über die bayerischen Künste, hatte die Ausstellung am 20. Juli eröffnet und sprach ein paar Tage später persönlich bei Liebermann vor: „Ja – offen gesagt –, mir gefällt das Bild nicht. Aber Ihre Kollegen sagen, das ist das beste Bild auf der Ausstellung. Da muß ich eben noch bei Ihnen lernen, wie man solche Bilder versteht. Darf ich öfters kommen?" Dazu Liebermann später: „Na, Sie wissen ja, in Bayrisch-München war das nicht wie in Preuß'sch-Berlin, wo alle mit den Händen an der Hosennaht stramm stehen mußten, wenn 'ne königliche Hoheit dabei war und wo man bloß reden durfte, wenn man gefragt wurde. Luitpold gab erst mal jedem eine von seinen dicken Havannas – und dann setzten wir uns alle. Auch der Adjutant brauchte nicht zu stehen und sprach mit. Na – das war ganz gemütlich. Der Prinzregent Luitpold kam dann öfter, und wir wurden gute Freunde."
Der Skandal aber konnte auch durch Luitpolds Vermittlungsversuch nicht beigelegt werden, er entfachte weit über den Sinn des Bildes hinaus zu einer antijüdischen Hetzkampagne, wie es sie in einem solchen Ausmaß um ein Kunstwerk nicht gegeben hatte. Von dem hier gegen ihn einsetzenden Antisemitismus blieb Liebermann zeitlebens verfolgt.
Mit Sorgfalt wurde in der Presse der Skandal geschürt, der eskalierte und in einer bayerischen Landtagsdebatte den Gipfel erreichte.
Liebermann gäbe, so stand es in der „Augsburger Allgemeinen" zu lesen, in seinem Bild „den häßlichsten, naseweisesten Judenjungen, den man sich denken kann, und die Rabbiner, die doch als echte Orientalen sicherlich ihre Haltung zu wahren wußten, als ein Pack der schmierigsten Schacherjuden wieder" (F. Pecht). Dazu Liebermann in späten Erinnerungen: „Die Modelle nahm ich aus den christlichen Münchner Spitälern, da Juden sehr wenig posieren und auch aus einem anderen Grunde,

„Der zwölfjährige Jesus im Tempel", 1879
Öl/Lwd. 151 : 131 cm
Kunsthalle Hamburg

der mir bei der Wahl der Modelle von Jugend an maßgebend geblieben ist. Die Juden scheinen mir zu charakteristisch; sie verleiten zur Karikatur – in welchen Fehler mir Menzel verfallen zu sein scheint. Der Jesus ist nach einem italienischen Modell gemalt." (An Lichtwark, 5. Juni 1911)

Auf der Sitzung des bayerischen Landtages vom 15. Januar 1880 führte der Abgeordnete Daller in breiter Rede und ohne Widerspruch aus, „daß von einer künstlerischen Bedeutung des Bildes absolut keine Rede nicht sein könne, daß dagegen der erhaben göttliche Gegenstand dieses Bildes in einer so gemeinen und niedrigen Weise dargestellt ist, daß jeder positiv gläubige Christ sich durch dieses blasphemische Bild aufs Tiefste beleidigt fühlen mußte.

... Was den Künstler anbelangt, so kann ich nur bedauern, daß er auf einen derartigen Weg des Häßlichen getreten ist. Ich sehe ab von allem religiösen Gefühl, obwohl ich gestehen muß, daß ich auch in dieser Richtung durch das fragliche Bild verletzt worden bin, obwohl ich gestehe, daß gerade ein Mann seiner Konfession am allerwenigsten den Gegenstand in einer Weise hätte behandeln sollen, wenn er einiges Gefühl für Anstand gehabt hätte. (Rufe: Sehr richtig!)"

Die Debatte um das Bild wurde durch den kaiserlichen Hofprediger Adolf Stoecker in unerträglich verletzender Weise fortgeführt, einem Manne, der zwei Jahre zuvor die „Christlichsoziale Arbeiterpartei" gegründet hatte. Mit dieser extrem judenfeindlichen Partei wurde der Antisemitismus in Deutschland politisch etabliert.

Liebermann gab der Skandal um das Bild Grund genug, es für Jahrzehnte verborgen zu halten und ein ähnliches Thema malerisch niemals wieder zu behandeln. Der spektakuläre Streit ließ die künstlerische Qualität dieses Bildes ganz außer acht, das in vielem als ein malerisches Resümee des jungen Liebermann erscheinen kann. „Als Malerei ist ‚Christus im Tempel' der Abschluß von Liebermanns erster Epoche, in der er bei aller Natürlichkeit nach Schönheit der Malerei im Sinne von Frans Hals strebt. Man kann sie als seine Lehrjahre bezeichnen und ‚Christus im Tempel' als sein Meisterstück." (Hancke, p. 136 f.)

Die Entschlossenheit zu öffentlichem Erfolg blieb auch bei diesem Gemälde ein stimulierender Faktor, Liebermann nahm dazu ein kunsthistorisch zuletzt 1852 durch Menzel gewürdigtes Thema, ohne die Konsequenzen ermessen zu können.

Kompositorisch hat das Bild gewisse Schwächen – Ferdinand Stuttmann („M. L.", Hannover 1961) empfindet die Figur des Jesus als zu groß –, aber es zeugt von einem gestandenen Maler, als der Liebermann endlich gelten konnte. Übrigens hatte das Bild auf Fritz von Uhde, der es erwarb, einen immensen Einfluß; Uhde baute sein folgendes Werk nahezu programmatisch darauf auf: in den biblischen Sujets, der Feierlichkeit des geschilderten Augenblicks, der Andacht des figürlichen Ausdrucks und dem halb wirklichen, halb mystischen Licht des Interieurs. Aus dem Nachlaß Uhdes gelangte das Bild 1911 in den Besitz der Hamburger Kunsthalle, aus der es während der Naziherrschaft entfernt werden mußte.

Aus dem anhaltend durch den Christusbild-Skandal beunruhigten München floh Liebermann im Spätsommer 1879 ins Dachauer Moos, malte das ländliche Idyll um den Dorfteich in Etzenhausen und den Halbakt einer Bäuerin, ganz in Leiblscher Manier.

Allgemein wird davon ausgegangen, daß Max Liebermann in diesem Jahr nicht nach Holland reiste. Anna Wagner („M. L. in Holland", 1976) gibt für dieses Jahr einen Malaufenthalt in Dongen an, der aber gehört nachweislich ins Jahr darauf. Ein Brief aus Zweloo an den Bruder mit dem Jahresdatum 1879 allerdings legt Grund zu der Annahme, der Maler habe sich im Frühsommer zu einer Reise nach Holland entschlossen, um am einfachen Leben auf dem Lande teilzunehmen, das er so beschrieb: „Am Küchentisch sitzen Kuhhirt, Mädchen, Knecht, Herrschaft alles beisammen und essen aus derselben Schüssel. Alles duzt sich wie eine große Familie. Armut gibt es hier nicht. Wie mein Wirt, der im Rat ist, mir erzählte, werden zwei Männer auf Armen-Kosten erhalten. Infolgedessen ist die Menschheit bieder und rechtdenkend."
Eine Arbeit, die diesen Aufenthalt belegen kann, ist die ins Jahr 1879 datierte Ölstudie von klöppelnden Frauen. Zwei einander ähnliche Ansichten einer belebten dörflichen Straße in Zandvoort, die den oben beschriebenen bäuerlichen Gemeinsinn illustrieren, gehören ins gleiche Jahr, sind aber vermutlich nach einer Studie von 1877 entstanden. Das Licht über der figurenreichen Dorfstraße erscheint unwirklich fremd. Der Zeitraum zwischen Idee und Ausführung eines Bildes war bei Max Liebermann ungewöhnlich groß; aus den Gemälden direkte Rückschlüsse auf seine gleichzeitige persönliche Situation und innere Verfassung zu ziehen, ist in Anbetracht dieser Zeiträume problematisch. Das in den großen Kompositionen geäußerte Arbeitsethos wurde in diesen Jahren vorbereitet, es blieb gebunden an den bürgerlichen Gemeinschaftsgeist, wie Liebermann ihn im Holland jener Zeit noch als lebensnah empfinden und zum Ideal erheben konnte. In seinem Frühwerk gibt es fast immer Produktive, aber niemals Konkurrenten. Dieses Denken in Eintracht widerspricht zutiefst den tatsächlichen gesellschaftlichen Verhältnissen der Gründerjahre: der Frühkapitalismus wuchs auf der Basis der Konkurrenz, die Familiengeschichte Liebermanns macht das überaus deutlich. Aus dem durch seine Erziehung zur Lebensnorm gewordenen Arbeitsethos entwickelte Max Liebermann das Gleichheitsideal als ein Stück Utopie. Die darin verborgene Forderung nach Selbstverwirklichung durch Arbeit richtete er zuallererst an sich selbst. Und so ist auch dieses in der Ich-Form zu lesen: „Denn da den Menschen einzig und allein die Arbeit glücklich machen kann, so scheint mir am wünschenswertesten, daß einem von der Vorsehung ein möglichst günstiges Terrain zur Arbeit gegeben wird, damit die Arbeit auch gut nutzbar sei. Allerdings sollte der Erfolg uns gleichgültig sein. Aber ich für meinen Teil könnte mir keinen Menschen denken, der erhaben genug wäre, sich nicht über den Erfolg freuen zu können. Auch glaube ich, daß das Streben nach Erfolg, solange man sich anstrengender Mittel zur Erlangung bedient, durchaus gerechtfertigt ist." (16. Juli 1879)
Die Tage vor der Eröffnung der Münchner Ausstellung, welche ihm einen etwas zweifelhaften Erfolg bescherte, schien ihn in tiefes Nachdenken zu stürzen. So als bewege ihn eine Vorahnung davon, daß er trotz allen Eifers von seinen selbstgesteckten Zielen noch weit entfernt sei, schrieb er in einem offensichtlichen Zustand von Erschöpfung:
„... Denn zufrieden kann der Mensch nur sein, der, was er will, auch kann. Über seine Kräfte aber kann niemand. Deshalb meine ich, daß ein vernünftiger Mensch das Wollen seinen Kräften anpassen muß und daß

München

Gegenüberliegende Seite:
„Holländische Klöpplerin",
1881
Öl/Lwd. 62,5 : 47,5 cm
Kunsthalle Hamburg

diese Beschränkung, die er sich selbst auferlegt, sowohl ihm selbst wie auch seinem Wirken von großem Vorteil ist. Denn nichts ist unerquicklicher für die anderen, als jemand nach einem Ziel – auch wenn es noch so edel ist – jagen zu sehen, welches zu erreichen ihm versagt ist. Abgesehen davon, daß er selbst dabei sich stets unglücklich fühlen muß. Daher ist meiner Weisheit Schluß, zu der ich erst jetzt in meinem 32. Lebensjahr und durch den Genuß vielen Bieres gekommen bin: Daß jeder sich wohl nach seinen Kräften anzustrengen hat, das übrige aber den lieben Gott besorgen lassen soll." (19. Juli 1879)

Diese etwas fatalistische Lebenslehre an den Bruder ist Ausdruck des inneren Erfolgszwanges, dem sich Liebermann – auch angesichts der unverminderten Skepsis seiner Familie – aussetzte. Paris war ein ruhmloses Kapitel geblieben, auch München schien nicht dazu angetan, den Erfolg auf einfachem Wege – durch Arbeit – zu erreichen.

Als er im Herbst 1879 nach München zurückkehrte, zog er sich in das Atelier in der Landwehrstraße zurück und malte in den Wintermonaten erneut Themen, die er in früheren Jahren studiert hatte: die „Konservenmacherinnen" und die „Kleinkinderschule". Bei ersterem lagen zwischen Studie und Endfassung etwa sieben Jahre; die neue Version zeigt eine verbesserte, die Raumtiefe erschließende Komposition. Im Bild der „Kleinkinderschule" wird gegenüber der Studienfassung von 1875 die Stofflichkeit der Erscheinungen präzisiert, wenn auch unter Einbuße der malerischen Wirkung. Den Bildern, die 1880 auf dem Pariser Salon gezeigt wurden, ist eines gemeinsam: die Illustrierung friedlichen Nebeneinanders, einer harmonischen Gemeinschaft; das bezog Max Liebermann aus Holland, wohin er von jetzt ab alljährlich zu reisen begann.

Holländische Klöpplerin

„Strickendes Mädchen",
um 1885
Bleistiftstudie 24,6 : 34 cm
(Ausschnitt)
Staatsgemäldesammlung München, Kupferstichkabinett

* Hotel und Altmännerhaus existieren heute nicht mehr, an ihrer Stelle wurde ein Gebäude der Amsterdamer Bank errichtet.

„Mit Recht hat man Holland das Land der Malerei par excellence genannt, und es ist kein Zufall, daß Rembrandt ein Holländer war. Die Nebel, die aus dem Wasser emporsteigen und alles wie mit einem durchsichtigen Schleier umfluten, verleihen dem Land das spezifisch Malerische, die wässerige Atmosphäre läßt die Härte der Konturen verschwinden und gibt der Luft den weichen, silbrig-grauen Ton; die grellen Lokalfarben werden gedämpft, die Schwere der Schatten wird aufgelöst durch farbige Reflexe: alles erscheint wie in Licht und Luft gebadet. Dazu die Ebene, die das Auge meilenweit ungehindert schweifen läßt, und die mit ihren Abstufungen vom kräftigsten Grün im Vordergrunde bis zu den zartesten Tönen am Horizont wie für die Malerei geschaffen scheint ...
Holland ... erscheint auf den ersten Blick langweilig: wir müssen erst die heimlichen Schönheiten entdecken. In der Intimität liegt seine Schönheit. Und wie das Land so seine Leute: nichts Lautes, keine Pose oder Phrase." (Max Liebermann, „Jozef Israels", 1911)

Im Sommer 1880 reiste Liebermann zunächst in das kleine brabantische Dorf Dongen, wo Maler gelegentlich arbeiteten. Hier entstanden Studien, die später – wie die „Schusterwerkstatt" – neu gefaßt wurden oder die bereits während der Entstehung den Charakter des Studienhaften vollkommen verloren: „Stopfende Frau am Fenster", „Spinnerinnen"; unsentimental-sachliche Beschreibungen einer doch sentimental empfundenen Arbeitssituation. Nach Abschluß dieser Studien reiste Liebermann, bevor er nach München zurückkehrte, im Spätsommer 1880 noch einmal nach Amsterdam. Hier geschah etwas, das – wie Hancke sagt – „über seine künstlerische Laufbahn entschied" (a.a.O., p.157).

Im „Hotel Rembrandt", Ecke Rembrandtplan/Utrechtstraße, hatte er einen Freund besucht und stieg die Treppe hinab, als er durch ein Fenster im Flur in den Garten des benachbarten katholischen Altmännerhauses* hinuntersah, wo die schwarzgekleideten Alten auf Bänken in der Sonne saßen.

So als öffnete sich ihm in diesem Ausblick die Vision eines vollkommenen Gemäldes, entschloß sich Liebermann, der nicht zum Arbeiten nach Amsterdam gekommen war, sofort zum Malen. „Es war", sagte er später, „als ob jemand auf ebenem Wege vor sich hingeht und plötzlich auf eine Spiralfeder tritt, die ihn emporschnellt." Doch seinem Entschluß standen ähnliche Hindernisse im Wege wie vier Jahre zuvor der Arbeit im Waisenhaus der Stadt. Es wurde als in höchstem Maße unschicklich betrachtet, sich öffentlich malen zu lassen. Aber auch in diesem zweiten Fall konnte der Kunsthändler Caramelli vermitteln, indem er beim päpstlichen Nuntius die Malerlaubnis erwirkte. In nervöser Unruhe begab Liebermann sich ans Werk, malte Einzelstudien der unter dem Laubdach sitzenden Gestalten, die von Flecken gefilterten Lichts berührt werden. Diese „Liebermannschen Sonnenflecken" waren neu, in einer Münchner Studie eines „Hofgartens" jedoch bereits angelegt. Sie gaben ihm zunächst das malerische Mittel, um den harten Kontrast zwischen dem Schwarz der Figuren und dem lichten Grün der Vegetation zu mildern, um mit Hilfe des gestreuten Lichts auch im Schwarz noch farbige Nuancen zu entdecken. Diese Flecken formulieren Liebermanns Luminarismus und deuten auf den späteren Impressionisten hin.

Seitlich eines Parkweges aufgereiht sitzen die alten Männer, ausruhend vom tätigen Leben, in sich versunken, erwartungslos. Der Maler macht aus ihnen keine rührseligen Objekte des Mitleids, so charakteristisch er sie einzeln auch zu fassen sucht. Mit der Akribie seiner Beschreibung bewegt er sich am Rande des Anekdotischen, das in Gesichtern Lebensgeschichte zu erzählen sucht. Doch die malerische Haltung überwiegt und entzieht dem Gesamtbild den Anflug von Sentimentalität. Das Bild ist nicht Studie über das vergehende Leben, es bietet nichts, was symbolisch auszulegen wäre, sondern bleibt unverklärte Anschauung.

In der ersten Studie ist die Komposition bereits ausgereift, die 1881 in München gemalte große Version ändert daran nur Unwesentliches: die Haltung einzelner wird korrigiert, die Tiefe des Bildraumes etwas weiter geöffnet. Diese zweite Fassung brachte Liebermann nach Berlin und zeigte sie Menzel, der sie lange und intensiv besah. Schließlich deutete er auf die Wangenpartie eines der alten Köpfe und bemerkte: „So etwas muß noch ähnlicher werden."

Davon unbeeindruckt sandte Liebermann das Bild zum Pariser Salon, wo es zusammen mit der „Frau am Fenster" mit großer Anerkennung aufgenommen wurde. Es erhielt eine ehrenvolle Erwähnung – das war die erste Auszeichnung für einen deutschen Künstler auf dem Pariser Salon.

Ungeduldig wartete der Maler auf den Erfolg, noch während des Eröffnungstages, an welchem die meisten Ankäufe stattfanden, hoffte er auf die Nachricht vom Verkauf des Bildes; vergeblich. Bedrückt sagte er zu Thomas Herbst: „Es ist wieder kein Erfolg. Nun habe ich alles hergegeben, was ich hatte. Ich kann's nicht besser."

Einen Tag später wurden beide Gemälde von Léon Maître erworben. Stimuliert durch diesen ersehnten Erfolg und um die malerischen Erfahrungen der Lichtbehandlung reicher geworden, nahm er sogleich in München ein früheres Thema noch einmal auf: die „Freistunde im Amsterdamer Waisenhaus". Aus Amsterdam ließ er sich die farbigen Trachten kommen und staffierte Münchner Mädchen damit aus, die Außenwand seines Ateliers verkörperte die Fassade des Waisenhauses. Liebermann lehnte sich an die Studie von 1876 an, aber das alte Motiv fand durch die in fünf Jahren hinzugewonnenen Erfahrungen zu einer neuen Qualität. Über das Licht wächst die bewegte Szenerie im Waisenhaushof malerischer zusammen; und auch hier verdrängt die Gewichtung des Lichts jedes mitleidig anteilnehmende Empfinden.

Während der Arbeit an diesem Bild reiste Liebermann noch einmal nach Dongen, um vor der Natur eine weitere Komposition zu vollenden: die „Schusterwerkstatt". In Hinwendung zur Lichtmalerei bedurfte der Maler der Gegenwart seines Motivs, zu neuen Lichtsituationen ließen sich Studien nicht überzeugend umsetzen. Und so malte er vor Ort innerhalb von nur zwei Wochen den Blick in die Werkstatt des Schusters, wo Meister und Gehilfe hinter gleißend hellem Fenster ihrem Handwerk nachgehen. Auch hier ist es das einfließende Licht, das die schlichte Szene malerisch belebt, den graugrünen Naturalismus mit Licht überzieht. Der Maler sucht keinen Blickkontakt zu den Dargestellten, um störendes Mitgefühl, sentimentalen Gehalt zu vermeiden.

Gleiches gilt für alle Darstellungen von Arbeitenden dieser mittleren Jahre, auch für die gleichzeitig in Dongen gemalte „Spitzenklöpplerin".

Schusterwerkstatt

„Schusterwerkstatt", 1881
Öl/Holz 64 : 80 cm
Nationalgalerie, Berlin (Ost)

„Altmännerhaus in Amsterdam", 1880
Öl/Holz 55,3 : 75,2 cm
Slg. G. Schäfer, Schweinfurt

Die „Schusterwerkstatt" und die „Freistunde im Amsterdamer Waisenhaus" wurden 1882 auf dem Pariser Salon gezeigt und sofort verkauft. Für 5000 Francs erwarb sie der Sänger Jean Baptiste Faure für seine Sammlung impressionistischer Bilder. Beide Gemälde bereits als impressionistisch zu bezeichnen, wäre verfrüht: die im Bildraum ausgebreiteten Sonnenflecken weben das Licht in die Erscheinungen; aber in Relation dazu fehlt dem Schatten jede – vom Impressionismus entwickelte – Eigenfarbigkeit; zieht man die Lichtflecken aus dem Bild ab, bleibt die Szene farbig und naturalistisch wahr.
Und doch konnte die begeisterte Rezeption der Bilder zu dieser Zeit in Paris nicht anders als impressionistisch begründet sein. Der Kritiker Chesneau über die „Schusterwerkstatt": „... wo das Licht die Gegenstände und Menschen badet, in Reflexen sich bricht, in Reflexen von Reflexen zurückstrahlt, mit einer malerischen Geschmeidigkeit sondergleichen."
Als das Bild ein Jahr später im Münchner Glaspalast gezeigt wurde, konnte auch die deutsche Kritik ihre Anerkennung nicht verweigern, ja, es gab sogar öffentliches Lob und der Maler konnte endlich aus dem Schatten des Verkanntseins heraustreten. Stolz sandte er eine Besprechung an die Eltern:
„Ich send' Euch diese Rezension
Von Eurem einst verkannten Sohn
Der réellement – damit Ihr's wißt –
Est un de nos plus grands artistes.
Dies steht nun fest für immerdar,
Gedrucktes Zeug ist ja stets wahr."
Der Sammler und Gelegenheitskritiker Ernest Hoschedé schrieb begeistert und an die Adresse Edouard Manets gerichtet über die „Schusterwerkstatt": „Wenn Sie, mein lieber Manet, es sind, der uns die Geheimnisse des Freilichts offenbarte, so versteht es dagegen Liebermann, das Licht in geschlossenem Raum zu belauschen. Um sein kleines Bild zu besitzen, würde ich gern 500 qm Malerei im Salon hingeben."
Derselbe zum Bild des Waisenhauses: „Herr Liebermann hat der Sonne einige von ihren Strahlen gestohlen und bedient sich ihrer wie Phöbus selbst."
So wurde Liebermann von Kritikern und Publikum ins Fahrwasser des Impressionismus gedrängt und hätte darin wohl leicht bestehen können, ohne seiner malerischen Ziele untreu zu werden. Rosenhagen hätte dann Grund gehabt für seine Aussage: „Das Licht hat alles besiegt." (H. Rosenhagen, „Liebermann", Bielefeld/Leipzig 1900, p. 30) Doch das Unerwartete geschah und Liebermann trat aus der Sphäre der vielgepriesenen Lichtmalerei wieder zurück, um sich später auf anderem Wege dem Impressionismus zu nähern. Warum ließ er sich nicht vereinnahmen?
Gegen den Impressionismus ist von seiten der Kritiker von früh an der Vorwurf erhoben worden, in seiner Verabsolutierung des sinnlichen Eindrucks ginge jede tiefere Beziehung zum Dargestellten verloren. Damit wäre auch Liebermann zu treffen, der zu dem Milieu, das er malerisch beschrieb, keine tiefgehende Bindung entwickelte. Er lebte nicht in seiner Motivwelt, seine Empfindungen der Sujets waren malerischer, nicht persönlicher Art. Darin war er Impressionist: „Der strengste Impressionismus ist immer eine Kunst der Oberfläche." (Richard Ha-

mann, „Impressionismus in Leben und Kunst", Marburg² 1923, p. 36)
Diese Oberflächlichkeit teilt Max Liebermann in der Haltung zu seinem Sujet, kaum aber in seiner Malerei, die ernst und aufwendig war, am allerwenigsten aber in seinem Leben, das jedes Bohemehafte weit von sich stieß. Liebevoll und mit einer von Leibl ererbten Hingabe an die Stofflichkeit schuf Liebermann die Dinge nach, verlieh ihnen mit dem aufgesetzten Licht beinahe eine individuelle Wertigkeit; das Werkzeug auf dem Arbeitstisch der „Schusterwerkstatt" ist von solcher Art. Abstraktionen, selbst farbige Vereinheitlichungen, unternahm er zu dieser Zeit nicht. Aus dem Kolorismus des Fünfunddreißigjährigen erwuchs später ein Impressionismus, dem Farbe niemals Selbstzweck wurde.

Im Juni 1882 reiste er ins heimatliche Berlin zum Besuch der Familie. Er zeichnete im nahegelegenen Tiergarten, viel mehr Aufmerksamkeit sollte diese Stadt in seinem Werk kaum jemals finden. Der Gedanke, hier die Szenerie eines Kinderspielplatzes zu malen, blieb unausgeführt. Im August reiste er weiter nach Holland, blieb für drei Monate, malte hier „Die spielenden Kinder" und einen „Weber" bei der Arbeit, umgeben von der Familie. Das durch die Fenster aus dem Hintergrund einfallende Licht setzt markante Akzente in das dunkle Interieur, aber es übt nicht mehr die Herrschaft aus.

Der Maler Helmuth Liesegang berichtet: „Ich ging im Jahr 1882 mit meinem Freund Hans Herrmann auf ein kleines Dorf in der Provinz Drenth in Holland. Große Heide- und Moorkomplexe und dazwischen, meist in größerer Entfernung, kleine Dörfer. In unserem Nachbardorf trafen wir Liebermann. Es war ein verregneter Sommer und Liebermann lief in Holzschuhen und einem blauen Kittel umher. Als wir ihn zum erstenmal sahen, hielten wir ihn für einen Viehhändler; so ließ er sich damals gehen ... Als wir ihn dann öfter trafen, zeigte er uns auch seine Bilder, namentlich die große ‚Bleiche' und die ‚Weberstube' imponierten uns ungeheuer. Wir trafen ihn einmal sonntags bei der Arbeit in der Weberstube. Er hatte die ganze Familie herausgesetzt, um in Ruhe das Interieur und die Webstühle malen zu können. Er war in der Drenth von Juni bis in den Oktober hinein und arbeitete fabelhaft. Er sagte, er meine mal wieder ‚einen Medaillengreifer' zu malen." (In: „Kunst und Künstler", 27. Jahrg., 1929)

Als ein solcher „Medaillengreifer" war in diesem Sommer „Die Rasenbleiche" begonnen worden, ein Bild, das auf eine grundlegende Neukonzeption seiner Malerei deutliche Rückschlüsse zulässig macht. Wohl während der Arbeit daran schrieb er folgenden Brief: „Ich bin der abgesagteste Feind des in die große Allgemeinheit Gehens, um das Beste zu finden. Ich habe an mir selbst gefunden, daß ich mich erst dann ins größere Weite verliere, wenn es mit dem Engeren nicht gehen will. Und gerade in der Kunst so auch im Leben: verläßt mein Behagen mich irgendwie, so fange ich an zu spekulieren und endige damit, alles schauderhaft zu finden. Im Grunde aber bin ich kreuzfidel, daß es mir in jeder Beziehung exceptionell gut geht. Freilich, das Wollen hilft nicht über alles weg, besonders jetzt, wo ich mit meinem großen Bilde beschäftigt bin und vor der Natur male – wo der schauende Maler Schwierigkeiten auszustehen hat, so daß ich mich einige Male versucht fand, das Bild zu zerschneiden – was mich, da das Stück Natur, das ich malen will, so wunderbar schön ist, im nächsten Augenblick wieder reute. Jedenfalls

„Handarbeitendes Mädchen",
um 1881
Ölstudie
(Verbleib unbekannt)

„Der Weber", 1882
Öl/Lwd. 57 : 78 cm
Städelsches Kunstinstitut,
Frankfurt/M.

„Die Rasenbleiche", 1882/83
Öl/Lwd. 108 : 173 cm
Wallraf-Richartz-Museum,
Köln

„Knabenkopf", um 1882
Ölstudie
(Verbleib unbekannt)

habe ich nie Zeit verloren. Und der Mensch ist zu mehr, als er mit Aufbietung aller Kräfte leistet, nicht verpflichtet. Wie sehr die Irrgehenden fehlerhaft sind, zeigt sich erst am Ende. Und so will ich bei der Stange bleiben ..." (1892; zit. n. Ostwald, p. 115 f.)

Abgesehen von einigen etwas geschwollenen Formulierungen spricht Liebermann in diesem Brief von einer Konsequenz, die keine Sprünge riskiert, sondern behutsam aus dem Engerwerdenden in ein Weiteres zu streben sucht. An der Schwelle zum Impressionismus scheute der Maler zurück und ging die bewährten Bahnen des graufarbenen Naturalismus weiter. Die „Rasenbleiche" malte er ohne Sonnenlicht, vor der Natur und mit beeindruckender Genauigkeit. Als ein Bauer ihn bei der Arbeit beobachtete, gab er nach langem Schweigen dem Maler zu verstehen: die Steine am Hause stimmten genau, er habe nachgezählt.

Die Natur gewinnt in diesem Bild ungewöhnlich viel Raum, der Mensch darin ordnet sich nach. Eine Stehende und eine hinter einem Holzbottich im Vordergrund Kniende hat Liebermann später wieder ganz aus dem Bilde entfernt. Die thematisch wie malerisch in den zuvor entstandenen „Spielenden Kindern" angelegte Komposition beeindruckt durch die große Einfachheit; auch die figürliche Bewegung ist auf ein Minimum zurückgenommen. In der beugenden Geste der Frau verneigt auch der Maler sich vor der Natur.

Hancke nennt die Rasenbleiche „ein Werk, in dem er sich so klein fühlt vor der Natur, die er doch so groß sieht" (p. 183 f.). Gegenüber dem Bisherigen ist die „Rasenbleiche" nicht unbedingt ein Fortschritt, sondern eher ein Schritt zur Seite. Neue Einflüsse scheinen nicht ausgeschlossen: der des Holländers Jozef Israels und der des Franzosen Jules Bastien-Lepage.

Im Herbst 1882 wurden in der Pariser Galerie Georges Petit „Der Weber" und die „Spielenden Kinder" ausgestellt. Veranstalter dieser Gemeinschaftsausstellung war der „Cercle des XV", den Alfred Stevens und Bastien-Lepage anführten; Liebermann war Mitglied dieser Künstlergruppe.

Jules Bastien-Lepage, ein Jahr jünger als Liebermann, galt seit 1874 in Frankreich als einer der profiliertesten Vertreter des Naturalismus; kleinteilig und akkurat beschrieb er bäuerliches Milieu, mit einem Bein im Werk Millets stehend, mit dem anderen unsicher nach Halt im Impressionismus suchend. Manet beeinflußte ihn stark, aber über eine gewisse peinliche Sorgfalt in der stofflichen Beschreibung ist der 1884 gestorbene Bastien-Lepage niemals ganz hinausgekommen. Seine Bilder aus dem Landleben wirken wie gestellte Szenen mit Komparsen, die ihre Rolle nicht kennen. Und immer schwebt über den plakativen Szenerien jene romantisierende Sentimentalität, die Liebermann schonungslos verweigert. Degas nannte Bastien-Lepage den „Bouguereau des Naturalismus", Hausenstein ihn einen „unkonventionellen Madonnenmaler". Max Klinger in seinem Tagebuch vom 17. März 1885 nach dem Besuch einer Ausstellung: „Gestern sah ich Bastien-Lepage ... sehr oft zu fleckig. Seine Leidenschaft für farbige, bewegte Lüfte ist nicht zu einem einzigen günstigen vollen Ausdruck gekommen. Wo er klassisch oder romantisch werden will, wird er entsetzlich banal und modern frz. conventionell."

Liebermann aber entzog ihm die Bewunderung nicht, weder für seine Themen noch für die Art seiner kühl prätentiösen Darstellung. Einmal

„**Am Backofen**", um 1884
(Verbleib unbekannt)

verstieg er sich sogar zu der Behauptung, Bastien-Lepage sei noch über Millet hinausgegangen. Die graue kühle Atmosphäre der „Rasenbleiche" und die detailgenaue Beschreibung des Obstgartens schließen den Einfluß des Franzosen zu dieser Zeit nicht ganz aus.

Die erste Begegnung Max Liebermanns mit dem um eine Generation älteren Jozef Israels geht auf das Jahr 1881 zurück. Sie trafen sich anläßlich einer Ausstellung der „Teekenmatschappij" – einer holländischen Druckgrafikervereinigung – in Den Haag. Liebermann hatte sich in das ausgelegte Gästebuch eingetragen, als ein kleines Männchen auf ihn zutrat und – anspielend auf das Bild des „Altmännerhauses" – fragte: „Comment, c'est vous qui a fait ces bonhommes?"

Jozef Israels stammte aus einfachem jüdischen Hause, konnte nur mit Mühe sein Leben als Porträtmaler fristen, hatte sich zunächst ganz dem Historismus verschrieben, aus dem er später ausbrach und zu einem Vorkämpfer des Naturalismus in Holland wurde. Er galt zu seiner Zeit als der „Millet Hollands", und in der Tat verschmolz er in seinem Werk holländische Maltradition mit der Wirklichkeitsauffassung der zeitgenössischen Franzosen.

1871 hatte er sich in Den Haag niedergelassen, zuvor bereits an den Motivorten Zandvoort und Katwijk studiert, die er an Liebermann weiterempfahl. Lange lebte Israels im Amsterdamer Judenviertel, auch hier schien er wegweisend für Liebermann geworden zu sein. Kompendien verzeichnen gelegentlich Jozef Israels als den „Lehrer Liebermanns" (Ernst Wickenhagen, „Geschichte der Kunst", 1923, p. 307), was in engerem Sinne nicht wahr sein kann. Die zwischen beiden bestehende freundschaftliche Verbundenheit dauerte bis zum Tode Israels 1911 unvermindert an, zuletzt noch dokumentiert in der Schrift Liebermanns über den langjährigen Freund. Was ihm Israels' Malerei als Vorbild geben konnte, war maltechnisch ohne Reiz und konnte auch vom Sujet her kaum sein Interesse regen: vielmehr war es die Verschmelzung von malerischer Haltung und Persönlichkeit, die in ihm zu einer unwiderlegbaren Einheit zusammenwuchsen. Was Liebermann an Malern sonst kritisierte, hier gestand er es zu: das Recht auf Bilder mit literarischem Gehalt, ja sogar „zur Wiedergabe seiner Empfindungen".

Israels entfaltete in seinen bevorzugten Darstellungen des holländischen Strandproletariats ein sehr lyrisches Klangvokabular, das er geradezu sentimental einsetzte, bis an den Rand von Rührseligkeit, was Liebermann ansonsten zuwider war. Doch die Persönlichkeit Israels wog so schwer, daß der eher prosaisch nüchterne Liebermann eine Zeitlang entlehnte Stimmungselemente in sein Werk einfließen ließ. Darüber hinaus gab es keinen Grund, ihn zum Lehrmeister Liebermanns zu machen, dem Israels einmal gestand: „Außer Millet gibt es keinen Maler, der so wenig zeichnen und malen konnte wie ich, und dabei so gute Bilder gemacht hat."

Eine etwas schwerfällige Tonigkeit zeichnet seine Bilder aus, die mit großer malerischer Freiheit eingesetzt wird; doch aufgrund ihrer Sujets sind seine Bilder kaum jemals erhaben über eine sehr begrenzte, fast kleinbürgerliche Gefühlswelt.

Zu Lebzeiten galt Israels als einer der größten holländischen Maler, doch seit seinem Tode lokalisierte sich dieser Ruf eher, als daß er über die Landesgrenzen hinausfand. Als Liebermann ihn 1896 dem alten Menzel

"Wäschetrocknen", 1890
(Verbleib unbekannt)

vorstellte, fragte dieser Israels in der gewohnt bissigen Art: „Sind Sie auch Maler?"

Einflußreich wurde Jozef Israels vor allem durch seine Rembrandtverehrung, die heftig auf Liebermann übergriff. Mit dem Sohn Isaac Israels hat er in späteren Jahren viel in Holland zusammengearbeitet.

Im Hintergrund dieser holländischen Jahre stand noch ein anderer Maler, der sich Liebermann zum Vorbild zu nehmen versuchte, dessen Bemühen um Nähe aber vergeblich blieb: Vincent van Gogh. Als er im Herbst 1883 in die Provinz Drenthe reiste, wo zuvor die „Rasenbleiche" entstanden war, hatte er weder Liebermann noch eines seiner Bilder jemals gesehen. Was ihm bekannt war, gaben ihm die Mitteilungen des Bruders Theo, der als Kunsthändler in Paris lebte und seine Beobachtungen der dortigen Kunstszene dem Bruder ausführlich mitteilte. Liebermann und dessen Malweise waren nach den erfolgreichen Salon-Ausstellungen ein Teil davon. „Du schreibst mir von Liebermann, sein Kolorit bestehe aus schiefergrauen Tönen, mit Übergängen ins Braune und vor allem ins Gelbgraue. Ich habe nie etwas von ihm gesehen, aber angesichts der hiesigen Natur begreife ich vollkommen, wie er vernünftigerweise dazu kommt ... Wie es heißt, soll Liebermann hier irgendwo in der Nähe sein. Ich würde ihn gern mal kennenlernen." (An den Bruder Theo aus Nieuw Amsterdam, Herbst 1883, Br. 332) Van Goghs Reise folgte Liebermanns Spuren: „Ich bin hier ganz in der Nähe von Zweeloo, wo auch Liebermann gewesen ist." (Ders., Br. 330)

In der Hoffnung, Liebermann hier zu finden, ging van Gogh nach Zweeloo, „dem Dorf, wo Liebermann lange gewohnt und Studien für sein Bild für den Salon gemacht hat, für das mit den Waschfrauen ... Weil keine Maler da waren, beschloß ich ... zu Fuß zurückzugehen und unterwegs ein bißchen zu zeichnen. So fing ich eine Skizze mit dem bewußten Apfelbaumgarten an, von dem Liebermann sein großes Bild gemacht hat." (Br. 340)

Vincent van Gogh, der noch richtungslos in der Malerei umherirrte, suchte das unbekannte Idol; sein Zeichnen in jenem Garten ist als Ausdruck von Verehrung zu verstehen. Ein Zusammentreffen hätte dem Schicksal van Goghs wohl eine Wende gegeben, aber die von ihm ersehnte Begegnung kam nicht zustande. Liebermann muß das Suchen des Holländers zugetragen worden sein. Bei einer späteren Gelegenheit sah er van Gogh in einem Pariser Café, aber gab sich ihm nicht zu erkennen. Er hielt van Gogh für allzu exzentrisch. „Ein sehr unappetitlicher Mensch, wissen Se, dauernd aufgeregt und streitend, ein unangenehmer Zeitgenosse, ich bin ihm schließlich aus dem Weg gegangen." Zur Privatsammlung Liebermanns gehörte später auch ein Gemälde dieses holländischen Malers, die Studie eines Kornfeldes.

Die „Rasenbleiche", von der van Gogh wohl nur eine Abbildung kannte, war auf dem Pariser Salon 1883 ausgestellt worden, blieb dort aber trotz des überschwenglichen Lobes unverkauft. Das allein galt Liebermann als ein Rückschlag.

Im Sommer 1883 war Max Liebermann einem ersten Auftrag gefolgt: auf dem Schloß der Gräfin Maltzan im schlesischen Militsch sollte das Ablassen des dortigen Karpfenteiches malerisch festgehalten werden, als Geschenk für den gräflichen Sohn. Menzel wurde um die Ausführung dieses Bildes ersucht, stellte aber zu hohe Honorarforderungen.

Liebermann nahm das Angebot an und verbrachte auf dem Schloß ein paar angenehme Wochen. Nach einer Reihe von Vorstudien setzte er den Preis für das beabsichtigte Wandbild auf 7000 Mark fest. Erschrokken erwiderte die Gräfin, für einen solchen Betrag könne sie ihrem Sohn sogar einen Viererzug (Vierspänner) kaufen. Darauf Liebermann: „Dann, Frau Gräfin, ist es besser, Sie kaufen Ihrem Sohn den Viererzug." Und unverrichteter Dinge reiste er ab.

Zurückgekehrt nach München begann er die Arbeit an einem Bild, das als sein einziges ins Lokalkolorit dieser Stadt hineingehört: der „Münchner Biergarten". Nach einer Reihe von Detailstudien im Augustinerkeller und im Garten seines neuen Ateliers in der Findlingstraße, wohin er umgezogen war, begann er mit der Ausführung der anheimelnden Biergartenidylle.

Die Errungenschaften der „Rasenbleiche" wurden hier noch einmal zurückgenommen, hinter Bastien-Lepage und Israels, hinter Leibl, fast bis hinter Menzel zurück. Das Figurenensemble unter dem Schattendach ist genrehaft ausführlich beschrieben, jedes der fein gemalten Gesichter gäbe Stoff für eine Anekdote. So souverän Liebermann das Thema auch meisterte, seine Handschrift wirkt befangen und ohne den inzwischen gewonnenen selbständigen Duktus. Das hatte er im Jahr zuvor gesagt: „Ich habe an mir selbst gefunden, daß ich mich erst dann ins größere Weite verliere, wenn es mit dem Engeren nicht gehen will." Noch einmal mußte es hier mit dem Engeren gehen, der Erfolg des Bildes auf dem Pariser Salon 1884 gab ihm recht. Das Bild blieb Liebermanns einzige künstlerische Hommage an die Stadt, die ihn zutiefst demütigte und in der seine große Karriere als Maler begann. Doch: „Er gehörte unbedingt nach Berlin." (Ostwald, p. 148)

Franz Th. Würbel, „Porträt Max Liebermann", 1895 Lithographie

„... eine Hauptstadt des Platten, leicht Verständlichen und Renommistischen ...; eine Stadt gewissenlos entarteter Denkmalplastik, kleinbürgerlich versimpelter Genremalerei und einer für zuchtlose Kindergemüter bestimmten panoramamäßigen Malerei. Die materielle Täuschung, Abschrift der Natur, vereinigt mit protzigem Eklektizismus, gemalter Patriotismus, Genrehumor, Anekdotisches und Photografisches, Soldatisches und Höfisches: das sind Charakteristika der neuberlinischen Reichskunst." (Karl Scheffler, „Berlin, ein Stadtschicksal", Berlin 1910, p. 199 f.)

Die preußische Hauptstadt war immer ein Fixpunkt für Liebermanns Ambitionen geblieben, doch hier wurde ihm mehr noch als anderswo jede Anerkennung versagt. Hartnäckig überschüttete man ihn mit Spott, diffamierte ihn als „Apostel der Häßlichkeit" (Adolf Rosenberg, „Die Berliner Malschule 1819 – 1879", Berlin 1879, p. 322). Aber Liebermanns Ehrgeiz gab darin nicht nach, die Stadt seiner Geburt zu erobern.

„Liebermann brauchte Berlin, die unruhigste aller deutschen Städte, er brauchte die Öffentlichkeit für seinen Drang auch zum Aktuellen, er wollte Geltung, wollte sich hervortun, wollte in einem hohen ehrgeizigen Sinn Regisseur des Zeitgeistes sein und seinen bedeutenden Organisationskräften Nahrung suchen. Er ließ sich von Berlin nicht ungern anstecken." (Scheffler, p. 47)

Berlin war zur Hauptstadt des Reiches geworden, aber gemessen an seiner wirtschaftlichen und politischen Aufwertung konnte von einer kulturellen bisher nicht die Rede sein. Die Kunst haftete hier an einer schalen Konvention, welche selbst in München mittlerweile überholt war. Erst nach Rückkehr Liebermanns in die Heimatstadt begann der Naturalismus hier Fuß zu fassen, durch welchen sich Berlin zu einer Metropole europäischer Kunst entwickelte. In der Zeit nach Gründung des Reiches hatte es dafür noch keinerlei Anzeichen gegeben; wollte man unter einer Million Einwohnern eine Künstlerpersönlichkeit finden, die mehr als nur lokale Größe besaß, so konnte man nur beim siebzigjährigen Menzel vorstellig werden, der völlig unbeeindruckt von seiner Führungsrolle kompromißlos an seinem künstlerischen Wahrheitsanspruch festhielt.

Was als Malerei das kulturelle Bild der Stadt beherrschte, ließ sich weitgehend auf den gemeinsamen Nenner eines idealisierenden Historismus bringen, der mehr oder weniger gut gemalt wurde. In der kaiserlich verordneten Kunst erreichte diese Historienmalerei einen um so bedenklicheren Tiefstand, als der Sinn des Kaisers für die Kunst zunehmend verflachte. „Der Kaiser (Wilhelm I.; d. Verf.) setzt nie einen Fuß in ein Museum oder eine Kunstausstellung, läßt aber jedes Jahr einen Stapel mittelmäßiger Gemälde kaufen, die dann auf Gänge und Zimmer von Schlössern verteilt werden, die vier Wochen im Jahr bewohnt sind." (Jules Laforgue, „Berlin – der Hof und die Stadt 1887", Frankfurt/M. 1970, p. 22)

Laforgue, bis 1886 als Vorleser der Kaiserin Augusta in Berlin tätig, beschrieb das Bild einer Gründerzeitresidenz, in der die Kultur ganz offensichtlich nicht zu Hause war. „An der Kreuzung Unter den Linden – Friedrichstraße, dem verkehrsreichsten Platz in Berlin an einem Sommernachmittag, bleibe ich einen Augenblick stehen, und wie ich eine Weile verharre, vernehme ich wie im Traum nur das vorherrschende

„Bauer mit Kuh", 1896
Kreide 27,2 : 36,3 cm
Niedersächsisches Landes-
museum, Hannover

Straßengeräusch: es war eindeutig das Rasseln der nachschleppenden Säbel." (Ebda., p. 18)

Zwei Institutionen bestanden, die die kulturelle Unwertigkeit Berlins wenigstens hätten mildern können: die Königliche Akademie und der 1841 gegründete „Verein Berliner Künstler". Der Akademiebetrieb fügte sich willig der kaiserlich sanktionierten Anspruchslosigkeit, und der mittlerweile unrentabel gewordene „Verein Berliner Künstler" zeigte auf seinen Jahresausstellungen im Künstlerheim an der Kommandantenstraße eine korrumpierte, alles in allem dürftige Kunst des Mittelmaßes. Carl Steffeck war in den siebziger Jahren Vorsitzender des Künstlervereins, aber er, der einen Maler wie Menzel über alle Maßen haßte, konnte keine neue Bahn ebnen. Liebermanns wohlwollende Erinnerung an den alten Lehrer Steffeck:

„… er war wohl durch zwanzig Jahre Präsident des Vereins Berliner Künstler. Nicht nur Präsident, sondern dessen Seele: er hatte es verstanden, durch Heranziehen von führenden Männern aus anderen Berufen, aus dem Verein den geselligen Mittelpunkt Berlins zu machen."

Mit Geselligkeit allein aber waren keine künstlerischen Lorbeeren zu ernten, das Niveau war flach, die Berliner Malerei erging sich in dürftigen Themen mit ungeheuer aufwendiger maltechnischer Raffinesse. Geschichte wurde in falschem Licht glorifiziert, gern gemalt in dieser allzu prüden Zeit wurde Nacktheit, mythologisch kaschiert oder in Boudoirszenen schwülstig parfümiert. Die Jahreskunstschauen waren kulturelle Armutszeugnisse. „Die Führerschaft auf den verschlungenen Pfaden der neustrebenden deutschen Kunst ist auch diesmal wiederum keineswegs Sache der Reichshauptstadt." (G. Floerke, in: „Die Gegenwart", 6/1874, p. 284) Selbst der konservative Kritiker Adolf Rosenberg, ein entschiedener Gegner Liebermannscher Malerei, sprach 1876 noch von einer „betäubenden Masse von widerlichen Trivialitäten jeglicher Art" auf der Großen Berliner Kunstausstellung.

Neue überzeugende künstlerische Impulse waren aus dem „Verein Berliner Künstler" ebensowenig zu erwarten wie aus der Königlichen Akademie, deren Absolventen jenen Verein weitgehend speisten. Vor 1875 war die Akademie in einem erbärmlichen Zustand. Das uninteressante Lehrprogramm, das stur nach Gipsabgüssen zeichnen lehrte und fürs Naturstudium keinerlei Sinn entwickeln konnte, hatte die Zahl der Studenten erschreckend sinken lassen: im Jahr 1875 waren es ganze 76. Unter dem Direktorat Anton von Werners begann eine Reorganisation und Neubelebung des Lehrbetriebs, aber dieser stand weiterhin unter höfischem Vorzeichen. Dennoch gelang es – getragen von Anregungen Richard Schönes – das Lehrprogramm zu reformieren, das Naturstudium aufzuwerten und mit Malern wie Karl Gussow und Bildhauern wie Fritz Schaper ein gewisses Niveau im nationalen Vergleich zu erreichen. Innerhalb eines Jahrzehnts verfünffachte sich die Zahl der Studenten, 1885 waren es immerhin 348. Noch einmal der Franzose Laforgue: „Die Ausstellung von Arbeiten der Kunsthochschüler würde auf unserer Kunsthochschule Professoren zum Lachen reizen. Der allgemeine Eindruck ist der von einer Pensionatsausstellung. Sehr wenig lebendes Modell, viele Schädelzeichnungen, geduldige Anatomiestudien, Damenporträts in Bleistift; Stilleben (viele Totenschädel und Bierkrüge), ganze Säle voll kleiner Albernheiten, bleischwer, aber signiert." (A.a.O., p.97)

„Der Berliner Salon findet nicht regelmäßig statt, man hat keinen Raum. In manchen Jahren fällt der Salon eben einfach aus." (Ebda., p. 98)
Bis 1875 fanden die bis dahin alle zwei Jahre veranstalteten Berliner Salonausstellungen in den Räumen der Akademie der Künste „Unter den Linden 38" statt, was nicht nur eine räumliche Verflechtung von Akademie und Künstlerverein anzeigt. 1875 dann regte Anton von Werner den Bau eines geeigneten Ausstellungsgebäudes an, der noch im gleichen Jahr begonnen wurde. Ab 1886 gab es dann den Landesausstellungspalast am Lehrter Bahnhof, doch konnte auch damit die Verflachung der jetzt alljährlichen Salonausstellungen kaum aufgehalten werden. Gallionsfigur der Berliner Kunst dieser Jahre wurde Anton von Werner, der 1887 als Akademiepräsident auch zum Vorsitzenden des „Vereins Berliner Künstler" gewählt wurde, während er gleichzeitig auch der „Allgemeinen Deutschen Künstlergenossenschaft" vorstand. In seiner Person vereinigte sich der Machtanspruch der Berliner Künstlerschaft, die in allen Kommissionen und Jurys vertreten sein wollte, über die Ankäufe der Nationalgalerie mitentschied und Alleinherrschaft im Berliner Salon anstrebte. Ein Bonmot Max Liebermanns über Anton von Werner, anspielend auf Lessings berühmten Ausspruch, daß Raffael, auch ohne Hände geboren, der größte Maler geworden wäre: „Ich sage immer, wenn Anton von Werner auch noch ohne Hände jeboren worden wäre – denn hätte er doch die jrößte Schnauze."

Natürlich konnte man einer Kunst wie der Liebermanns in Berlin nicht mit Wohlwollen begegnen, und auf ebenso natürliche Weise schienen Konflikte unvermeidbar, als Liebermann sich entschloß, in die Heimatstadt zurückzukehren und deren durch Machtmißbrauch und Phantasielosigkeit korrumpierte Kulturszene zu betreten. „ ... über kurz oder lang muß Berlin auch in künstlerischer Hinsicht die Hauptstadt werden, schon aus dem gemeinen Grunde, weil hier der größte Kunstmarkt besteht. Aber auch, weil München abgewirtschaftet hat ... Auch ist Berlin quasi noch terre vierge, auf der frische Talente gedeihen können, während sie in der Münchner Tradition zu Grunde gehen. Wir wollen zu einer neuen Tradition gelangen, wozu freilich unendlich viel mehr Talent gehört, als neue Rembrandts oder Tizians zu machen." (An Franz Servaes, 12. November 1902)

Im Mai 1884 hatte sich Max Liebermann in Berlin mit Martha Marckwald verlobt, einer Schwester seiner Schwägerin. Sie stammte aus alteingesessener Berliner Familie, ihre Mutter war eine bedeutende Frauenrechtlerin. Am 14. September desselben Jahres fand die Trauung statt, der Umzug Max Liebermanns nach Berlin war zwischenzeitlich vollzogen worden. Menzel zu Liebermann: „Was? Heiraten? – Zeitverlust, weiter nichts!" Die erste Wohnung des Ehepaares war „In den Zelten 11" am nördlichen Rand des Tiergartens. Das erste Atelier lag im Hof, später mietete sich Liebermann ein zweites in der Auguste-Viktoria-Straße am Landwehrkanal, das er auch noch beibehielt, als er 1892 in das elterliche Haus am Pariser Platz umgezogen war. Die Hochzeitsreise führte über Braunschweig und Wiesbaden nach Holland. In Scheveningen schlossen sich Jozef Israels und dessen Frau dem jungen Paar an; gemeinsam reisten sie nach Laren – wo Liebermann den Maler Anton Mauve kennenlernte –, von dort aus weiter nach Delden und Haarlem. Da die Berliner Wohnung noch nicht bezugsfertig war, nahm

„Junge Frau bei der Handarbeit", 1883
Bleistift 25,8 : 18,2 cm
Kunsthalle Bremen

Porträt Max Liebermann

Anders Zorn, „Porträt Max
Liebermann", 1896
Öl/Lwd. 73,2 : 60 cm
Zorn Collections, Mora/
Schweden

Anders Zorn, „Porträt Martha
Liebermann", 1896
Öl/Lwd. 72,5 : 60,8 cm
Zorn Collections, Mora/
Schweden

Liebermann sich Zeit, um viel zu skizzieren und Studien in Öl zu malen. In Haarlem, wo Israels ihn verließ, kopierte er noch einmal nach Bildern Frans Hals'. Dann reiste das Paar nach Amsterdam, wo im Dezember Liebermanns erste Darstellung einer „Judengasse" entstand, ein in gedämpften Farbwerten gehaltener Blick in eine Straßenschlucht des jüdischen Viertels, grau verregnet und kaum belebt.

Nach Berlin brachte der Maler eine Reihe von Ideen und Entwürfen mit, die seine Arbeit in den folgenden Jahren weitgehend ausfüllen sollten: in Delden malte er Studien für das zwei Jahre später ausgeführte „Tischgebet", dessen Thema wohl auf eine Anregung Israels zurückgeht, der an gleichem Ort eben dieses Thema bereits gemalt hatte. In Scheveningen waren Vorstudien zur großen Komposition der „Netzflickerinnen" entstanden, in Laren solche zum Bild der „holländischen Dorfstraße", in Haarlem szenische Studien zum „Schweinemarkt". Und zuletzt sollten ihm die Amsterdamer Judengassen noch zwei Jahrzehnte später malerische Themen geben. Auch dorthin ist Liebermann wohl einem Hinweis Jozef Israels gefolgt, der hier lange Jahre gelebt hatte.

Noch im Jahr seiner Übersiedlung nach Berlin wurde Max Liebermann in den „Verein Berliner Künstler" aufgenommen, mit der Stimme Anton von Werners, seines späteren Widersachers.

Das Jahr 1885 stand im Zeichen der Familie, sehr wenige Bilder lassen sich nachweisen, nach Holland reiste der Maler nicht. Die Deldener Studie des „Tischgebets" begann er auszuführen, die „Holländische Dorfstraße" aus dem Vorjahr wurde vollendet. Eine belebte holländische Dorfstraße nach dem Regen; von überall her bewegen sich Figuren, ein Dutzend Menschen, sehr viele Tiere. Die Szene wirkt dicht gedrängt, im linken Teil ein wenig vollgestellt. Die beiden sich in der Bildmitte begegnenden Frauen könnten kaum zwei Worte wechseln: die linke schiebt eine beladene Karre, die rechte wird von einer Kuh weitergezogen. Alles ist in rastloser Bewegung, Liebermann überfüllt das Bild mit bewegten Elementen und Details, stößt immer wieder ans Genre, vielleicht in Zugeständnis an den Berliner Kunstgeschmack jener Jahre, dem ein nüchternerer Naturalismus noch wenig verdaulich war.

Im August wurde die Tochter Käthe geboren, aus den vielen vorausgegangenen Kinderdarstellungen des Malers und den unzähligen späteren Bildnissen seiner Tochter ist auf die euphorische Freude des Malers über dieses Ereignis zu schließen. Über die Wochen vor der Geburt: „... ich habe die letzten Wochen überhaupt nicht gelebt." (An Carl Steffeck, August 1885)

Künstlerisch standen die Anfänge in Berlin unter keinem sehr glücklichen Stern. Zum ersten Mal seit langen Jahren hatte sich Liebermann mangels geeigneter Bilder nicht um die Teilnahme am Pariser Salon bewerben können. Ein Brief an seinen alten Lehrer Steffeck, der inzwischen Direktor der Königsberger Akademie war und Liebermann vergeblich dorthin zu bewegen suchte, offenbart seine derzeitige Isolation und eine durch mangelnde Erfolge bedingte Niedergeschlagenheit: „Nachdem ich durch fünfzehn Jahre sowohl in Weimar wie Paris und München den anregendsten Verkehr hatte, bin ich mit einemmal hier in künstlerischer Beziehung ganz vereinsamt. Wohl ist Gussow einer meiner besten Duzfreunde, Paul Meyerheim ist äußerst liebenswürdig, und einige jüngere wie Stoecker, Schlittgen sind von München mir hierher gefolgt. Auch Uhde schrieb mir, daß es ihm in München jetzt zu einsam wäre und daß er mich nächstens besuchen würde. Trotzdem, jung verheiratet, hatte ich mit meiner Häuslichkeit soviel zu tun, daß ich auf den Verkehr meiner Freunde fast verzichten mußte... Da sprach ich Sie wieder nach langen Jahren, und ich fühlte mich darauf doppelt vereinsamt..." (August 1885)

Man kann nicht umhin, hier einige Übertreibungen zu benennen; von „anregendstem Verkehr" konnte weder in Paris noch in München die Rede sein, Liebermann lebte dort in selbstgewählter Zurückgezogenheit und bewahrte „etwas von einem Puritaner" (Hancke, p. 72). Doch ist die geschilderte Situation der Einsamkeit als wahr anzunehmen, öffentlich trat die Anwesenheit Liebermanns in Berlin kaum ins Bewußtsein. Eine Ausnahme in den eher spärlichen Künstlerbeziehungen machte Karl Gussow, die Bekanntschaft ging auf die gemeinsame Zeit in Weimar zurück, wo er bereits damals an der Kunstschule lehrte. Von 1875 bis 1880 hatte Gussow eine Professur an der Berliner Akademie, seither lehrte er in einer privaten Malschule. Sein feinsinniger Realismus war im Berlin jener Jahre außerordentlich populär, Kritiker nannten ihn einen „rücksichtslosen Realisten" (A. Rosenberg) oder den Vorkämpfer eines „vollendeten Naturalismus" (L. Pietsch). In der Art eines Liebermann aber ist seine Malerei nicht zu denken, eine gewisse Süßlichkeit in Thema und Ausführung haftete seiner Kunst an, seine Genreszenen waren glatt poliert und sind nicht mit der Liebermannschen Herbheit in Farbe und Malweise zu vergleichen.

Hundert Jahre nach der ersten Einrichtung einer Berliner Akademieausstellung wurde 1886 die „Internationale Jubiläumsausstellung" veranstaltet, eine Mammutschau europäischer Malerei – ohne die der vergrämten Franzosen. Zu dieser ersten Ausstellung im „Glaspalast" am Lehrter Bahnhof reichte Liebermann ein: das etwas rührselige „Tischgebet", eine Darstellung von drei „Amsterdamer Waisenmädchen" und die späte Fassung des „Altmännerhauses". Warum die „Freistunde im Amsterdamer Waisenhaus" und die „Rasenbleiche" fehlten, ist unerklärlich.

Die Resonanz war nicht von dem erhofften Überschwang, Liebermanns Bilder fielen trotz lobender Erwähnung in der Kritik weit hinter die Exponate Fritz von Uhdes zurück, dessen religiöses Genre mit Wohlgefallen aufgenommen wurde. „Die Naturalisten wie auch ein Herr Liebermann wenden sich von dem, was jeden natürlichen Menschen erfreut und erlabt... mit geringschätzigem Achselzucken ab und mit desto größerer Hingabe dem Widrigen und Häßlichen, dem Jammer- und Grauenvollen zu, dem wir im Leben... so gern aus dem Wege gehen." (Berliner „Illustrirte Zeitung", 3. Juli 1886)

Im Sommer 1886, während sich Frau und Tochter in Homburg aufhielten, reiste Liebermann noch einmal ins holländische Laren, wohin ihn zwei Jahre zuvor Jozef Israels geführt hatte. In dem kleinen Heidedorf in Nähe der Zuydersee hatte sich eine Kolonie von Landschaftsmalern gebildet, angeführt von Anton Mauve, der von 1884 bis zu seinem Tod 1888 hier wohnte. Mauve war ein Vetter Vincent van Goghs.

In der Mitte des Dorfes umkränzten Ulmen einen Teich, drumherum lagen verstreut idyllische kleine Bauernhäuser, direkt am Dorfplatz stand der Gasthof „In de vergulde Postwagen". Hier trafen sich regelmäßig die Maler des Dorfes und hier wohnte Liebermann. Der Wirt Jan Hamdorff

Flachsscheuer in Laren

„Flachsscheuer in Laren", 1886
Öl/Lwd. 135 : 232 cm
Nationalgalerie, Berlin (Ost)

galt als ein enger Freund der Künstler und half auch Liebermann bei der Modellsuche. In diese sechs Wochen seines Aufenthalts fiel auch die erste Begegnung mit dem holländischen Maler Jan Veth, der ihn hier auf das Motiv aufmerksam machte, das über alles, was Liebermann bisher gemalt hatte, weit hinausging.

In den Bauernkaten wurde in Heimarbeit Flachs gesponnen, aber auch im Kollektiv in einer sogenannten „Flachsscheuer". Veth führte Liebermann zu einem – bis heute erhaltenen – Holzschuppen, in welchem Rohleinen aus Flachs gewonnen und zum Weben vorbereitet wurde. Mädchen formten und führten die Fäden, die durch den Raum liefen und von Kindern über Räder auf Spindeln gewickelt wurden. Liebermann schuf eine Vielzahl von Skizzen, um die Arbeitssituation und deren Atmosphäre präzise einzufangen. Später, gegen Ende des Jahrhunderts, wurde diese Flachsscheuer vom Gastwirt Hamdorff erworben und Malern als Atelierraum zur Verfügung gestellt.

Die Arbeit war für Max Liebermann damals nicht ohne Schwierigkeiten. Als ihm eines Tages der Werkmeister das Zeichnen im Raum untersagte, ging Liebermann wütend zu Hamdorff: „Was kann es mich kosten, Hamdorff, wenn ich mich an dem Mann vergreife?" Der Wirt vermittelte und Liebermann konnte seine Studien fortsetzen.

Bedauerlicherweise hat Jan Veth, der sich auch schriftstellerisch betätigte, in seinen Erinnerungen an Liebermann über die erste gemeinsame Zeit hier in Laren nichts mitgeteilt. Er nennt als die beste Eigenschaft Liebermanns dessen Unbefangenheit und gibt eine sympathische Begründung: „Ich als Holländer und meine Landsleute, wir können das besser als andere erkennen. Haben wir doch seit unserer Kindheit traulichen Verkehr mit allem dem, was wohl die besten Gemälde Liebermanns uns schildern. Jene Gestalten ‚aus dem Altmännerhaus', jene Waisenmädchen, jene Flachsspinnerinnen, Wäscherinnen und Klöpplerinnen, jene Fischer und Netzflickerinnen, jene Hirten, Schuster, Bauern und Weber, wir haben sie allesamt näher kennengelernt, als es Liebermann möglich gewesen ist. Er aber weiß an ihnen etwas Charakteristisches zu entdecken, etwas, das wir zu sehen verlernt haben und das vielleicht doch ihr wirkliches Wesen am nächsten berührt. Er schaut alle jene Dinge frisch, unmittelbar an, er sieht sie unbefangen, und hierin liegt, meines Erachtens, seine Kraft." (Jan Veth, „Streifzüge eines holländischen Malers in Deutschland", Berlin 1904, p. 56 f.)

Mit reichem Skizzenmaterial und einer vermutlich vor dem Motiv ausgeführten ersten Fassung des Bildes in Öl kehrte Liebermann nach Berlin zurück und begann mit einer großen Komposition des Themas. Was in erster Version noch kompositorisch und perspektivisch unausgereift schien, hob er in der zweiten, formatgrößeren Fassung auf. Die Arbeit daran nahm ihn während des Herbstes und Winters in Anspruch, im Mai 1887 dann konnte die „Flachsscheuer in Laren" erstmals auf dem Pariser Salon öffentlich gezeigt werden; allerdings nahm man es nur mit zurückhaltendem Applaus zur Kenntnis, so als sei daran wirklich nichts aufregend Neues.

In seiner „Flachsscheuer" griff Liebermann noch einmal zu dem seit den „Arbeitern im Rübenfeld" immer wieder neu variierten Oberthema kollektiver Arbeit zurück, das hier jedoch mehr als ein bloßes Nebeneinander erscheint, sondern als tätiges Miteinander in der produktiven

Folgende Seite:
„Nähende alte Holländerin",
um 1890
Kreide 30 : 23,8 cm
Niedersächsisches Landesmuseum, Hannover

Nähende alte Holländerin

Gemeinschaft. Diese bestimmt die Abläufe der Beteiligten in diesem Raum und gibt auch dem Bild seine Ordnung. Der geschilderte Vorgang erscheint wie ein stummes Ritual: Mädchen schreiten, während sie aus Flachs die Fäden drehen, routierenden Spindeln zu, die von Sitzenden über Schwungräder betrieben werden. Der Blick der Mädchen ist gesenkt, konzentriert verrichten sie ihr Tun, unbeeindruckt von der Monotonie und mit einer natürlich erscheinenden Würde. Ihre anmutigen Profile zeigen kein Anzeichen von Langeweile oder Erschöpfung, einen Ausdruck für das Bewußtsein freier Selbstverwirklichung durch Arbeit hat keines dieser Gesichter verloren. „Der Gehalt ist das Ethos kollektiver Arbeit, aufgefaßt mit dem Pathos Millets. Im Alltäglichen sollte das heroisch Geduldige aufgezeigt werden." (Scheffler, p. 52) Trotz Betonung der Einzelfiguren liegt der Tenor des Gemäldes auf dem Zusammenklang: in der Bewegung, im Handeln. Das Dunkel des Raumes ist sakral gestimmt, das von den niedrigen Fenstern her einfließende Licht weiht die Atmosphäre dieses Raumes, der kein Ort von Unterdrückung und Ausbeutung ist.

„Handarbeitende Frau", 1908
Bleistift
(Studie zur „Linnenkammer im israelitischen Spital in Amsterdam")

„Als einziger Maler des ganzen Jahrhunderts hat der Berliner Fabrikantensohn die entwickeltste Form der Arbeit in ihrem entscheidenden Moment erkannt und dargestellt: ihrer Kollektivität." (Georg Schmidt 1947, anläßlich der Eröffnung der Berliner Gedächtnisausstellung)
Es ist vielfach darauf hingewiesen worden, daß in diesem Bild Liebermanns Auffassung von Arbeit ihren prägnantesten und fortgeschrittensten Ausdruck findet; gewissermaßen als Pamphlet für sein Arbeitsethos und als sozialpolitisches Bekenntnis gelesen werden kann. Die ethische Auffassung der Arbeit wuchs ihm nicht aus sozialem Engagement, sondern aus einer Lebensanschauung; und seine Arbeitsdarstellungen lagen weitab vom zeitgemäßen Standard industrieller Produktion; die Stätten seiner Arbeitenden sind keinesfalls moderne Fabriken, sondern bestenfalls Manufakturbetriebe. „Unmerklich hat sich die Bauernstube in eine moderne Fabrik gewandelt." (R. Hamann, „Die dt. Malerei v. 18. bis z. Beginn d. 20. Jhdts.", Leipzig 1925, p. 407)
Zieht man Adolph Menzels 1875 gemaltes „Eisenwalzwerk" mit ins Blickfeld – das Hans Rosenhagen im Vergleich „kleinlich und komponiert" nennt (a.a.O., p. 36) – so wird deutlich, wie sehr Liebermanns Arbeitsmilieu in eine ländliche Idylle hineinverlegt wird, die geradezu gegenläufig ist zu der zeitgemäßen Schwemme des Proletariats in die Industriezentren.
Darüber hinaus bleibt mit Liebermanns Vorstellung der Arbeit immer etwas Allgemeineres verknüpft, das keine kritisch anklagende, sondern eine ethische Grundlage hat. „Das große Wort ‚Ich arbeite', der Wahlspruch des 19. Jahrhunderts, redet hier laut zu uns." (Richard Muther, 1888)
Der sozialgeschichtliche Aspekt der „Flachsscheuer" ist die Erweiterung des Arbeitsvorgangs „aus dem relativ individuellen Bereich des Handwerks zu einem der kollektivistischen Heimindustrie" (R. Hamann/Jost Hermand, „Naturalismus", Berlin 1959, p.158). Ein zweiter Gesichtspunkt aber bleibt Liebermanns humanitäre Auffassung von menschlicher Selbstbestimmung durch Arbeit. Bei aller Genauigkeit in der Beobachtung und Schilderung der Arbeitssituation führt er nicht vorrangig eine bestimmte Produktionsmethode vor, sondern zeigt hier die

„Rasenbleiche in Holland",
um 1890
Kreide 31 : 46 cm
Niedersächsisches Landesmuseum, Hannover

individuelle Selbstverwirklichung innerhalb einer Arbeitsgemeinschaft und bestätigt damit den Grundzug seiner bisherigen Arbeitsbilder. Was eine Klöpplerin, ein Weber oder ein Schuster zuvor in der Vereinzelung anzeigten, wird in der „Flachsscheuer" vervielfacht; ein Moment von Harmonie tritt durch die kollektive Tätigkeit prägnant hervor und wirkt in der Gruppendarstellung als Zusammenklang von Individuen ästhetisch überzeugend.

Liebermanns Arbeitsauffassung bildete sich vermutlich im Einfluß der Gedanken Ferdinand Lassalles, dessen volkstümlich praktizierter Sozialismus auf den Maler nicht ohne Wirkung war. Lassalle hatte 1863 den „Allgemeinen Deutschen Arbeiterverein" mitbegründet und war dessen erster Präsident. Ein Jahr später bereits starb er an den Folgen eines Duells. Aus dem ADAV ging 1869 die „Sozialdemokratische Arbeiterpartei" hervor, die dann, begünstigt durch das wachsende Heer von Arbeitslosen, in den siebziger Jahren immensen Zulauf und politisches Gewicht im Reichstag bekam. Bismarck sah sich zu den Sozialistengesetzen veranlaßt, konnte aber damit den Zuwachs der sozialdemokratischen Mandate nicht verhindern: von 12 im Jahre 1881 bis auf 24 im Jahr 1884.

Liebermanns Verehrung für Lassalle und dessen politische Ideale ist bekannt. Als Beleg wird häufig ein mit Paul Eipper 1925 geführtes Ateliergespräch angegeben, in welchem Liebermann diese Verehrung nachdrücklich unterstrich. Weder Bismarck noch Wilhelm II. hätten ihn in gleicher Weise jemals politisch fasziniert. „Das war unerhört. Als er seine berühmte Rede gehalten hat, war ich noch auf dem Gymnasium und ich erinnere mich deutlich, mit welcher Begeisterung wir Pennäler sie gelesen haben. Ich habe Lassalle auch einmal persönlich gesehen in Berlin, er war strahlend schön wie ein junger Gott." (Zit. n. Paul Eipper, „Ateliergespräche mit Liebermann und Corinth", München 1971)

Die Authentizität dieser oft leichtfertig als Dokument angeführten Ateliergespräche ist zweifelhaft. Das aber verändert nichts an der politischen Neigung Liebermanns, der sich nur allzugern als Abkömmling der Revolution von 1848 sah und an deren Idealen festhielt. Eines dieser Ideale war das der freien Selbstverwirklichung durch Arbeit, ein anderes die Gleichheit aller vor dem Leistungsprinzip. Und so sollte seine Kunst – wie die des Frans Hals – auch Ausdruck von Freiheit und Gleichheit sein und republikanisch wirken. „Eine solche Wirkung konnte nur ein Künstler erreichen, der in seiner Arbeit selbst gewissermaßen erdgebunden war, der nicht im Atelier phantasierte, sondern in unmittelbarer Gemeinschaft mit allem lebte, was er sah und malte. Dies ist nicht immer wörtlich zu verstehen, aber sicher eine Grundlage der Liebermannschen Kunst und Meisterschaft." (Ostwald, p. 316)

Die Überzeugungskraft seiner Arbeitsdarstellungen lag in der Hervorkehrung der genannten Ideale begründet, aber wurde nur glaubhaft durch Einbindung seiner selbst in das geschilderte Milieu: arbeitend zeigte er Arbeitende. Gemäß seiner anerzogenen Arbeitsauffassung bezog er auch das Künstlerische streng auf das Prinzip der Leistung, forderte vom Künstler Selbstdisziplin und Fleiß, immer wieder Fleiß. Und so erscheinen seine Arbeitsbilder immer zugleich als Spiegel der Besinnung auf das eigene Tun, auf seine malend tätige Erfüllung des Lebens. Und erst, als er durch diese unermüdliche Tätigkeit arriviert und bestätigt war, gaben ihm Arbeitende kein Thema mehr.

„Karren in den Dünen", 1900
Radierung

„Karren in den Dünen", 1889
Öl/Lwd. 50 : 64,5 cm
Staatsgalerie, Stuttgart

„Holländerin", um 1886
Ölstudie
(Verbleib unbekannt)

Nachdem die „Flachsscheuer in Laren" in Paris nicht mit der erhofften Zustimmung aufgenommen worden war, noch dazu unverkauft blieb, sandte der Maler das Bild 1888 auf die „Internationale Jubiläumsausstellung" nach München.
Ein Kritiker dort beschrieb es als „die wirkliche Darstellung stumpfen, durch ein Einerlei von schwerer Arbeit hervorgerufenen Siechtums ... Bauernweiber in verschlissenen Schürzen und Holzpantoffeln, mit Gesichtern, die kaum, daß sie jung waren, die Züge grämlichen Alters zeigen, liegen in der Kammer, deren Gebälk wie drückend niederlastet, ihrem mechanischen Tagewerk ob. Kein Blick wird von der Arbeit aufgehoben. Kein Mütterchen erzählt ein buntes Märchen, keine jugendliche Kehle stimmt ein Lied an. Der Sonnenschein strahlt über die Gesichter, welche der Gottesgabe beraubt sind, ihn zu verstehen."
Als Adolph Menzel das Bild sah, verging ihm jede Kritik: „Das ist der einzige, der Menschen macht und keine Modelle."
Im Sommer 1887 reiste Max Liebermann ins holländische Katwijk und widmete sich Studien zu einem Thema, das den damaligen Einfluß Israels' auf sein Schaffen deutlich macht. Drei Jahre zuvor, noch während der Hochzeitsreise, hatte er mit Studien netzflickender Frauen am Strand begonnen, aus zahlreichen Entwürfen und Zeichnungen kristallisierte sich die im Winter 1887/88 begonnene Komposition heraus. Jozef Israels hatte im selben Jahr in Scheveningen ein Bild gleichen Themas vollendet, Gruppen der über Netze gebeugten Frauen vor der fernen Silhouette des Dorfes. Liebermann verteilte die Frauen in dem weitläufigen Dünengelände, das die nahe See nur ahnen läßt. Zuletzt postierte er in die Mitte des Vordergrundes die sich aufrichtende Figur einer jungen Frau. Aus dem endlosen Landschaftsraum hob er diese Gestalt heraus, um sie zuletzt enger noch in die umliegende Natur einzubinden. „Diese absichtsvolle Figur bringt in die Herbheit des Bildes eine Nuance von Sentimentalität". (Hancke, p. 229)
Weniger das Format als diese Einzelfigur hebt das Gemälde ins Monumentale, womit es ausbricht aus dem, was noch in der „Flachsscheuer" beschworen schien und was noch Israels mit seinen „Netzflickerinnen" ausdrückte: das Eingebettetsein in den Organismus einer Werkgemeinschaft.
In grober Handschrift, sehr viel herber noch als in der „Flachsscheuer" schildert Liebermann den Augenblick, in welchem die Versunkenheit in die Arbeit zugunsten eines anderen unterbrochen ist: einer Empfindung. Und etwas erscheint, was der Maler bisher kaum berührte: ein sinnlicher Ausdruck von Schönheit.
Bis zu dieser Zeit hatte sich Liebermann mit gewisser Selbstbeschränkung malerisch Vorbildern unterworfen, die noch in der Tradition des erzählenden Genres standen oder nicht weit davon entfernt malten. Munkácsy erzählte übertrieben sentimental, Frans Hals derb prosaisch, Millet mit Pathos, Israels mit lyrischem Unterton. Liebermann war niemals ganz von alledem ergriffen, aber sein künstlerischer Anspruch wuchs aus solchen Vorbildern. „Die Netzflickerinnen" sind noch nicht völlig frei davon, aber der Maler zeigt sich hier ganz souverän und überlegen allen bisherigen Vorbildern; Millet erscheint ganz überwunden, Israels nur in der zurückhaltend sentimentalen Note noch gegenwärtig. Liebermanns Malerei wuchs immer stärker hinein in die prosaische

Beschreibung eines prosaischen Lebens, darin war er nüchterner und kompromißloser als all seine Vorbilder: er zeigte den Menschen realistischer. In den „Netzflickerinnen" gab er dieser Nüchternheit kaum nach, aber setzte ein poetisches Element mit hinzu und legte es darauf an, daß gerade dieses als Symbol gelesen wurde: als Ausdruck einer mehr als nur in der Arbeit wirksamen Beziehung zwischen dem menschlichen Leben und einer Natur, die jetzt nicht mehr nur holländische Gartenlandschaft war. Im Formulieren dieser Beziehung fand er Themen zu weiteren Bildern.

Während des Sommeraufenthaltes in Holland 1887 entstand in Katwijk vor der Natur der „Karren in den Dünen", eine erste von vier nachweisbaren und nahezu identischen Fassungen. Ohne Zwischenschritt der „Netzflickerinnen" wäre dieses Bild nicht denkbar, die dort begonnene Entleerung des Bildraums zugunsten einer Einzelfigur wuchs hier zu einer nahezu beklemmenden Vision: Über das karge weite Dünengelände treibt einsam ein von einem Pferd gezogener Karren dem Horizont zu, die Figur darauf ist nur als farbiger Akzent gegeben, die Züge einer Person sind verloren. Liebermanns Aufwertung der Natur steht im Zeichen von Melancholie, einer „pantheistischen Schwermut" (Max J. Friedländer, „M. L.", Berlin o. J. (1924), p. 78). Zeigte der Maler zuvor die Natur als still umfriedeten Garten, worin der Mensch sich tätig eingerichtet hat, so führt er sie jetzt in ihrer bedrückenden Gewalt, ihrem Unbeherrschtsein vor.

Im Dreikaiserjahr 1888 unterbrach Max Liebermann seine zur Gewohnheit gewordenen Sommerreisen nach Holland, ein rheumatisches Leiden zwang ihn im Frühjahr zu einem Kuraufenthalt in Kösen bei Weimar. An eben jener Stelle im nahen Wald, wo 1868 Menzels „Gottesdienst in Kösen" entstanden war, malte er Studien des lichten Buchenwaldes, die er im folgenden Winter zu der „Gedächtnisfeier für Kaiser Friedrich II." verwendete. Der Kaiser starb im Juni, als Liebermann bereits nach Norditalien gereist war. Aus der Vorstellung heraus entwickelte er die Trauerfeier ohne Anflug von Pathos. Was einem Historienmaler vom Schlage Anton von Werners geradezu als ideale Gelegenheit erschienen wäre, um in den zahllosen Gesichtern der Anwesenden den ganzen Kanon von Betroffenheit über den Tod des Monarchen auszuspielen, das ging Liebermann nicht nahe genug. Er blickt aus der Distanz, die Konturen der Beteiligten lösen sich in der sonnigen Atmosphäre auf, Züge von Trauer sind nicht zu erkennen. Hinter den Natureindruck tritt die menschliche Zeremonie zurück.

In diesem Jahr fand der Maler eine erste offizielle Anerkennung für ein beinahe unscheinbares früheres Werk, das jetzt auf der Berliner Akademieausstellung zu sehen war: die 1884 entstandene „Stille Arbeit", die in Verlängerung holländischer Genredarstellung eine handarbeitende Frau hinter einem hellen Fenster zeigt, liebevoll das Interieur und das um die Gestalt der jungen Frau herum spielende Licht beschreibend.

Kaiser Wilhelm II., von welchem ein liberalerer Umgang mit der nicht offiziellen Kunst erhofft worden war, zeichnete Liebermann für dieses gefällige wie untypische Bild mit der Kleinen Goldenen Medaille aus. Solche Auszeichnungen waren für Liebermann immer die Beweise des Erfolges. Als er 1887 in München für die „Flachsscheuer" ebenfalls mit einer Kleinen Medaille geehrt worden war, reiste er für einen Tag nach

Dachau, um Fritz von Uhde zu besuchen. Hier traf er auch den Maler Paul Baum wieder, der ihm zu der Ehrung gratulierte. „Ja", sagte er zu Baum, „Medaillen muß man haben."

Doch wuchs mit der Zeit auch der ideelle Erfolg, selbst in Berlin gaben die bisher schwer versöhnlichen Kritiker insbesondere der „Stillen Arbeit" ihre Anerkennung: „Von jenen Rohheiten der Technik und den schmutzig trüben Tönen, welche ... die Freude an diesem hochbegabten, viel bewunderten und viel bekämpften Künstler beeinträchtigten, ist hier keine Spur zu finden." (L. Pietsch, in: „Vossische Zeitung", 16. August 1888)

Was sich auf der Münchner Internationalen Ausstellung bereits abgezeichnet hatte, in Berlin aber noch wenig zur Geltung kam, war der entscheidende Durchbruch des Naturalismus, der in Mißachtung aller populären malerischen Moden an die Spitze der zeitgenössischen Kunst trat. Liebermann konnte mit wachsendem Selbstbewußtsein wahrnehmen, wie eine Fülle dissonanter Strömungen von Naturmalerei sich läuterte und eine geschlossene künstlerische Haltung hervorbrachte, zu der sein eigener Beitrag nicht mehr zu übersehen war.

Bis zu dieser Zeit hielt er sich aus Debatten zurück, mied geradezu das Licht der Öffentlichkeit, das er im Stillen begehrte. 1889 trat er zum ersten Mal als Repräsentant jener naturalistischen Haltung hervor.

Aus Anlaß der Hundertjahrfeier der großen Französischen Revolution fand in Paris eine Weltausstellung statt, damit verbunden eine Gesamtschau zeitgenössischer europäischer Kunst, die aber angesichts der politischen Querelen nur als Halbheit zu verwirklichen war. Rußland, England und Österreich versagten ihre offizielle Teilnahme, ließen aber private Initiativen, die zur Beteiligung führten, ungehindert zu. Preußen entschied seine Ablehnung rigider, der deutsche Saal drohte leer zu bleiben. Vielleicht wurde zusätzlicher politischer Zündstoff provoziert, als ausgerechnet Max Liebermann – gemeinsam mit den derzeit in Paris lebenden Malern Kuehl und Koepping – in die internationale Jury berufen wurde. Der so Geehrte fragte beim preußischen Kultusminister an und bekam kein Verbot, der Jury beizutreten, was bereits einer inoffiziellen Unterstützung gleichkam. Und so reiste er nach Paris, wo gleichzeitig in der Presse eine sehr heftige Kampagne gegen eine generelle Teilnahme Preußens aufflammte, geschürt vom patriotischen Blatt „La France". Liebermann hielt an dem Vorsatz fest, in Paris die erste Garde der deutschen Malerei zu präsentieren, angeführt von Menzel und Leibl, gefolgt von Trübner, Kuehl und von Uhde.

Im politischen Gegenzug startete nun die deutsche Presse einen vehementen Feldzug gegen die französische Nation, gegen die Revolutionsfeier und gegen Liebermann, dem Andienung an den Revolutionsgedanken, Nestbeschmutzung und Judentum zum Vorwurf gemacht wurden. Selbst Adolph Menzel sah sich angesichts der gehässigen Pressekampagne dazu veranlaßt, öffentlich Partei zu ergreifen. Im „Berliner Tageblatt" gab er zu verstehen, wieviel die deutsche Kunst der französischen im Grunde zu danken habe. „Menzel hatte mir, der ich von der französischen Regierung zum Juror in der Aufnahmekommission für die Pariser Weltausstellung von 1889 ernannt war, 16 oder 18 seiner Werke anvertraut, als plötzlich kurz vor Eröffnung der Ausstellung ein Erlaß Bismarcks erschien, der allen Künstlern, die preußische Beamte waren, die

Beteiligung an ihr untersagte. Und alle die damaligen Berühmtheiten, von Achenbach, von Reinhold Begas bis zu den kleineren Sternen hinab, beeilten sich, ihre Werke zurückzuziehen. Bis auf Menzel, bei dem ein Ministerialdirektor erschien, um ihm auseinanderzusetzen, daß es sich für ihn als den Kanzler des Ordens pour le mérite nicht zieme, in Paris sich an der Ausstellung zur Jahrhundertfeier der französischen Revolution zu beteiligen. Darauf Menzel: ‚Ich bin jetzt 73 Jahre alt, ich habe immer gewußt, was sich für mich schickt, und ich werde es weiter wissen'."

Durch den vorbildlichen zivilen Ungehorsam des greisen Menzel und durch Liebermanns unbeeindruckten Durchsetzungswillen kam die erste Präsentation nicht-offizieller deutscher Kunst auf französischem Boden zustande. Die französische Kritik würdigte übergreifend das deutliche Bekenntnis zur Wirklichkeit, das an die Stelle der bisherigen malerischen Erzählkunst und Gedankenmalerei getreten war.

Trotz der auf beiden Seiten geführten Hetzkampagnen war das ein Fanal, das mit dem Naturalismus auch Max Liebermann ins Bewußtsein der Öffentlichkeit setzte. Leibl wurde in Paris mit der Medaille erster Klasse ausgezeichnet, Liebermann – wie auch Uhde und Koepping – mit einer Ehrenmedaille, der seine Aufnahme in die „Société des Beaux Arts" folgte. Als man ihn obendrein zum „Ritter der Ehrenlegion" schlagen wollte, untersagte die preußische Regierung, eine solche Auszeichnung anzunehmen. Und Liebermann gehorchte.

Max Liebermann, um 1895

„Nicht das sogenannte Malerische, sondern die Natur malerisch aufzufassen ist's, was ich suche, die Natur in ihrer Einfachheit und Größe ohne Atelier- und Theaterkram und Hadern – das Einfachste und das – Schwerste."

Was aus Max Liebermanns Hollanderfahrungen erwachsen war, konnte sich als ein neuer künstlerischer Wahrheitsanspruch behaupten und traf im Kern das, was der Kritiker Hermann Helferich (alias Emil Heilbut) bereits Jahre zuvor mit dem Begriff „Naturalismus" belegt hatte. Liebermanns Bilder waren programmatisch für diese Richtung, aber sie waren nicht als Programm gemalt. Ganz aus der Anschauung heraus bildete sich sein Anspruch auf Wahrhaftigkeit malerischer Schilderung, nachdem ihn seine Ausbildung mit den Mitteln realistischen Erzählens ausgerüstet hatte. Von einem anfangs nie ganz aus dem Weg geräumten Hang zur Bilderzählung wich Liebermann immer weiter, immer resoluter ab, bis die malerische Umsetzung des Gesehenen als lauterstes Anliegen und ehrlichste Aufgabe übrigblieb. Die „Netzflickerinnen" geben keinen Stoff mehr für eine Anekdote; wenn überhaupt zu etwas, so zu einem Gedicht in Prosa, das die Natur schlechthin zum Thema hat. Aus dem neu erlebten Zusammenhang einer größeren Natur als der nur menschlich bewohnten ist die Figur nicht verbannt, aber sie muß nun neu bestimmt werden: als Teil der Natur, nicht mehr als ihr Beherrscher. „Das Innere der Natur und was in ihr latent liegt, will er herauskehren, die Natur soll sich atmend, bewegt geben ..." (H. Helferich, „Studie über den Naturalismus und Max Liebermann", in: „Die Kunst für alle"; Bd. 2, 1886/87, p. 225)

In diesem Sinne, daß seine Gemälde die Natur in ihren Prozessen und wechselnden Erscheinungsweisen zeigen, sie nicht kopieren, sondern ohne Übermaß an Subjektivität in die Sprache der Malerei – die Farbe – übersetzen, wurde Liebermann Naturalist. Die Natur in ihrer Einfachheit zu zeigen aber war ihm das „Schwerste"; unter dem Ballast hergebrachter malerischer Heldengesänge und mythischer Märchen lag der Weg zur Natur verschüttet. Das natürliche Sehen war im wahrsten Sinne des Wortes verbildet, alle Natur nur Symbol, nicht aber Phänomen. Diese Beanspruchung der Kunst als ein Bilderbuch schöner Träume, zu der die Natur nur Staffage bot, zu durchbrechen, bedurfte es jener Bewegung, die aus der Landschaftsmalerei von Barbizon im Wald von Fontainebleau hervorging, in den siebziger und achtziger Jahren die Grenze nach Preußen passierte und hier als ein unverklärter Hymnus auf die Natur und als eine Schule der sinnlichen Wahrnehmung an Tragweite gewann. „Die Disposition unserer Nervensysteme, wie sie uns empfindlich und zu manchen Betätigungen unfähig macht, sollten wir verwerten: seien wir in dem, was uns zugänglich und unmöglich ist, raffiniert bis aufs äußerste. Nie früher ist so fein beobachtet worden. Nie früher so individuell gesehen worden. Der Aspekt der neuen Bilder ist unfertig, obgleich in ihm mehr an Geschautem und Gearbeitetem ist, als in manchem rund herausgekommenen Werk der Vorzeit." (H. Helferich, ebda., p. 228)

Max Liebermann selbst hat für seine Malerei keinen Stilbegriff beansprucht, doch seine späteren kunsttheoretischen Schriften – vor allem die zur „Phantasie in der Malerei" – spiegeln sein bleibendes Bekenntnis zum Naturalismus. „Je naturalistischer eine Malerei ist, desto phantasie-

voller muß sie sein, denn die Phantasie des Malers liegt nicht ... in der Vorstellung von der Idee, sondern in der Vorstellung von der Wirklichkeit ..."
Solche – nach Liebermanns eigenen Worten – „Bekenntnisse" geben das Resümee seiner malerischen Erfahrung. Seine Malerei wurde im Wortsinne phänomenal, doch blieb sie in ihrem Anspruch auf wahre Schilderung des Gesehenen nur auf jene Wirklichkeit bezogen, die er zu erfahren sich vorbehielt.
Diese Wirklichkeit bot zuallererst Holland, wohin er im Sommer 1889 zurückkehrte und in Leiden das „Stevensstift" malte, als Fortsetzung seiner Serie über die Sozialeinrichtungen des holländischen Gemeinwesens. Zwei Drittel des Bildes gehören dem Garten, im linken Drittel sind vor eine stürzende Häuserflucht die Alten des Heimes zusammengedrängt; Hancke bemerkt, rechts könne getrost ein ganzes Stück des Bildes wegfallen (a.a.O., p.248).
„Ende der achtziger Jahre waren wir, verschiedene Düsseldorfer Maler, dann mehrere Male mit Liebermann in Katwijk on Zee zusammen, er malte sehr große Bilder und Studien dazu, er konnte sich zum Beispiel gar nicht genug tun an Bewegungsstudien von der Frau, die die Ziegen zieht ... Er nahm mich einmal mit und es war famos, wie er mit all den Weibern umging, trotzdem sein Holländisch damals noch recht merkwürdig war. Er stand sich vorzüglich mit allen! Auf Schritt und Tritt zeichnete er kleine Landschaften, alte Häuser mit schwarzer und weißer Kreide auf grauem Papier; er arbeitete eigentlich immer." (H. Liesegang, a.a.O.)
Nach offensichtlich gründlicheren Vorstudien als bisher angenommen entstand im Winter 1889/90 im Berliner Atelier die „Frau mit Ziegen", die dann bereits im Frühjahr nach Paris auf den neueingerichteten „Salon du Champs de Mars" gesandt wurde. Die fehlende Resonanz gab Liebermann Grund, seine Ausstellungsaktivitäten fortan mehr auf Deutschland zu konzentrieren, wo Zeichen des Erfolges immer unverkennbarer wurden – trotz unverminderter Beschimpfung seiner Arbeit als Malerei des Schmutzes, des Stumpfsinns und der Langeweile (F. Pecht 1888). Solcher Polemik gab Liebermann mit der „Frau mit Ziegen" wieder freie Bahn. Motiv und Farbigkeit waren darin auf einen melancholischen Grundakkord zusammengezogen, zu einer in kargen Farben gemalten Bestandsaufnahme quälenden, armseligen Lebens.
Die bedrückende Ergebenheit der Alten in die Natur, die komplementären Kräfte von Wollen und Wirklichkeit, die in ihrer schlichten Geste Ausdruck finden, zeigt der Maler ohne große Sentimentalität. Das Gesicht der Frau erscheint in verlorenem Profil, ein zwischenzeitlich wohl auch für die Figurenrolle posierender Knabe hätte kaum genügt, die schweren Wege des Lebens so zu versinnlichen.
Karl Scheffler in einem späten Rückblick auf das Bild: „Es wirkt jetzt, nach fünf Jahrzehnten, ein wenig schon wie eine Kuriosität. Vielleicht wäre eine Zeichnung wirkungsvoller geraten. Die Kraftanstrengung entspricht nicht dem Resultat." (A.a.O., p. 54)
Die „Frau mit Ziegen" zieht unter die mit den „Netzflickerinnen" begonnene Serie pantheistischer Lebensbilder einen Schlußstrich; herber und karger in Motiv und Farbe ist Liebermann nicht mehr geworden. Er nimmt zugleich Abschied vom sozialen Milieu als Themenfeld.

„Dorfstraße in Laren", 1892
Kreide 27 : 36,2 cm
Staatl. Graphische Sammlung,
München

„Holländische Dorfstraße",
um 1890
Kreide 27 : 36,2 cm
Staatl. Graphische Sammlung,
München

„Frau mit Ziegen", 1890
Öl/Lwd. 127 : 172 cm
Neue Pinakothek, München

„Kuhhirtin", 1890-94
Öl/Lwd. 94 : 121 cm
Kunsthalle Bremen

Malend hatte Liebermann darin immer sein eigenes Schicksal gespiegelt gefunden, als es darum ging, durch Arbeit zu Ruhm zu gelangen. So konsequent und unnachgiebig sein Wille auch blieb, die Entwicklung verlief keineswegs linear und stetig nach oben. Gegen Ende der neunziger Jahre ist eine Unsicherheit in seinem malerischen Stil zu beobachten: ein Schwanken zwischen dem mittlerweile öffentlich Bestätigten, das aufs Genre gerichtet war, und der Suche nach neuen Formen des Ausdrucks, die er tastend unternahm, manchmal zögernd und um Rückschritte bemüht. „Liebermann besitzt nicht jene zähe Beharrlichkeit, die Leibl eigen war, der unbeirrt und mit einer gewissen Bitterkeit an seiner Malerei festhielt, ob man ihn auch noch so sehr verkannte. Sein Widerstand ist aktiv, impulsiv, stürmisch angreifend, sein Temperament reißt ihn vorwärts, dann aber scheut er zuweilen zurück und fragt sich zweifelnd, ob er sich nicht zu weit gewagt. Man hat bei ihm stets das Gefühl, daß sein Talent nicht die Äußerung seines Wesens ist, sondern daß sein Wesen willenlos der Macht seines Talents gehorcht." (Hancke, p. 417 f.) Als der Maler nun auf nationaler Ebene die ersten reifen Früchte seiner Arbeit ernten konnte, fühlte er sich zu Bildern leichteren Lebens bemüßigt; die rohe Einfalt der Arbeit war nicht mehr das oberste Prinzip, das dem Leben seinen Sinn verlieh. In den „Netzflickerinnen" war bereits die Sphäre des Sinnlichen berührt worden, schwereloser und zarter präsentiert sie Liebermann in der von mildem Sonnenlicht umfangenen „Kuhhirtin", einem im Sommer 1890 in Delden begonnenen und dann jahrelang immer wieder überarbeiteten Gemälde. In diesem Bild ist das alte Arbeitsethos völlig überwunden, zugunsten des weichen Eingebettetseins der menschlichen Gestalt in eine warmfarbige milde Natur. Impressive Momente wie das farbige Ausspielen der Lichtkontraste erzeugen eine Atmosphäre natürlicher Harmonie, die Geste des hütenden Mädchens ist eher eine der Unschuld als eine der Arbeit.

Diese neue Form sinnlicher Malerei, die hier erschlossen wurde, nahm Liebermann in einem anderen Bild wieder zurück, das in den gleichen Sommer 1890 zu datieren ist: der Darstellung einer Bauernfamilie beim „Tischgebet". Er wiederholte ein Thema von 1886, beide Bilder entstanden in der Diele desselben Hauses, an der zweiten Version will der Maler nicht länger als drei Tage gearbeitet haben. Das dunkle, spärlich eingerichtete Interieur mit der aufwandslos hineingesetzten Figurengruppe muß als ein Rückschritt erscheinen, als Zeugnis der eigenen malerischen Vergangenheit, die hier nicht ohne Sentimentalität noch einmal hervorgeholt wird. Es verbildlicht ein Lebensgefühl, das zu Einfachheit flieht und nach Zusammengehörigkeit sucht. Unentschieden steht Liebermann auf einer Schwelle zwischen alter Gewohnheit und neuer Natursicht, wie auf jener im Hintergrund des Bildes, die durch die geöffnete Tür in den sonnigen Garten führt. Dieser schmale Türausschnitt ist der lebendigste Teil des gesamten Bildes, alles übrige nur erstarrte Konvention. Seither verzichtete Liebermann auf solche Rückgriffe ins Genre. Im Jahr 1889 hatte der Kunsthistoriker Wilhelm von Bode, Direktor der Gemäldegalerie der Berliner Königlichen Museen und ehemals bei Steffeck ein Mitschüler Liebermanns, auf der Pariser Weltausstellung die „Netzflickerinnen" gesehen und sie dem Direktor der Hamburger Kunsthalle, Alfred Lichtwark, zum Kauf anempfohlen. Das Bild ging für 1000 Mark nach Hamburg, wo Lichtwark sich bemüht zeigte, der zeitgenössischen Kunst den Zugang zur Kultur der Hansestadt zu öffnen und hier den Naturalismus zu etablieren. Das fiel um so schwerer, als Hamburg selbst keine naturalistische Schule oder nennenswerte Repräsentanten dieser Richtung aufweisen konnte. „Mehr als eine Million Einwohner in Hamburg und der abhängigen Umgebung, Reichthum und Wohlhabenheit in genügender Fülle, und ein solches Gemeinwesen, das ein paar hundert Photographen nährt, hat nicht einen Maler oder Bildner am Leben zu halten Willen und Kraft." (Alfred Lichtwark an Gustav Pauli, 28. Juli 1906)

Im Frühjahr 1890 hatte Max Liebermann im Auftrag der Hamburger Kunsthalle ein Pastell der „Kirchenallee in St. Georg" ausgeführt, jetzt bekam er von dort den ersten Porträtauftrag: das Bildnis des ehemaligen Bürgermeisters Carl Friedrich Petersen. „Ich würde es nicht wagen, Ihnen mit einem so wenig ansprechenden, mir selbst nicht sympathischen Plan zu kommen, wenn ich nicht glaubte, daß Ihnen die Aufgabe genehm wäre, und daß die Lösung Ihnen auf den Ausstellungen Ehre brächte." (A. Lichtwark an Liebermann, 7. Februar 1891)

„Bildnis Bürgermeister Petersen", 1891 (Studie)

Liebermann konnte sich den Plan unschwer zu eigen machen, zumal er die Herausforderung bot, Repräsentationsmalerei im Sinne eines Frans Hals oder Rembrandt neu zu beleben. Und so malte er Petersen, stehend in historischem Ornat, das die Würde der Person stützen sollte: „... an dem Modelle liegt es nicht, wenn der Maler nichts vorzügliches im Porträt herausbringt. Der Mann sieht energisch aus, könnte auch ein General sein, fürchtet sich, glaub' ich, vor Gott und der Welt nicht, ein famoser Kerl." (An A. Lichtwark, 27. Januar 1891)

Fast als ein Kuriosum muß es erscheinen, daß das im Sommer 1891 vollendete Bild mehr als ein Jahrzehnt lang nicht öffentlich gezeigt werden durfte. Der Porträtierte selbst war über das Bildnis empört, nach seinem Tode 1892 hielt die Familie es weiterhin für unwürdig, den Altbürgermeister der Hansestadt zu repräsentieren. An der Porträtähnlichkeit kann es dabei keinen Zweifel gegeben haben; was die Ablehnung begründete, war die vermeintliche Rücksichtslosigkeit in der malerischen Behandlung dieser ehrwürdigen Gestalt; man hielt das Bild für das eines kostümierten Greises. Liebermann zeigt einen Achtzigjährigen, dem die Amtswürde nur beiläufig anhaftet, dessen menschliche Züge dadurch unvoreingenommener hervortreten. Nach einer ersten Ausstellung in der Kunsthalle 1902 überarbeitete Liebermann das Porträt noch einmal, vergeblich bemühte sich Lichtwark in der Folgezeit um eine „Campagne für das Bildniß", bis er resignierte: „Liebermanns Bürgermeisterbild. Ein Fehlschlag." (A. Lichtwark an G. Pauli, 14. November 1904)

Für den Maler bedeutete die Affäre um dieses Bild keineswegs einen Fehlschlag, das damit Begonnene reifte in der Folgezeit aus und Liebermann trat als Porträtist hervor. Das Werk seiner zweiten Lebenshälfte gewann in dem Porträt eine ganz neue Dimension dieser Gattung hinzu. 1891 war ein Jahr großer Ausstellungsaktivitäten, die allesamt dazu beitragen konnten, Liebermanns Ruhm als nunmehr gesichert anzunehmen. Kleinlaut wurden die Stimmen der polemischen Kritiker, unter denen Opportunisten allmählich auf die Linie des Naturalismus einschwenkten, während wirklich engagierte Förderer dieser Kunst immer noch selten waren.

Der Münchner Kunstverein zeigte im Frühjahr vierzig Bilder Max Liebermanns neben denen Wilhelm Trübners. Die im gleichen Jahr hier ausgestellte „Frau mit Ziegen" wurde von der Neuen Pinakothek angekauft und mit der Großen Goldenen Medaille ausgezeichnet. Liebermann darauf zu Julius Levin: „Et jeht jut, lieber Freund! Jroße Joldene Medalje in München, Bild für die Pinakothek verkooft ... Na ... he?"
Der Pariser Salon zeigte die „Kuhhirtin", auf der Internationalen Berliner Ausstellung, mit der das 50jährige Bestehen des „Vereins Berliner Künstler" gefeiert wurde, hingen: die „Flachsscheuer", der „Stevensstift", der „Münchner Biergarten" und die „Alte Frau am Fenster". Die Goldmedaille aber bekam Liebermann nicht, auch nicht auf der gleichnamigen Ausstellung 1892, wo neben den „Netzflickerinnen" die „Frau mit Ziegen" hing. „Es war nun einmal sein Schicksal, das, was ihm zuerst gleichsam in den Schoß gefallen, Ruhm und Gelderfolg, nachträglich in schwerem Kampfe verdienen zu müssen." (Hancke, p. 270)
Der Bann war in Berlin noch längst nicht gebrochen, was Liebermann in einem sehr persönlichen Maße belastete, da er, vierundvierzigjährig, noch immer nicht vor den Augen seiner leistungs- und erfolgsorientierten Familie triumphieren konnte. Mit nur beiläufigem Interesse sah man auf seine Arbeit, Porträtaufträge der Familie wurden an andere Maler vergeben, Bildgeschenke – wie das zum 70. Geburtstag des Vaters 1889 – wurden ohne jede Beachtung entgegengenommen. Anläßlich der Goldenen Hochzeit malte Liebermann das elterliche Paar in Öl, es fand allerdings „nicht deren Verständnis und Liebe. Der Vater, der sich wohl für die äußeren Erfolge seines Maler-Sohnes interessierte, sammelte zwar die guten Zeitungskritiken über Max, blieb aber skeptisch und quälte ihn mit der Bitte um Änderungen an dem Doppelporträt, an den Händen der Mutter" (Ostwald, p. 150).
Das Bildnis ist keine Meisterleistung und nicht nach den Maßstäben des Gesamtwerkes zu beurteilen. Es ist ein sehr persönliches Bild, fast ängstlich um fürsorgliche und schöne Malerei bemüht, fast ebenso ängstlich um eine tiefergehende Charakterisierung der Dargestellten verlegen. „Liebermann war ein guter Sohn und blieb es trotz aller Gegensätze." (Hancke, p. 173) Für diese Behauptung führt der Zitierte unter anderem das Doppelporträt der Eltern an, ein ausgesprochen schwacher Beweis. Wie sehr Liebermann die Erfolglosigkeit in seiner Heimatstadt bedrückte, zeigt eine Erinnerung Julius Levins, die dieser auf das Jahr 1890 bezieht: „In einer mich tief berührenden, besonderen Erregung befand er sich am Tage vor der Eröffnung der Ausstellung der ‚XI' im Salon Schulte – es war ein Sonnabend. Am Nachmittag besuchte ich Liebermann. Ich fühlte, er flüchtete vor den Gedanken, die ihn angesichts der zu erwartenden (und auch nicht ausgebliebenen) Ablehnung der Ausstellung im allgemeinen und seines Werkes im besonderen quälten. Wir gingen im Gespräch in sein Atelier und sprachen lange über Kunst und die mit ihr unvermeidlich verbundenen Kämpfe und Enttäuschungen. Ich sehe noch die Skizzen und Studien vor mir, die damals, zu Haufen geschichtet, bald mit der Vorder-, bald mit der Rückseite nach oben, an der Wand lagen, und unter denen Liebermann wühlte, wenn er von der Entstehung des einen oder anderen Bildes erzählte ... So sah es damals, trotz der allen Außenstehenden beneidenswert erscheinenden materiellen Verhältnisse in und um Liebermann aus." (Zit. n. Ostwald, p. 153 f.)

„Die Eltern des Künstlers",
1891
(Verbleib unbekannt)

Offensichtlich führt diese – falsch datierte – Erinnerung in das Frühjahr 1892 zurück, als die „Gruppe der XI" im Schulteschen Kunstsalon ihre erste Ausstellung hatte. So groß der Mißerfolg dieser Ausstellung auch immer war, hier begann der noch verhaltene Triumphzug des Naturalismus in der Metropole Berlin, angeführt von einem um Höhe des Ruhmes kämpfenden Liebermann. Nach dem Vorbild der seit 1884 in Belgien bestehenden Künstlervereinigung „Les Vingts" – zu der unter anderem James Ensor, Auguste Rodin und Henry van de Velde zählten – schlossen sich am 5. Februar 1892 in Berlin elf unabhängige Maler zu einer Ausstellungsgemeinschaft zusammen. Begonnen hatte diese Vereinigung als eine Stammtischrunde der Maler Walter Leistikow, Friedrich Stahl, Hans Herrmann, Hugo Vogel, Ludwig von Hofmann – ferner Alberts, Müller-Kurzwelly, Mosson und Schnars-Alquist. Als unter ihnen die Idee gemeinsamen Ausstellens in dieser verbittert der Moderne entsagenden Hauptstadt aufkam, da wandte man sich um Unterstützung an Max Liebermann und Franz Skarbina. Letzterer war – wie Hugo Vogel – aufgrund seiner Kunstauffassung vom Akademiepräsidenten Anton von Werner aus dem Lehramt entlassen worden. Nicht zuletzt durch die Zusage Liebermanns kam die „Künstlergruppe der XI" zustande, fast zur selben Zeit, da in München der oppositionelle „Verein bildender Künstler" ins Leben gerufen wurde. Beides waren Fundamente der Sezessionsbewegung und aus dem Bedürfnis nach unreglementierten Ausstellungsmöglichkeiten erwachsen. „Was uns zusammenführte, war allein der Wunsch, eine kleine gemeinsame Ausstellung zu arrangieren, in der jeder frei und ungeniert, ohne Rücksicht auf Wünsche und Liebhabereien des kaufenden Publikums, ohne ängstliches Schielen auf Paragraphen der Ausstellungsprogramme, sich geben konnte." (Walter Leistikow, in: „Die Zukunft", 14 (1896), p.604)

Die Kunst in Preußen wurde nach politischem Gutdünken gemaßregelt. Was im Schatten der monarchisch verordneten Zucht als Kunst gedieh, besaß eine Lebensferne, wie sie in einem mit hohem malerischen Aufwand inszenierten Werk eines Anton von Werner nur um so deutlicher noch hervortrat. Das preußische Kaiserreich ließ der Kunst außerhalb von Geschichtsklitterung und höfischem Historismus kaum einen Freiraum zum Atmen. Nationalismus mit einer stark völkischen Denkrichtung konnte sich ungehindert entfalten, individuelles Ausdrucksbedürfnis war nur dort zulässig, wo es Malerei als Kostümfest vor historisierten Theaterkulissen feierte. Hans Makart zeigt trotz hoher Begabung den Tiefstand der dekadent gewordenen Historienmalerei an. Hofiert wurde auch Franz von Lenbach, ein Günstling Bismarcks und in erster Ehe mit einer Tochter des Feldmarschalls Moltke verheiratet. Lenbach stillte das höfische Bedürfnis nach Repräsentation durch das Porträt, doch auch darin fand die offizielle Anerkennung bereits ihre Grenzen.

„Da die offizielle Ausstellung am Lehrter Bahnhof eine bestimmte höfische Tendenz aufweisen mußte, ging doch die schmeichlerische Liebedienerei sogar soweit, daß 1890 bei einem Besuch des Kaisers in der Ausstellung ein Bismarckporträt Lenbachs entfernt und erst, nachdem der Kaiser gegangen, wieder an seinen alten Platz zurückgebracht wurde." (Lovis Corinth)

In der Person Wilhelms II. kulminiert der kulturelle Ungeist dieser Epoche, für den öffentlich streitenden Liebermann wird er der eigentliche

Gegenspieler. Dieser Kaiser, selbst ein dilettierender Maler, hatte für Kunst weder Sinn noch Verstand. Er pries, was in patriotischem Geist erstrahlte; alles andere aber, das sich diesem Geist nicht andienen wollte, verwarf er unbesehen. „Die Kunst sollte nur dazu dienen, die Geschichte seiner Vorfahren zu verherrlichen." (Walter Leistikow)
In seinem Buch „Ereignisse und Gestalten aus den Jahren 1878-1914" erwähnte Wilhelm II. unter dem Stichwort „Kunst" das ehrenvolle Bemühen um die Erhaltung der Familiengräber und die Probleme der sanitären Verhältnisse in den kaiserlichen Schloßbauten, darüber hinaus nichts. Kultur war dem Kaiser ein Fest zur eigenen Weihe, unmäßig war seine Geltungssucht. Innerhalb von 15 Jahren ließ er in Berlin 58 Kirchen erbauen, in den übrigen preußischen Provinzen mehr als 100. 1899 gründete er den „Verein zur Erhaltung deutscher Burgen", bei Einweihung der von ihm bestellten Berliner Siegesallee 1901 gab er den Leitspruch seiner Kulturpolitik: „Eine Kunst, die sich über von Mir bezeichneten Grenzen und Schranken hinwegsetzt, ist keine Kunst mehr." Und mit einem Seitenhieb auf die Naturalisten setzte er hinzu: „Wenn nun die Kunst, wie es jetzt vielfach geschieht, weiter nichts tut, als das Elend noch scheußlicher hinzustellen, wie es schon ist, dann versündigt sie sich damit am deutschen Volke ... Ich empfinde es als Landesherr manchmal recht bitter, daß die Kunst in ihren Meistern nicht energisch genug solchen Richtungen Front macht."

Im Schatten solch starrer Doktrin mußte die Kunst entweder verkümmern oder zur Opposition erwachen. Und darin verkörpert vor allem der Naturalismus, der um 1890 seinen Höhepunkt fand, einen – wie Richard Hamann sagt – „Realismus in Angriffsstellung", der auf eine unverdorbene Natürlichkeit zurückgehen mußte, um zu einer künstlerischen Wahrheitsaussage zu gelangen.

Vor diesem Hintergrund steht die erfolglos beginnende „Gruppe der XI", die im Schulteschen Kunstsalon Unter den Linden/Ecke Wilhelmstraße öffentlich auszustellen wagte. „... der heimliche Führer der anarchischen Elfer war aber bereits Max Liebermann." (Lovis Corinth)

Max Liebermann, der auf dieser Erstausstellung unter anderem die „Kuhhirtin" zeigte, rückte ins Zentrum aller Kritik. Während Adolf Rosenberg in der „Kunstchronik" dessen „wüsten Naturalismus", eine „die Farben förmlich mit dem Spachtel fest und patzig hinstreichende Manier ..." verhöhnte, die der Maler „an Kuhhirten, Schafhüterinnen, Netzeflickerinnen und alten Weibern" praktiziere, gab es auch unüberhörbare Gegenstimmen: „Für ihn (Liebermann) bedarf es des apologetischen Tones in der Bilderstattung nicht mehr, denn er hat sich längst seine Stellung, nämlich die des führenden Berliner Malers erstritten." (Jaro Springer alias Dr. Relling, in: „Kunst für Alle", 8 (1892/93), p. 218)
„Max Liebermann ist der einsamste unter den Elf; einsam weil er am höchsten steht. Er ist der Führer und wird auch neidlos als solcher anerkannt." (Ders., in: „Kunst für Alle", 9 (1893/94), p. 202)

Die neunziger Jahre wurden in Berlin das Jahrzehnt dieser Elf, deren Zahl auch in personeller Veränderung konstant bleiben mußte. Als Konrad Müller-Kurzwelly 1894 ausschied, trat Max Klinger bei. Hans Herrmann und Hugo Vogel wurden 1898 durch Dora Hitz und Martin Brandenburg ersetzt. Georg Voß stellte 1897 fest, daß „kein Zweifel mehr darüber herrscht, daß sich der Klub der Elf von Jahr zu Jahr mehr als die

Wilhelm II. auf einer Nordlandreise, 1891

Brandenburger Tor mit Pariser Platz, um 1920.
Links des Tores das Haus Max Liebermanns mit dem gläsernen Aufbau des Dachateliers.

Max Liebermann im Dachatelier seines Hauses, um 1905

Der Naturalist

Max Liebermann an der Staffelei, um 1902
(Foto: Eric Pollitzer)

stärkste unter den neuen Parteigruppen der Berliner Künstlerschaft bewährt hat". (in: „National-Zeitung", 21. Februar 1897)
Am 5. November 1892 wurde in den Räumen des „Vereins Berliner Künstler" eine Ausstellung mit 55 Gemälden und Zeichnungen des Norwegers Edvard Munch eröffnet, die zu einem folgenschweren Skandal führte. Man beschimpfte diese „noch nicht einmal Skizzen zu nennenden Machwerke" als „dreiste Schmiererei", als „Exzesse des Naturalismus, wie sie in Berlin noch niemals zur Ausstellung gelangt sind", als „groteske und liderlich hingeschmierte Phantasiestücke". Ein Antrag auf sofortige Schließung der Ausstellung wurde abgelehnt, ein zweiter führte zu einer Generalversammlung am 12. November. Mit 120 gegen 105 Stimmen wurde die umgehende Schließung der Ausstellung angeordnet. Annähernd 60 der über diese Beschlußfassung empörten Mitglieder des Vereins – darunter Liebermann, Leistikow, von Hofmann und Bracht – gründeten noch am selben Abend die „Freie Künstlervereinigung". In einem Pamphlet, das breite Unterstützung fand, bezeichneten sie es als verwerflich und geradezu unanständig, den vom Verein eingeladenen Munch in solch brüskierender Weise zu verurteilen. Anton von Werner belehrte unverzüglich den Kaiser über die in der „Freien Künstlervereinigung" gewitterte „sozialistisch-anarchistische Agitation". Es gelang ihm zwar, die Akademielehrer Skarbina, Vogel und von Heyden, die für Munch eingetreten waren, aus ihren Ämtern zu entfernen. Aber seine Aura wurde durch diese „Affäre Munch" selbst in den Augen des Kaisers stark ramponiert. Die Kaisertreue Anton von Werners schadete langfristig seiner künstlerischen Reputation. Insbesondere als Porträtist war er ein hervorragender und sensibler Zeichner, doch seine vorurteilsfreien Fähigkeiten traten immer stärker hinter sein Kunstbeamtentum zurück, seit er 32jährig 1875 zum Direktor der Berliner Hochschule für bildende Kunst ernannt worden war. Mit ihm war nicht zu diskutieren; sein Standpunkt, ein Gemenge aus Vorurteilen und Haß, war in keiner Faser zu erweichen. Und so sah Anton von Werner in seinem Argwohn die moderneren Maler: „Ihnen kommts nur darauf an, möglichst rasch was hinzuwichsen. Unten ein gelber Strich, darüber ein blauer Strich und mittendrin eine blasse Mondscheibe, und das heißt dann ‚Stimmung'."
Walter Leistikow hat in seinen Beobachtungen festgehalten, daß es allein Anton von Werner war, der uneinsichtig und unbeugsam auf die Schließung der Ausstellung drängte. „Soweit aber wäre es wohl kaum in der Generalversammlung gekommen, und auch die Antragsteller selbst hatten kaum mehr ernstlich hieran gedacht. Da stand ihnen ein Helfer auf, ein streitbarer Krieger, Herr von Werner, der von seinem erhöhten Platze aus mit klugen Augen das ganze Terrain übersah, wägend Freund und Feind und ihre Stärke messend. Mochten seine Augen heut trüb sein, oder blendeten ihn die hellstrahlenden Gaskronen, genug, er dürfte die Zahl derer überschätzt haben, die gegen Munch stimmen wollten, sonst hätte er kaum so sichtbar sich auf die Seite einer so geringen Majorität gestellt, ihm vor allem muß man die Schuld zuschreiben an dem Ausgange. Er nur allein hat an jenem Abend die Frage aufgeworfen: ‚Ist die Ausstellung zu schließen oder nicht?'" (In: „Freie Bühne", 3, 1892)
Die Vorfälle um Munch warfen einen tiefen Graben auf, das bis dahin bestehende Machtmonopol des ehrwürdig konservativen „Vereins Berliner

Damenbildnis

Der Naturalist

Vorhergehende Seite:
„Damenbildnis", 1899
Öl/Pappe 44 : 32,8 cm
Niedersächsisches Landesmuseum, Hannover

Künstler" war gebrochen, der in der „Gruppe der XI" und der „Freien Künstlervereinigung" forcierte Weg in die Moderne wurde durch die allerorts einsetzenden Sezessionsbewegungen unübersichtlicher, aber entschlossener.

Wenige Monate vor dem Tode der Mutter im September 1892 war Max Liebermann mit seiner Familie in das elterliche Haus am Pariser Platz umgezogen. „Inzwischen habe ich mir ein recht behagliches Heim gezimmert, in der Etage über meines Vaters Wohnung am Pariserplatz. Freilich ist die Veranlassung durch die wir herzogen, so traurig, daß ich, obgleich meine Mutter nun schon länger als ein Jahr todt ist, immer noch nicht recht froh in meinen Gefühlen werden kann." (An Kollmann, 29. September 1893)

Sein altes Atelier in einem Gartenhaus in der Auguste-Viktoria-Straße behielt er bei, er betrat es pünktlich um zehn Uhr am Morgen, arbeitete darin fast ohne Unterbrechung und verließ es erst wieder am späten Nachmittag. „Ich bin in meinen Lebensgewohnheiten der vollkommenste Bourgeois: ich esse, trinke, schlafe, gehe spazieren und arbeite mit der Regelmäßigkeit einer Turmuhr. Ich wohne in dem Haus meiner Eltern, wo ich meine Kindheit verlebt habe, und es würde mir schwer werden, wenn ich woanders wohnen sollte. Auch ziehe ich Berlin jeder anderen Stadt als Wohnsitz vor."

Mit großer Selbstdisziplin wird er bis an sein Lebensende das Malhandwerk verrichten, ein bohemehaftes Ausschweifen in die an sinnlichen Reizen übervolle Metropole lag ihm ebenso fern wie die künstlerische Darstellung auch nur eines Aspekts dieses Großstadtlebens, das ihn umgab. Er blieb der Maler einer vergleichsweise idyllischen Ländlichkeit mit ihren stillen Winkeln und atmosphärischen Kostbarkeiten, die sein Großstadtauge unbefangen und – hier sei das Wort gebraucht – impressionistisch wahrnehmen konnte. Malreisen gaben ihm das sinnliche Material, von welchem er in Berlin anhaltend zehrte. Im Frühjahr 1893 besuchte er die Kollegen Sperl und Leibl in Bayern, malte die „Allee in Rosenheim" und den „Biergarten in Brannenburg", reiste von dort nach Norditalien weiter. Nach seiner Rückkehr beendete er das Bild des „Brannenburger Biergartens", um es im Herbst in Paris auszustellen. Die menschliche Gemeinschaft kehrte in seine Bildwelt zurück, nicht versunken in ein stummes Ritual der Arbeit, sondern als eine Ansammlung von Genießenden inmitten einer sonntäglichen Natur. Auch das Stakkato der Lichtflecken tritt wieder auf und durchbricht den Raum mit farbiger Bewegung. Liebermann, zum Kopf der Berliner Naturalisten avanciert, war diesen auf malerischem Wege ein ganzes Stück voraus, die vielgerügte „Armeleutemalerei" kam in seinem Werk nicht mehr vor, ein Impressionismus ganz eigener Prägung trat daraus hervor.

Wie hat man ihn sich vorzustellen? Wie sah er aus zu dieser Zeit? Sein Biograph Erich Hancke berichtet von ihrer ersten Begegnung im Jahr 1893: „Er trug ein kleines Hütchen aus weichem, schwarzem Filz und einen schwarzen Anzug, wie ich ihn überhaupt niemals anders als dunkel gekleidet gesehen habe. Ein Lavallière um seinen, den Hals freilassenden Umhängekragen gab seiner eleganten Erscheinung einen kleinen Anflug von Bohème, der an die Künstler von Montmartre erinnerte. Er ging schnell mit nervösen, ungleichen Schritten, den Kopf meistens etwas gesenkt, und in den beweglichen Zügen sah man die schnellen

Gedanken arbeiten. Seine ganze Figur hatte etwas Harmonisches. Er war groß, ohne lang zu wirken, und schlank, ohne mager zu sein. Seine Schultern hatten eine wohlproportionierte Breite, Hände und Füße waren klein, auch die Formen seines Kopfes, Kinn, Nase und Mund besaßen eine gewisse Zierlichkeit. Dieses feine Äußere, das ich mir bizarrer gedacht hatte, empfand ich als Widerspruch zu dem Gewaltsamen seiner Werke, und als ich mich vor seinem stattlichen Haus neben dem Brandenburger Tor verabschiedet hatte, mußte ich mir gestehen, daß, wie stark der Eindruck seiner Persönlichkeit gewesen, ich absolut nicht aus ihm klug werden konnte." (Hancke, p. 304)

1885 lernte ihn der Kunsthistoriker Max J. Friedländer kennen: „Von mittelgroßer Statur, mit scharf geschnittenen Zügen, die den Ausdruck rasch wandelten, aber zäh, temperamentvoll, aber nicht nervös, abwechselnd gespannt zur Ruhe und wieder in zuckender Bewegung: so trat er mir entgegen ... Mit sorgloser, unmodischer Eleganz, ganz in Schwarz gekleidet, markierte er sein Künstlertum im Äußeren nicht." Er ist „gesellig, kameradschaftlich, hilfsbereit, aber kein hingebungsvoller Freund, und im Tiefsten einsam" (a.a.O., p. 157 f.).

Anläßlich einer Ausstellung in Wien erhielt Max Liebermann im Frühjahr 1894 für die „Frau mit Ziegen" die Große Goldene Medaille. Mit Stolz überbrachte er die Nachricht dem schwerkranken Vater. Nach langem Schweigen fragte dieser: „Hast Du jetzt überall die Goldene Medaille?" – „In Berlin noch nicht." – Und der Vater, nach erneutem Schweigen: „Hat Uhde sie schon in Berlin?"

Der Vater wußte, daß er damit einen der verwundbarsten Punkte seines Sohnes traf. Am Tag darauf starb Louis Liebermann. Max hatte ihn in den davorliegenden Wochen mehrfach gezeichnet, in Vorahnung des baldigen Todes verloren die gewesenen Differenzen ihre Bedeutung. Die Zeichnungen verbergen die spät gewonnene Zuneigung zum Vater nicht, doch dieser ließ sie unbeantwortet.

Über den Tod seines Vaters war Max Liebermann tief betroffen. „Es ist mir noch im Gedächtnis, wie er vom Begräbnis seines Vaters, der 1894 starb, ins Atelier kam, wo ich auf ihn wartete. Er war ganz in stumpfem Schwarz und so blaß wie der Tod. Sein sonst schon gelbes, aber kräftig gefärbtes Gesicht war vollkommen fahl. Mit Ächzen ließ er sich in den Stuhl fallen und begann von der Hinfälligkeit des Irdischen zu reden. Ich bin überzeugt, daß er seinen Vater wirklich sehr geliebt hatte und durch seinen Verlust erschüttert war, aber während er noch verschiedenes von dem Verstorbenen erzählte, stand er auf und machte sich, gleichsam unbewußt, an dem auf der Staffelei stehenden Bilde zu schaffen. Er kratzte hier und da etwas herum, ergriff dann einen Pinsel, machte vielleicht noch eine kleine Retouche, und es dauerte nicht lange, da stand er, mit der Palette in der Hand, und malte darauf los, als habe er seine Trauer vollständig vergessen. ,Die Arbeit ist noch das einzige, was mich aufrecht hält', sagte er, als er schließlich aufbrach, um nach Hause zu gehen." (Hancke, p. 305)

„Wenn ich bedenke, was in dem kurzen Zeitraum von noch nicht 3 Jahren an Veränderungen in uns'rer Familie sich zugetragen, so wird mir so recht klar, daß nichts auf der Welt beständig ist als der Wechsel. Ich hoffe, daß die Arbeit mich hinweghebt über die tiefe Trauer." (An Kollmann, vermutlich im Mai 1895)

Der Impressionist

Max Liebermann 1894 in Katwijk mit Modell und Gemälde des „Schreitenden Bauern"

Max Liebermann war zum Erbe eines Millionenvermögens geworden und nichts deutete mehr auf die Gefahr eines Verlustes jener sozialen Stellung hin, in die er bereits hineingeboren war und die er jetzt mit Hilfe des ererbten Vermögens behaupten konnte. Gelegentlich kokettierte er mit seinem Reichtum, aber weder Lebensstil noch künstlerische Haltung wurden dadurch beeinträchtigt, bis auf wenige Ausnahmen. Kurt Tucholsky spöttelte einmal in Anspielung auf das bereits erwähnte Raffael-Zitat Lessings: „Max Liebermann wäre auch ohne Hände ein großer Bankier geworden." (1931)

Wenn es einen biographischen Einschnitt gab, der sein Werk aus einer Epoche disziplinierter Anstrengung in eine solche leichteren Lebens überführte, gewissermaßen den Naturalisten vom Impressionisten Liebermann unterscheidbar machen könnte, so ist dieses Jahr 1894 zu nennen, das dem Leben des Malers die kämpferische Grundlage entzog. Künstlerisch ist der Übergang an einem Gemälde dieses Jahres, dem „Schweinemarkt in Haarlem" zu beobachten, der dritten Variation eines bereits zehn Jahre alten Themas, das Liebermann 1891 erstmals ins Bild setzte. Gegenüber der ersten Version zeigt die dritte, wie sehr die Farbe innerhalb des trivialen Sujets ihr Eigenrecht behauptet, wie sich aus dem Kanon gebrochener Nuancen Kontraste der Farbe zu lösen beginnen, aus denen der sinnliche Eindruck der Marktszene neu und prägnanter entsteht, in einer farbigen Atmosphäre. Wollte man dieses verallgemeinern, so wäre Max Liebermann auf dem bestem Wege zu einem Impressionismus französischer Prägung, der ihn, wie er gestand, fast gegen seinen Willen anzog.

Doch war ihm das Menschliche als Thema nie in einer solchen Weise gleichgültig, daß er nur auf die Farbe zu sehen in der Lage war. Und so nahm er auch diesen vorsichtigen Schritt zur Lichtmalerei erst einmal wieder zurück. Das geschah im gleichen Sommer in Katwijk, wo er einen zerlumpten alten Bauern mit einer Kiepe in die Dünen postierte und lebensgroß vor der Natur zu malen begann. Nicht nur in der ausdruckslosen Komposition, die in der erstarrten figürlichen Bewegung weit hinter Bilder wie „Frau mit Ziegen" zurückfällt, ist der „Mann in den Dünen" ein Rückschritt. Die Ereignisse der Farbe werden hier wieder ganz auf das frühe Maß einer Grau in Grau gehaltenen Palette des Naturalismus zurückgenommen. Liebermann nach seiner Rückkehr zu Hancke: „Wissen Sie, das mit den zerlegten Farben ist alles Unsinn. Ich habe es jetzt wieder gesehen, die Natur ist einfach und grau."

Als er 1893 sein impressives Bild des „Brannenburger Biergartens" bis auf die Figurenstaffage vollendet hatte, meinte er, für die im Bildraum verschwindend kleinen Gestalten noch einmal Studienmodelle nehmen zu müssen. „Erst muß die Form dagewesen sein und dann muß sie wieder vernichtet werden."

„Wenn wir durch den Tiergarten zu seiner Wohnung gingen, er nahm den Weg stets durch eine schmale Allee von Kastanien, die er für seine Lieblingsbäume erklärte, ward er nicht müde, die verschiedenen Färbungen an den Übergängen von Licht und Schatten zu studieren." (Hancke, p. 325)

Was Liebermann in seiner Malerei beibehielt, war ein über den visuellen Eindruck hinaus gesteigertes Farbvolumen, das die Schwelle zu autonomer Farbigkeit im Sinne der Franzosen jedoch niemals überwand. Para-

„Allee in Overveen", 1895
Öl/Lwd. 90 : 72 cm
Gesellschaft Kruppsche
Gemäldesammlung, Essen

debeispiel seiner impressiven Art des Malens ist der 1895 ganz vor der Natur gemalte Blick in die „Allee in Overveen". „Liebermann, auf feinste Beobachtung und Empfindung jeder kleinen wechselnden Feinheit eingestellt, sah diesen Raum, diese Tiefe und Durchsichtigkeit unter den massigen Baumkronen, Einzelheiten wurden zugunsten des Ganzen zurückgenommen, gingen unter in der Pracht dieses sonnendurchleuchteten Blättermeeres." (Ostwald, p. 338)

An dem kompositorischen Prinzip der Reihung hielt Max Liebermann fest, an dieser durch die Natur vorgegebenen Ordnung, die er als Ausdruck von Gleichheit früher ganz auf die menschliche Gemeinschaft bezogen hatte. Die Gliederungen seiner Baumalleen setzen das figürliche Ordnungsgefüge im Sinne der Gleichwertigkeit der Erscheinungen fort.

Während die französischen Impressionisten ihre virtuose Handhabung der Farbe mit vitalem Instinkt betreiben, die räumliche Form jeder Erscheinung zu übersehen begannen und nur als Träger einer Farbnuance wahrnahmen, behielt ein Gegenstand für Liebermann immer eine plastische Dimension, die er nicht leugnen wollte. Als einen Kompromiß zur Malerei der Franzosen breitete er in seinen Bildräumen Farbflecken aus, die so sorgsam verteilt liegen, als hätte der Maler sie im nachhinein gezielt gestreut, um dem Auge die allzu festen Formen zu zerstäuben. Als komplementärfarbige Kontrapunkte sind sie nicht organisch in den übrigen Bildraum eingebunden, zuweilen geben sie nur einen Effekt.

Liebermanns Abgrenzung zum Impressionismus war mit dem „Mann in den Dünen" nicht festgeschrieben, seine Abkehr von der Farbigkeit des Lichts damit nicht beschlossene Sache. Es war nur ein Wort in seinem persönlichen Dialog mit den malerischen Mitteln des Impressionismus, die er fortan nie ganz annehmen, aber auch nie ganz verweigern wollte. War er sich beim Malen im Atelier über ein bestimmtes Farbverhältnis nicht im klaren, lief er auf die Straße, beobachtete das Licht an den Dingen und kehrte vor die Leinwand zurück.

„Die Nachahmung der Natur seitens des Künstlers ist immer eine Nach- oder Neuschöpfung, die in der Darstellung dessen besteht, was er, und zwar das, was er und kein Anderer in die Natur hinein oder aus der Natur heraussieht... Und hierin liegt die Grenze, die bildende Kunst oder Poesie nie ungestraft überschreiten dürfen: sie dürfen nie das Urbild der Natur zur Unkenntlichkeit verzerren."

In dieser Beziehung zu den Erscheinungen blieb Liebermann Naturalist, und wo ihm Natur als farbiges Schauspiel erschien, waren seiner malerischen Choreografie Grenzen gesetzt, von seiner Mentalität her erlaubte er sich gewisse Freiheiten nicht. „Liebermann war im tiefsten ein konservativer Geist ... er hat noch recht fest am Sein der Dinge gehangen." (Scheffler, p. 331)

Als der Maler 1911 im Amsterdamer Rijksmuseum vor Bildern van Goghs und Cézannes stand, sagte er: „Ich stehe noch auf dem Boden Courbets." Wie sehr ihn der französische Impressionismus zeitlebens faszinierte, zeigt ein Blick in seine private Kunstsammlung.

Im Jahr 1883 siedelten Felicie und Carl Bernstein aus Paris nach Berlin über, mit ihnen eine Sammlung exzellenter impressionistischer Gemälde. Eine solche Sammlung konnte selbst in Frankreich noch als ungewöhnlich gelten, im preußischen Berlin war sie eine Sensation. Durch ihre Ausstellung im Kunstsalon Fritz Gurlitt wurde die Sammlung Bernstein noch im selben Jahr öffentlich bekannt, umgehend nannte ein Kritiker den Impressionismus eine „Krankheitserscheinung". Das Ehepaar Bernstein wohnte Liebermanns gegenüber und pflegte im Stile der französischen Hauptstadt einen schöngeistigen Salon, zu dessen regelmäßigen Soireen die führenden Köpfe Berlins erschienen: Adolph Menzel, Georg Brandes, Max Klinger, Theodor Mommsen, Wilhelm von Bode, E. R. Curtius. In diesem Salon stand etwas von den Berliner Lesegesellschaften des 18. Jahrhunderts wieder auf, etwa die der Mendelssohns, bei denen Nicolai, Schleiermacher und die Brüder Humboldt verkehrten. Im Salon der Rahel Levin (später Varnhagen) trafen sich Literaten wie Tieck, Chamisso, Brentano und Schlegel. Diese schöngeistigen Zirkel bildeten jüdische Enklaven in einer damals bereits judenfeindlichen Gesellschaft.

„In dem Hause Bernstein herrschte ein ganz eigener genius loci mit ganz eigenem Lokalkolorit: es war der wiedererstandene Salon der Frau von Herz, der siebzig oder achtzig Jahre zuvor das ganze geistige Berlin beherrscht hatte." (1908) Auch Max Liebermann trat in diesen Kreis und sah hier die von vielen ratlosen Zeitgenossen mit Befremden aufgenommenen Bilder der Impressionisten Manet, Monet, Pissarro und Sisley. Gern erzählte er später die Anekdote, wie Adolph Menzel, mit einem Lorgnon bewaffnet, auf Stühlen stand und die Gemälde argwöhnisch begutachtete, bis er die Gastgeberin fragte: „Haben Sie wirklich Geld für diesen Dreck ausgegeben?" Als er merkte, was er da angerichtet hatte, suchte er sich zu entschuldigen: „Es tut mir leid, mich so unhöflich über Ihre Sammlung geäußert zu haben, aber es ist meine aufrichtige Überzeugung. Ihre Bilder sind scheußlich."

Durch die herbe Kritik aber wurde den Bernsteins ihre einzigartige Sammlung so verleidet, daß sie begannen, sich von dem einen oder anderen der Bilder zu trennen.

Als Max Liebermann 1892 Carl Bernstein porträtierte, bekam er als Honorar ein Stilleben Manets. Das war der Augenblick, in welchem seine Sammelleidenschaft begann, der er bis an sein Lebensende nicht mehr widerstehen konnte. Zuletzt umfaßte seine Privatsammlung allein siebzehn Werke Manets, fünf von Degas – und es gab eigentlich keinen führenden Impressionisten, der an seinen Wänden nicht vertreten war.* Diese Kollektion war ein persönliches Zeugnis einer Verehrung, die seiner Malerei immer eine nicht übertretene Grenze wies. Daß das Überschreiten dieser Grenze letztlich eine Frage der Mentalität und des persönlichen Temperaments war, wußte Liebermann sehr genau. In einem für die Zeitschrift „Pan" 1896 verfaßten Aufsatz über Edgar Degas bekannte er, daß dessen Kunst mit dem Verstand nicht beizukommen sei. „Es ist das Verdienst der Impressionisten – Manet an ihrer Spitze –, daß sie zuerst wieder ohne Voreingenommenheit an die Dinge herangingen. Statt der verstandesmäßigen Malerei der Akademie mit dem Rezept von Lokal-, Licht- und Schattenton versuchten sie, wie sie ihn sahen, den Ton auf der Palette zu mischen und auf die Leinwand zu setzen. Die Schulvorschrift lehrte: das Licht ist kalt, der Schatten warm; die Impressionisten pfiffen auf diese Lehre und malten Licht und Schatten rot, violett und grün, wo und wie sie es sahen."

„Landhaus an der Elbchaussee in Hamburg", 1902
Kohle 34,2 : 30,7 cm
Kunsthalle Hamburg

* Zur Geschichte und zum Bestand der Liebermann-Sammlung: K.H. und A. Janda, „M.L. als Kunstsammler". In: „Forschungen u. Berichte, Staatl. Museen zu Berlin" 15 (1973), p. 105 ff.
P. Krieger, „M. L.s Impressionisten-Sammlung und die Bedeutung für sein Werk", in: „Kat. M.L.", Berlin 1979, p. 60 ff.

„Garten mit Sonnenblumen",
1895
Öl/Holz 38,5 : 47 cm
Niedersächsisches Landesmuseum, Hannover

Ein Impressionist solcher Freizügigkeiten konnte und wollte Liebermann nicht sein; in seinem Werk wurde die Trennlinie zwischen deutschem und französischem Impressionismus deutlich und nachhaltig gezogen. Was sich in Deutschland als so bezeichneter Stil etablierte, blieb bis auf wenige Ausnahmen hinter der von Liebermann gezogenen Grenze zurück.

Im Herbst 1895, nachdem er seinen Hollandaufenthalt wegen des anhaltend schlechten Wetters vorzeitig abgebrochen hatte, begann Max Liebermann im Berliner Atelier mit der großformatigen Wiederaufnahme eines Themas, das bereits zwei Jahrzehnte früher berührt worden war: eine Gruppe badender Knaben. Fast wörtlich, wenn auch seitenverkehrt, zitierte er zwei Figuren aus dem 1875 begonnenen „Schwimmbad", stellte sie mit anderen vor die lichtvolle Weite des holländischen Strandes, wo jeder Farbton als ein Reflex des unverhüllten Lichts entsteht. Alles erscheint im Augenblick erfaßt, im besonderen die bewegte Gruppe der Badenden. Von einer „beinahe klassisch komponierten Gruppe mit sorgfältig verteilten Gewichten und Linien" (Katalog Berlin 1979) kann hier kaum die Rede sein. Der Maler hat Mühe, den Eindruck des Spontanen und Zufälligen glaubhaft im Atelier entstehen zu lassen; im Sommer 1896 – während dieses Bild auf dem Pariser Salon von Edgar Degas bewundert wurde – malte Liebermann im holländischen Zandvoort weitere Freilichtstudien, überarbeitete danach die Fassung der „Badenden Knaben" mehrmals und schloß erst 1898 die Arbeit an diesem Bild ab.

Die malerischen Herausforderungen von Körpern in freiem Licht war damit eröffnet, und fasziniert von den figürlichen Bewegungen vor der Weite des Raumes wandte sich Liebermann dem Strandleben zu.

1896 war Hugo von Tschudi als Direktor an die Berliner Nationalgalerie berufen worden, in seiner erwachenden Begeisterung für die europäische Moderne begann er eine Sammlung renommierter impressionistischer Malerei. Auf einer Ankaufsreise zum Pariser Galeristen Durand-Ruel begleitete ihn Liebermann. Als Tschudi Manets „Treibhaus" erwarb, warnte Liebermann in weiser Voraussicht davor, unvermittelt in der preußischen Hauptstadt, wo selbst der Naturalismus kaum akzeptiert wurde, eine öffentliche Impressionistensammlung anzulegen. „Was man in Paris in einem Menschenalter nicht aufzufassen vermocht hatte, würde man schwerlich in Deutschland von heut auf morgen durchzusetzen vermögen."

Darin behielt er recht, für Tschudi wurde das Mißlingen seines Vorhabens zum beruflichen Verhängnis.

Liebermann und Tschudi besuchten gemeinsam Edgar Degas, bevor der Maler von Paris aus für zehn Tage nach England reiste, um in Oxford an der Zeremonie der Verleihung der Ehrendoktorwürde an seinen Bruder Felix teilzunehmen. In London besuchte er James McNeill Whistler, der als eine der bedeutendsten Künstlerpersönlichkeiten seiner Zeit galt. Was Liebermann mit dem exzentrischen Amerikaner teilte, war die Bewunderung für Velázquez und im besonderen für Frans Hals. Während Whistler seinen späten Porträtstil entwickelte, kopierte er in Haarlem eifrig jene Bilder, vor denen der junge Liebermann einst lernend gesessen hatte. Nicht auszuschließen ist, daß Max Liebermann seine Verehrung für Hals und Whistler die seinige für Velázquez miteinander

Weidenbäume an einem Fluß

„Weidenbäume an einem
Fluß", um 1890
Kreide 11,6 : 16,4 cm
Niedersächsisches Landes-
museum, Hannover

„In den Dünen", um 1895
Kreide 24 : 31 cm
Staatsgalerie Stuttgart,
Graphische Sammlung

Max Liebermann, um 1905
(Foto: Nicola Perscheid)

austauschten. Von nachhaltiger Wirkung auf Liebermann blieb der ebenso altmeisterliche wie skizzenhaft impressionistische Radierstil Whistlers. Was dieses Zusammentreffen noch zeigt: auch Liebermann konnte jetzt als ein Maler von europäischem Format auftreten, seine Popularität war in diesem Jahr durch die verspätete Ehrung als „Ritter der Ehrenlegion" in Frankreich besiegelt worden, diesmal im Einvernehmen mit der preußischen Regierung.

Die 1892 aufgerissene Kluft zwischen Konvention und Fortschritt in der Berliner Kunst wuchs zu einer Spannung, die auf Entladung drängte. Noch nahm Liebermann an der öffentlichen Austragung des Konflikts keinen aktiven Anteil, eine Zeitlang verhielt er sich abwartend. Nachdem die anläßlich des 200jährigen Bestehens der Berliner Akademie 1896 veranstaltete Ausstellung ganz ohne den Naturalismus auszukommen versucht hatte und mit einem Fiasko endete, wurden die Tore zu den Jahresausstellungen etwas weiter geöffnet.

Aus Anlaß seines 50. Geburtstages bekam Max Liebermann 1897 gleich einen ganzen Saal des Akademiegebäudes Unter den Linden zugewiesen, etwa 30 Gemälde, 9 Zeichnungen, 3 Lithografien und 19 Radierungen legten überzeugenden Beweis seines künstlerischen Anspruchs ab. „Der Gesamteindruck war ein vorzüglicher." (Hancke, p. 361) Der Durchbruch in Berlin war geschafft und Liebermann bekam endlich die Große Goldene Medaille. Selbst ehemalige Gegner verstummten, die Ausstellung glich einem Triumphzug, der Fünfzigjährige erhielt den Professorentitel und wurde im Jahr darauf in die Akademie gewählt, selbst mit der Stimme Anton von Werners. Hancke konstatiert, daß „sein künstlerisches Ansehen kaum höher steigen konnte, als es damals stand" (a.a.O., p. 361). Im SPD-Organ „Die Neue Zeit" wurde eine Zuschrift abgedruckt, Liebermann sei „im besten Sinne des Wortes der Maler des Proletariats geworden".

Seit er 1892 zuletzt die Berliner Ausstellung beschickt hatte, drängte Max Liebermann nicht mehr auf offizielle Anerkennung. Nur die Kunsthandlung Gurlitt und die Ausstellungen der „XI" zeigten seine Malerei, selbst zum Pariser Salon sandte er nichts mehr ein. Die Kunsthandlung von Fritz Gurlitt in der Behrensstraße spielte im Berliner Kunstleben der neunziger Jahre eine wesentliche Rolle, hier war die ausländische Moderne zu sehen, der nur das Beste an deutscher Malerei gegenübergestellt wurde: Böcklin, Klinger, Leibl und Liebermann.

Die vormals wichtige Lepkesche Kunsthandlung Unter den Linden war 1895 nach dem Tode der beiden Geschäftsinhaber eingegangen. In diesem Haus eröffnete Schulte eine Filiale seiner Düsseldorfer Galerie, mit zunehmender Aufgeschlossenheit gegenüber den Naturalisten, alles in allem aber mit gefälliger Publikumsware. Im Oktober 1898 wurde in der Viktoriastraße die Galerie der Vettern Bruno und Paul Cassirer eröffnet – mit einer Ausstellung der Arbeiten von Degas, Meunier und Liebermann – in exklusiven, von Henry van de Velde gestalteten Räumlichkeiten. Flankiert wurde der Berliner Naturalismus von fürsprechenden Kritikern wie Cornelius Gurlitt, Emil Heilbut, Hans Rosenhagen und Karl Scheffler. Sprachrohr der bürgerlichen Reaktion blieb Ludwig Pietsch von der „Vossischen Zeitung", dem seltsamerweise das Verdienst zukommt, Menzel entdeckt zu haben; außer diesem stand kaum etwas in der Gunst des Kritikers.

Schulgang in Laren

„Schulgang in Laren", 1898
Pastell 43,3 : 69,4 cm
Museum Folkwang, Essen

„Das Godeffroy'sche Landhaus im Hirschpark von Nienstedten an der Elbe", 1902
Pastell 31 : 42 cm
Kunsthalle Hamburg

Der Impressionist

„Arbeiterfamilie", 1897
Wandbild Schloß Klink,
Mecklenburg

Die Sommer 1897 und 1898 verbrachte Liebermann in Laren und suchte hier, in einem wiederum unerklärlichen Rückgriff, Bewährtes und längst überwunden Geglaubtes noch einmal aufzubereiten. Er malte das Innere einer „Weberei in Laren", worin die hinter hohen Webrahmen halb versteckten Figuren kaum zur Geltung kommen; das Arbeitsethos war als Thema längst verbraucht.

Der „Schulgang in Laren" aus dem Sommer 1898 sucht die Tradition der Amsterdamer Waisenhausbilder zu verlängern und durch die hinzugewonnene Lichtmalerei neu zu fundieren – aber was dabei herauskam, war eine in beiderlei Hinsicht unglückliche Lösung: Die unter Bäumen zum Schulhaus strebenden Mädchen sind zu unpersönlicher Staffage degradiert, kein Gesicht ist kenntlich, die Bewegung gekünstelt und stumpf. Das Bild setzt keine kompositorischen Schwerpunkte, die Raumflucht fehlt, Bäume und Kinder stehen aufgereiht wie Zinnsoldaten.

Ein anderer Fehlversuch fiel in diese Zeit. Liebermann hatte sich an einem öffentlichen Wettbewerb um die Ausschmückung eines Saales im Altonaer Rathaus beteiligt und wurde mit seinem Entwurf, einem Zyklus der Jahreszeiten, abgelehnt. Als man ihm sagte, er hätte besser daran getan, ein Thema aus der Stadtgeschichte zu behandeln, bemerkte er: „Ja, wat is denn in Altona anderes passiert als die vier Jahreszeiten?" Hugo von Tschudi bedauerte diese Ablehnung und vermittelte zur Wiedergutmachung den Maler an eine Familie Schnitzler, die den Festsaal ihres Mecklenburger Schlosses mit Liebermanns für Hamburg gedachten Entwürfen ausmalen lassen wollte. Von seiner Erfahrung und vielleicht auch von seiner Mentalität her war Liebermann kaum auf die Bewältigung einer solch überformatigen dekorativen Aufgabe angelegt. Aber er malte, mit Zitaten aus früheren Arbeiten, den Jahreszeiten-Zyklus auf die Wände des Schlosses Klink, eine sich immerhin über drei Jahre hinziehende Arbeit. Die „Kuhhirtin" wurde in eine Schafherde gestellt, der „Mann in den Dünen" in einen Winterwald plaziert. Was in kleinerem Format noch bestehen konnte, das mußte durch die Aufblähung ins Monumentale an Wirkung und Überzeugungskraft verlieren, da Liebermann nicht stilisierend die Formen dem Format anglich, sondern ganz naturalistisch zu bleiben versuchte. Er malte mit einem Schwamm Leimfarben auf ungrundierte Leinwände, um diese dann mit Ölfarben zu überarbeiten. Das Unterfangen war umständlich und unbefriedigend, es blieb im Werk des Malers der einzige Versuch dieser Art. Offensichtlich bedurfte es nicht nur des öffentlichen Erfolges, sondern eines neuen Widerspruchs von außen, um Liebermann in seinem unvermindert produktiven Schaffen einen neuen Impuls zu geben und ihm neue Wege zu zeigen.

Sein Leben lang hat Max Liebermann gezeigt, „daß selbst die entschiedenste Ablehnung ihn nicht aus seinem Geleise tragen konnte, im Gegenteil nur noch radikaler machte" (Hancke, p. 139). Seine Stunde kam. Seit einem Jahrzehnt schwelte der Konflikt zwischen der traditionslastigen und selbstgefälligen akademischen Berliner Kunst und einer Vielzahl unabhängiger Künstlergruppierungen. Protagonist dieser uneinheitlichen Oppositionsbewegungen war zweifellos Max Liebermann, sein erbitterter Gegenspieler auf seiten der Kaisertreuen war Anton von Werner.

Für Wilhelm Hausenstein („Die bildende Kunst der Gegenwart", Stuttg./Berl. 1920, p. 123) geht es in der sich anbahnenden Sezessionsbewegung nichtakademischer Malerei um die Frage künstlerischer Qualität schlechthin und um die Frage nach der verlorengegangenen Ausstellungsästhetik, die dem wirtschaftlichen Aspekt ganz zum Opfer gebracht worden war. Die Besetzung der großen Ausstellungen wurde von einer Jury des Durchschnitts entschieden, Hochwertiges hing hier neben Dutzendware, es ging um den Aspekt der Verkäuflichkeit, und Naturalisten waren so gut wie unverkäuflich. Zudem trug die „Große Berliner Kunstausstellung" immer noch höfisches Gepräge. Die Forderung nach zeitgemäßeren und gerechteren Maßstäben führte zu diversen autonomen Ausstellungsvereinigungen wie der schon erwähnten „Gruppe der XI".

Max Liebermann, 1910
(Foto: Minya Dièz-Dührkoop)

Wie wenig bei der Bestückung der repräsentativen Ausstellungen die künstlerische Qualität zum Tragen kam, zeigt jener Vorfall aus der Jahr 1898, der unmittelbar die Gründung der Berliner Sezession nach sich zog.

In der Vorjahresausstellung der „XI" war Walter Leistikow mit seinen Ansichten der märkischen Landschaft hervorgetreten, er galt – wie eine Umfrage ergab – neben Menzel in Berlin als der populärste Maler. Sein 1895 gemalter „Grunewaldsee", eine Abendlandschaft mit dunklen Föhren am Rande eines Sees, reichte Leistikow 1898 zur Juryrierung für die Jahresausstellung am Lehrter Bahnhof ein. Das Bild wurde zurückgewiesen. Nachdem es später der Rittergutsbesitzer Richard Israel erworben hatte, machte er es der Nationalgalerie zum Geschenk. Deren Direktor Hugo von Tschudi, der durch den Ankauf impressionistischer Bilder inzwischen beim Kaiser in Ungnade gefallen war, glaubte sich nun rehabilitieren zu können und führte Wilhelm II. vor Leistikows Grunewaldbild. Der Kaiser sah es an, aber konnte nichts Natürliches darin erkennen; dazu, sagte er, kenne er den Grunewald zu genau, und außerdem sei er Jäger.

Was die Entscheidung der Jury unter Anton von Werner noch verwirrender macht: sie ließ in gleichem Jahr einen Zyklus von Radierungen und Lithografien zum „Weberaufstand" von Käthe Kollwitz zu. Liebermanns Vorschlag, die Künstlerin dafür mit einer Goldmedaille auszuzeichnen, wurde vom Kaiser schroff zurückgewiesen.

Walter Leistikow sah, daß kein gerechter Weg mehr in die Ausstellungen am Lehrter Bahnhof führte und rief die Künstler Berlins zu einer Gemeinschaft auf. „Die modernsten Künstler folgten diesem Aufruf und im Jahr 1898 wurde die Berliner Sezession gegründet. Als Präsident wurde in Professor Max Liebermann der geeignetste Mann gewählt." (L. Corinth, „Das Leben Walter Leistikows", 1910)

Badende Knaben

„Badende Knaben", 1910
Öl/Pappe 35,2 : 49,2 cm
Niedersächsisches Landes-
museum, Hannover

„Strandszene in Noordwijk",
1908
Öl/Lwd. 66 : 80,2 cm
Niedersächsisches Landes-
museum, Hannover

Die Sezession

Max Liebermann in seinem Atelier in der Auguste-Viktoria-Straße, um 1898
(Foto: Max von Rüdiger)

Folgende Doppelseite:
„Strandszene in Noordwijk"
(Ausschnitt aus Abb. S. 123)

Am 2. Mai 1898 fand die Gründungsversammlung statt, mit der die „Gruppe der XI" aufhörte zu existieren. In den Vorstand wurden neben Leistikow noch Otto H. Engel, Ludwig Dettmann, Oskar Frenzel, Curt Herrmann und Fritz Klimsch gewählt; „und sie gewannen Liebermann als Präsidenten, der nicht die treibende Kraft bei der Gründung der Sezession gewesen ist, sondern erst an ihre Spitze trat, als er dazu gedrängt wurde, um durch das Gewicht seiner Persönlichkeit der neuen Vereinigung von allem Anfang an ihre Vormachtstellung zu sichern". (C. Glaser, „D. Gesch. d. Berl. Secession". In: „Kunst u. Künstler". Jahrg. 26 (1927/28), p. 14)

Erst auf Drängen des befreundeten Leistikow hin willigte Liebermann ein, sich wählen zu lassen; als Sekretäre zog er Bruno und Paul Cassirer hinzu.

Um den Vorsatz unabhängiger Ausstellungen unmittelbar einzulösen, wurde der Bau eines eigenen Gebäudes beschlossen. Die Vettern Cassirer vermittelten ein Grundstück Ecke Kantstraße/Fasanenstraße, direkt neben dem Theater des Westens. Das Gelände konnte für fünf Jahre gepachtet werden. Im Frühjahr 1899 wurde der Bau eilig fertiggestellt, um am 20. Mai die erste Sezessionsausstellung darin zu eröffnen. Das Gebäude wirkte ein wenig wie ein Provisorium, die Inneneinrichtung war eher bescheiden und in ihrer Nüchternheit nicht mit dem Pomp der Salonausstellungsräume zu vergleichen.

Max Liebermann in seiner Eröffnungsansprache vor den etwa 1800 Gästen: „Für uns gibt es keine alleinseligmachende Richtung in der Kunst, sondern als Kunstwerk erscheint uns jedes Werk – welcher Richtung es angehören mag –, in dem sich eine aufrichtige Empfindung verkörpert. Nur die gewerbsmäßige Routine und die oberflächliche Mache derer, die in der Kunst nur die milchende Kuh sehen, bleiben grundsätzlich ausgeschlossen."

Das künstlerische Gesicht der Ausstellung war keineswegs einheitlich; neben den Berlinern waren Sezessionisten aus München, Dresden, Karlsruhe und Stuttgart vertreten, ergänzt um Landschafter aus Worpswede; herausragend waren Böcklin, Thoma und – zum ersten Mal in Berlin – Lovis Corinth und Max Slevogt.

Liebermann zeigte unter seinen vier Bildern die letzte Fassung der „Freistunde im Amsterdamer Waisenhaus", Slevogt das große Triptychon vom „Verlorenen Sohn", Leibl seine „Dorfpolitiker". Adolph Menzel, den man liebevoll in die „Ahnengeneration" eingereiht hatte, protestierte gegen die Ausstellung der von ihm selbst eingereichten Bilder: „Ich kann mich den Teufel darum kümmern, was hier Secession ist und was nicht! ... Es soll nichts von mir dort im Wege stehen ..." (an P. Meyerheim, 4. Mai 1899)

Der Erfolg der Ausstellung war größer als erwartet, ein Viertel der Exponate konnte verkauft werden. Vor allem aber dokumentierte sie das gewaltige künstlerische Potential, das unter die Fahnen der Sezession zusammengeführt war. „... die Stadt Berlin wurde immer mehr Kunststadt, dieser freie Kampf machte die Bewohner der Stadt zuerst auf die bildende Kunst aufmerksam, sie nahmen Partei für und wider die Sezession." (Corinth, a.a.O.)

Die zweite Ausstellung im Frühjahr 1900 übertraf noch den Erfolg der ersten, vor allem durch die hinzugezogenen Impressionisten Frank-

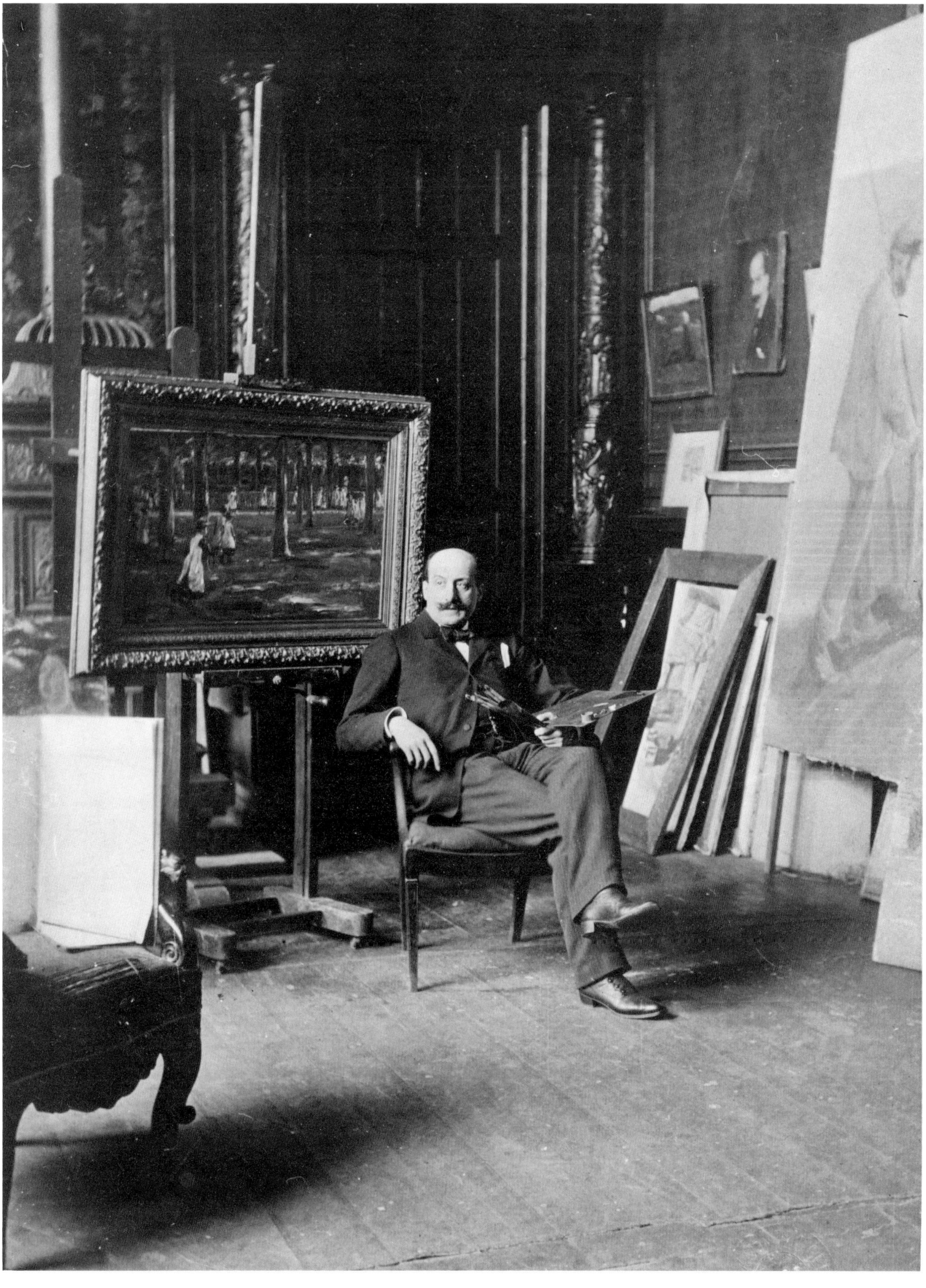

Max Liebermann

Strandszene in Noordwijk

Die Sezession

Lovis Corinth, „Porträt Max Liebermann", 1899

reichs. Liebermann zeigte die „Badenden Knaben" aus gleichem Jahr. Als Präsident der Sezession bewies er durchweg eine glückliche Hand, ja, wuchs mit seinen Aufgaben und machte durch sein Organisationstalent und seine Liberalität die Jahresausstellungen der Sezession zu europäischen Kunstereignissen. Doch was Berlin anging, so fehlten in der großen Zahl der Talentierten noch Künstlerpersönlichkeiten von richtungsweisendem Format.

Im Winter 1899/1900 hatte sich der in München lebende Lovis Corinth in Berlin aufgehalten, während eines Besuches bei Liebermann porträtierten sich die Maler gegenseitig. „Inzwischen wünsche ich Ihnen recht viel Erfolg damit (d.i. das Liebermann-Porträt von Corinth; d. Verf.) auf der Frühjahrsausstellung, nur fürchte ich, daß in jetziger Zeit der Antisemitismus mein stark prononziertes Aussehen dem Porträt etwas Eintrag tut. Auch bin ich augenblicklich, glaube ich, nicht sehr beliebt in München; was soll man auch mit mir Rauhbein anfangen?" (An Lovis Corinth, 12. Februar 1900)

Im folgenden Jahr reiste Walter Leistikow nach München, um Corinth als Stammitglied für die Sezession und für Berlin zu gewinnen. Auch ein Umzug Max Slevogts zeichnete sich ab, der bei der Sezessionsausstellung und im Salon Cassirer außerordentliche Erfolge hatte. Corinth über Leistikows Besuch: „Er überredete mich mit allen Mitteln, die ihm zu Gebote standen, und versprach mir goldene Berge. Der Aufschwung Berlins, die Verbindungen mit wichtigen Persönlichkeiten versprachen, daß ihre Sezession, welche er in Verbindung mit Liebermann gegründet hatte, reüssieren mußte. Die Talente, welche in Berlin freilich noch etwas knapp waren, glaubte man durch Herüberziehen aus anderen Städten Deutschlands nach Berlin bald beglichen zu haben. Von dieser Seite konnte ich es auch nur ansehen, daß er so sehr in mich drang, nach Berlin zu gehen. Ich war für sein Werben ein Talent zur Festigung der Berliner Secession." (Lovis Corinth, „Meine frühen Jahre" (1917), Hamburg 1954, p. 138 f.) Ganz so hartnäckig zu drängen brauchte Leistikow wohl nicht, da Corinth in München immer größeren Schwierigkeiten ausgesetzt war und sich von einem Weggang Erleichterung versprechen durfte. Leistikow bot ihm das eigene Berliner Atelier zur Errichtung einer privaten Malschule an. „Corinth wußte zu interessieren, zu amüsieren und Debatten zu entfesseln, Slevogt blendete mit seinem schwungvollen Talent." (K. Scheffler, „Die fetten u. d. mageren Jahre", Leipzig/München 1946, p. 68)

Durch Zuzug dieser beiden Maler 1901 (definitiv 1902) nach Berlin veränderte sich das Gesicht der deutschen Kunstlandschaft nachhaltig: München und Berlin tauschten ihren Rang, Berlin wurde die Kulturmetropole des angehenden 20. Jahrhunderts, München fiel ins Provinzielle zurück. Auch innerhalb der landesweiten Sezessionsbewegung trat Berlin an die Spitze, hier war 1901 vereint, was Rang und Namen in der deutschen Kunst hatte. Die Berliner Sezessionsausstellungen waren die bedeutendsten Kunstereignisse des ganzen Reiches. Unumstritten war Liebermann als Präsident: „... er schien nicht nur das Haupt der Sezession zu sein, sondern sie zu verkörpern." (Hancke, p. 400)

Die Sezession gedieh auf einer Welle von Optimismus und Euphorie, die nicht ungetrübt fortlaufen konnte.

Im Bewußtsein des eigenen Verfalls als Kunststadt schränkte München

bereits 1902 seine Teilnahme an der Jahresausstellung nachdrücklich ein, 1903 war kein Münchner Künstler mehr in Berlin vertreten, 1902 erklärte eine Schar renommierter Maler ihren Austritt, unter ihnen Otto H. Engel und Franz Skarbina, um aus dem Spannungsfeld der Sezession in den gemäßigteren Schoß des „Berliner Künstlervereins" zurückzukehren. Als offizieller Grund wurde die Überbewertung des Auslandes angegeben.
Der Kaiser selbst ließ nichts unversucht, um Dissidenten der Sezession an den heimischen Kunstherd unter seiner Obhut zurückzulocken, seine selbstgefällige Rede vom 18. Januar 1901 ist als ein strategischer Versuch zu lesen, die Sezessionsbewegung durch monarchische Zuwendung auszuhöhlen. „Ich kann leider nicht leugnen, daß die letzte kaiserliche Rede über Kunst selbst vielen uns'rer Collegen aus dem Herzen gesprochen war ... Natürlich kann der Kaiser höchstens die Bewegung aufhalten und wenn die Secessionen – wozu doch im großen und ganzen die Talentvolleren gehören – zusammenhalten, ist auch das kaum zu befürchten. Schließlich kömmts in der Kunst doch nur aufs Talent an und die Rederei ist ganz gleich ..." (An Hugo von Habermann, 31. Dezember 1903)
Eine Zeitlang schien es, als verfliege der große Gemeinschaftsgeist der Sezessionsbewegung, als zerfalle die mühsam errungene Einheit erneut in kulturelle Kleinstaaterei. Noch hatten alle über das Land verstreuten Sezessionsbewegungen in der rigiden preußischen Kulturpolitik einen großen, gemeinsamen Gegner, und der machte es ihnen wiederum leicht, sich auf nationaler Ebene zu verständigen und zu einigen. Am 15. Dezember 1903 fand in Weimar die Gründungsversammlung des „Deutschen Künstlerbundes" statt, ein Zusammenschluß der Sezessionen unter Vorsitz Leopold von Kalckreuths, mit Max Liebermann als einem der vier Vizepräsidenten (neben Max Klinger, Fritz von Uhde und Harry Graf Kessler). Sezessionen und Künstlerbund hatten – so Walter Leistikow –, „wenn man der Sache auf den Grund geht, denselben Schöpfer. Es ist dies der Akademiedirektor Anton von Werner. Es scheint, als wenn ohne diesen Herrn kein rechter Fortschritt, keine rechte Bewegung im deutschen Kunstleben möglich ist." (In: „Kunst für Alle", a.a.O.)
Als in Vorbereitung der Weltausstellung 1904 in St. Louis vom preußischen Kultusministerium ein Konzept vorgelegt wurde, das die gerechte Teilnahme aller zeitgemäßen Kunstformen bei der Ausstellung im deutschen Pavillon berücksichtigt sehen wollte, brachte Anton von Werner dieses Konzept zu Fall. Während einer Reichtagsdebatte im Februar 1904 wurde dann die höfische Kunstpolitik, die sich über von Werner immer repressiver äußerte, zur Diskussion gestellt. Ein Abgeordneter der SPD: „Das Mehrheitsprinzip dort, wo es hingehört, der Schutz der Individualitäten aber dort, wo er notwendig ist! Und wir danken gefälligst für eine Kunstrepublik mit Wilhelm II. an der Spitze." (Glocke des Präsidenten) „Ich verbessere mich – Ich wollte sagen: mit Anton von Werner an der Spitze. Meine Herren, in diesem Vordringen des Absolutismus sehen wir die Gefahr, die es hier zu bekämpfen gilt."
Anton von Werner in einer Verteidigung 1904: „Mit idealen Zielen und besonderen künstlerischen Strömungen haben diese sezessionistischen Bewegungen nicht das geringste zu tun, sie dienen lediglich geschäftlichen Interessen."

Reiterin am Strand 130

„Reiterin am Strand", 1903
Pastell 31 : 48 cm
Kunsthalle Bremen

„Landhaus in Hilversum", 1901
Öl/Lwd. 65 : 80 cm
Nationalgalerie, Berlin (West)

Von Berliner Seite aus wohnte dem Bestreben nach Sezessionszusammenschluß auch ein ganz prosaischer Wunsch inne: im Jahr 1904 lief der Pachtvertrag für das Grundstück in der Kantstraße, auf dem das Sezessionsgebäude stand, aus. Es war absehbar, an anderer Stelle ein neues Gebäude errichten zu müssen und für das Grundstück einen sehr viel höheren Preis zu zahlen. Das ganze Sezessionsunternehmen schien dadurch gefährdet und man versprach sich Beistand und vor allem materielle Unterstützung vom „Deutschen Künstlerbund".
In dessen Statuten wurden Jahresausstellungen in wechselnden Städten vorgesehen, sie sollten jährlich Bilanz ziehen über die Produktion und Qualität der zeitgenössischen Kunst, die sich in diesem Bund vereinte. Auch wenn es kein künstlerisches Programm geben konnte, so hatte die Malerei doch eine gemeinsame Tendenz: die Überwindung des grauen Naturalismus zugunsten einer impressiven Leichtigkeit der Farbgebung, wie es bei Liebermann längst vorformuliert worden war.
Gerade zu dieser Zeit konnte die neuentwickelte Farbphotographie jene von den Impressionisten seit langem angewandten Farbkontraste und Lichtfarbigkeiten bestätigen, die selbst Wilhelm II., als er sie erklärt bekam, mit Seitenblick auf die Maler der Sezession sagen ließ: „Sollten die Kerls am Ende doch recht haben?"
Im Sommer 1899 hatte Max Liebermann in Zandvoort Studien zu jener Version der „Badenden Knaben" gemalt, die auf der zweiten Sezessionsausstellung gezeigt wurde. „Hier haben seine Ideen von Licht und Luft, von Körper und Raum und ihre Wirkung aufeinander feste Formen angenommen." (H. Rosenhagen, „Kunst für Alle", 1899/1900. p. 461)
Vom Herbst 1899 an malte er die Endfassung im neuen Atelier, das er sich in das Dachgeschoß des Hauses am Pariser Platz bauen ließ. Vier Jahre lang hatte er sich vergeblich um die Erlaubnis bemüht, auf das Flachdach jenen Glaserker zu setzen, der ihm als Atelier dienen sollte. Damit wurde das bis dahin beibehaltene Atelier in der Auguste-Viktoria-Straße überflüssig.
„Was mich persönlich betrifft, so bin ich in eine neue – die wievielte weiß allein der liebe Gott und Rosenhagen – Periode eingetreten; in den drei Monaten, die ich jetzt in Holland war, habe ich mich wieder gehäutet, male Pferde und nackte Weiber (aber die nicht auf Pferden). Sie sehen, daß ich mich amüsiere, und das sollte der Grundsatz sein, wonach ein Künstler arbeitet. Alle anderen kann er sich schenken. Zum eigenen Vergnügen arbeiten, wenn's andern nachher auch Spaß macht, um so besser." (An Franz Servaes, 14. Oktober 1900)
Im ersten Sommer dieses Jahrhunderts entstanden in Scheveningen Liebermanns erste Studien von Reitern am Strande, die im folgenden Jahrzehnt mit serieller Regelmäßigkeit als Motiv wiederkehren. In diesen Bildern reduziert der Maler den atmosphärischen Zusammenklang von Figur und Raum, von Licht und Bewegung auf knappste Form. Auch die individuellen Züge der Dargestellten treten zurück, die Reiterbilder sind keine Bildnisse, sondern zeigen elementare figürliche Bewegung vor einer lichtdurchfluteten Weite des Raumes.
Selbst in vergleichsweise konventionellen Themen – wie dem im gleichen Sommer in Leiden begonnenen und im Winter abgeschlossenen „Rindermarkt in Leiden" – ordnet sich einzelnes dem malerischen Gesamteindruck nach. Doch eine Malerei, wie sie Liebermann jetzt

schweben schien, ließ sich kaum überzeugend an den alten Themen hervorbringen. Das spartanische holländische Landleben konnte mit der impressionistischen Eleganz seiner Malerei nicht in Einklang gebracht werden, die naturalistische Motivwelt war für den Impressionisten nicht mehr recht brauchbar. Liebermann entdeckte die Welt kultivierter Gärten, das üppige Ineinander von Licht und Vegetation, welchem sich französische Impressionisten mit Hingabe verschrieben hatten.
1901 entstand die Gartenansicht vom „Landhaus in Hilversum", das auf die Anregung durch ein sehr ähnliches Motiv von Manet, das „Landhaus in Rueil" von 1882, zurückzugehen scheint. Doch bei aller gesuchten Nähe blieb ein substantieller Unterschied bestehen: für Liebermann bildet Sonnenlicht nur eine helle Nuance in einer gemäßigt farbigen Welt. Dieses Licht erzeugt nicht farbige Spannung in den vitalen Kontrasten, sondern liegt als Glanz über einer harmonisch milden Landschaft, die durchaus ohne diese Lichthelligkeit auskommen könnte. Einem Impressionisten vom Schlage Monets war Licht die Substanz der Erscheinung, es in allen Regungen auszuloten das heimliche Programm seiner Malerei. Liebermann analysiert nicht das Licht, sondern beschreibt es an den Erscheinungen als die Substanz seines Gefühls für die Dinge. „... alle Kunst ist Darstellung eines Gefühls, also ist jeder Künstler per se Idealist. Zwischen idealistischer und naturalistischer Kunst kann also nur ein quantitativer, nicht aber ein qualitativer Unterschied sein ... Wie die Photografie beweist, macht selbst die vollendetste Kopie der Natur noch kein Kunstwerk: erst das Gefühl, das den Künstler (ihm selbst unbewußt) bei der Nachahmung der Natur leitet, ist im Stande, vor der ‚dummen' Natur ein Kunstwerk zu machen. Nur subjektive Naturnachahmung ist Malerei: daher ist der Gegenstand eines Bildes nur insofern wichtig, als er nur das Gefühl des Künstlers zeigt ..." (An G. Pauli, undat.)
„An und für sich habe ich gar nichts gegen den Symbolismus. Ob sich Kunst in der oder jener Form äußert, ist mir schnuppe. Was mich dabei ärgert, ist die elende Heuchelei, das Getue, unter dem sich die Impotenz verbirgt ... Diese Fatzkes ... wissen überhaupt nicht – was doch wahrhaftig jeder mit der Muttermilch in sich aufgesogen haben müßte –, daß *nur* das Kunst ist, was von der Natur ausgeht." (An F. Servaes, 14. Oktober 1900)
In solcher Überzeugtheit hatte es Liebermann immer wieder vermieden, sich malend irgendeiner wirklichkeitsfremden Vorstellungswelt zu bedienen, da ihm die Lauterkeit und nicht zuletzt die Ehrlichkeit solcher Bilder fragwürdig blieb. Achtsam klammerte er aus seinen späteren Schriften zur Phantasie jede Einbildungskraft aus, die sich nicht auf Anschauung stützt.
Doch blieben ihm literarische oder mythologische Themen immer eine Versuchung und mit gewissem Neid mußte er mitansehen, wie Slevogts „Verlorener Sohn" auf der ersten Sezessionsausstellung in den Mittelpunkt des allgemeinen Interesses rückte. Dieser Herausforderung gab er nach, so als wolle er die Führungsrolle, die ihm bereitwillig entgegengetragen wurde, auch künstlerisch untermauern. In „Simson und Delila" griff er auf eine sieben Jahre alte Bildidee zurück, studierte die alten Entwürfe und zeichnete – erstmals – den unbekleideten weiblichen Körper. Rembrandt und Rubens hatten dasselbe Thema behandelt, jetzt fühlte er sich berufen, diese Aufgabe neu zu lösen.

Er zeigt die Frau in dem Augenblick, da sie die vom Haupte Simsons abgeschnittenen Locken stolz in Siegerpose emporstreckt. Die Bewegung der aus der Umklammerung gelösten Körper mündet in die emporgestreckte Hand, die Komposition ist wenig geschlossen und auf Wirkung nach außen – auf Zusehende außerhalb des Bildraumes – gerichtet. Das ganze Bild ist allzusehr Pose. Liebermann hatte es für die zweite Sezessionsausstellung gemalt, aber je näher der Termin rückte, um so mehr zweifelte er an seinem Werk. Am Tage, als das Bild zur Probe an die Wände des Ausstellungshauses gehängt wurde, lief der Maler nervös umher. Als es dann hing, ging er noch einmal daran und übermalte den linken Fuß der Delila, so als könne er die künstlich verkrampfte Pose des Ganzen in Einzelheiten noch dämpfen. Das sinnliche Thema ist bei Liebermann ganz unsinnlich geraten. Der Maler fühlte nicht mit den Figuren, sie blieben ihm fremd wie das Thema selbst.

Die Resonanz auf das Bild bei seiner Erstausstellung 1902 war groß und negativ. „Ich wußte freilich im voraus, daß mein ‚Simson‘ den Philistern – den Berlinern und Moabitern – nicht zusagen würde; aber daß man solchen Lärm (wie vor 15 oder 20 Jahren) wegen des ‚Christus im Tempel‘ schlagen würde, hätte ich doch nicht gedacht." (An F. Servaes, 12. November 1902)

Arthur A. Held erinnert sich an die Jurysitzung zu dieser Sezessionsausstellung: „... alle Säle, alle Wände stehen voll von Bildern, die ‚Butterseite‘ zur Wand gekehrt, viele – viele hundert. Die Diener nehmen immer nur ein Bild, tragen es zur Jury und – die meisten wandern in die Totenkammer. – Währenddessen läuft der Dackel (Liebermanns) durch die Säle, er hat heute seinen Renntag – alle zwei Minuten kommt er an der Jury vorbeigelaufen. – Da wird das große Werk Liebermanns „Samson und Delila" hereingebracht und an die Wand gestellt. Es wird ja nicht juriert – aber alle Jurymitglieder stehen davor, die meisten sehen es zum erstenmal. Gerade jetzt kommt der Dackel wieder angerast – er bremst seinen Lauf, geht zu Liebermann, der ihn streichelt, dann geht er langsam zu dem großen Bild – ganz langsam watschelt er von dem einen Ende des Rahmens zum anderen, bleibt dort stehen, schnuppert an der frischen Ölfarbe und – hast du nichts gesehen – hebt ein Bein! Kulicke, der alte Hausdiener, das sehen und mit einer Brechstange auf den Dackel los und ihn verscheuchen, ist eins. ‚Nee – so watt!‘ entringt er sich seiner tiefgekränkten Brust. Wir anderen lachen natürlich fürchterlich. Und Liebermann sagt: ‚Ach, Kulicke, lassen Se man das Vieh – wer weiß, ob die Kritiker det Bild besser behandeln werden!‘" (Zit. n. Ostwald, p. 369 f.)

Zur Eröffnung dieser Sezessionsausstellung reiste Jozef Israels nach Berlin, wo ihm – durch Liebermann gefördert – eine große Anerkennung zuteil wurde, die er mit sichtlichem Vergnügen genoß. Jozef Israels war nach langem Zögern erstmals 1896 anläßlich der Internationalen Kunstausstellung nach Berlin gekommen. Liebermann sei der einzige, der ihn dorthin habe locken können, sagte er, der vor Deutschland eine instinktive Abneigung hatte. Gemeinsam mit dem achtzigjährigen Menzel durchwanderte Israels damals die Säle der Ausstellung, gefolgt von einer ständig anschwellenden Besuchermenge. Vor Israels' ausgestelltem Gemälde, einer Strandszene mit Fischern, zückte Adolph Menzel sein Lorgnon, lobte nach eindringlicher Begutachtung gewisse Partien des

„Terrasse des Restaurants
Jacob in Nienstedten an der
Elbe", 1902
Öl/Lwd. 70 : 100 cm
Kunsthalle Hamburg

„**Simson und Delila**", 1902
(Studie)

Bildvordergrundes, bevor er laut zu kritisieren anhob: „Aber hier, dies hier, das da, der eine Fischer drüben, das Schiff, die Wolken, das Meer – alles faul, faul, faul." Jozef Israels war tief gekränkt, die beiden Greise wechselten kein einziges Wort mehr.

„Er (Israels, d. Verf.) ist jedenfalls einer der wenigen Menschen, die aus dem Niveau der Allgemeinheit herausragen, nicht nur als Maler, sondern auch als Mensch von beneidenswerter Klugheit und Taktgefühl. Vielleicht, daß er in Holland nicht immer sehr bequem ist. Hier war er aber simplement charmant. Ich habe ‚Simson und Delilah' gemalt, was dem alten I. gar nicht gefiel." (An Jan Veth, 4. März 1902)

Das Thema aber beschäftigte Liebermann weiter, in den folgenden Jahren arbeitete er die wenig geglückte Komposition der ersten Fassung mehrfach um und begann dann eine zweite, die er 1910 abschloß. Die theatralische Gebärde verschwand, der Maler verlegte die Szene um Sekunden zurück auf den Moment, in welchem Delila die Locken vom Haupt des Mannes trennt. Sie hockt neben seinem diagonal ins Bild gestreckten Körper und beugt sich zu ihm herab; durch die aufeinander bezogenen Formen ist die Komposition geschlossener, nicht mehr durch die stolze Geste der Hand auseinandergezogen. Malerisch aber gelang diese zweite Version noch weniger, Liebermann hat hier bis zur Ermüdung ein Thema bearbeitet, das ihm unverändert fern stand. Die Sinnlichkeit der Frau ist ganz in die einer rachsüchtigen Bestie verwandelt, ihr Körper wie leblos gemalt. „Es war nicht erfreulich, Liebermann daran arbeiten zu sehen." (Hancke, p. 475)

Im Frühjahr 1902 folgte Max Liebermann erneut einer Einladung Lichtwarks nach Hamburg und malte im Auftrag der Kunsthalle – und für ein Honorar von zehntausend Mark – das „Polospiel in Jenischs Park" und im Juli die Terrasse des „Restaurants Jacob in Nienstedten an der Elbe", wo der Maler wohnte.

Die langjährigen Hollanderfahrungen sind hier – wie auch im Bilde des „Brannenburger Biergartens" – zusammengezogen und ergeben die atmosphärische Schilderung eines unmittelbar erlebten sonntäglichen Augenblicks. Lichtwark hatte dieses Thema vorgegeben und zeigte sich vom Resultat beeindruckt: „Sie sind der alte und doch wieder ein ganz neuer." (Lichtwark an Liebermann, 22. Januar 1903)

Im selben Sommer entstanden am Scheveninger Strand Studien von Reitern und badenden Knaben, im September anläßlich einer Italienreise die erste Skizze eines päpstlichen Pilgerempfangs in der Peterskirche zu Rom.

Der Fünfundfünfzigjährige war ein unermüdlicher Malarbeiter, unbeeindruckt von der gesicherten Höhe seines Erfolges und fast unbeeinträchtigt von den Geschäften der Sezessionsführung blieb er an seinem Werk. Gerade der künstlerische Austausch im Verbund dieser Sezession gab seiner Arbeit immer wieder Anstoß, tonangebend zu malen und seinen Führungsanspruch sichtbar zu behaupten.

Seit seinen frühen Lehrjahren hatte er sich nicht selbst dargestellt, im Jahr 1902 entstand das erste der späten Selbstbildnisse. Der Anlaß dazu kam von außen: die Florentiner Uffizien ersuchten ihn um ein solches Porträt für ihre Sammlungen. Auf diesen Wunsch hin malte Liebermann sich selbst, doch nach Florenz sandte er später ein anderes Bildnis aus dem Jahr 1908. 1902 entstand nicht die Selbstdarstellung eines Malers,

Papageienallee im Amsterdamer Zoo

„Papageienallee im Amsterdamer Zoo", 1902
Öl/Lwd. 88,1 : 72,5 cm
Kunsthalle Bremen

„Spitalgarten in Edam", 1904
Öl/Lwd. 71 : 89 cm
Moderne Galerie, Wien

sondern die eines Bürgers, der sich selbstbewußt und standesgemäß zeigt, darin zugleich fragend und nachdenklich auf sein Gegenüber sieht. „Er ist doch bekannt als munter, frisch und eher angriffslustig, denn still und besinnlich. Ja, er erscheint auf diesem Bilde fast abgespannt und müde. Aber dieses Bild ist echter, als wenn er sich in sprühender, witziger Weise gemalt hätte. Es ist eine seiner ehrlichsten Arbeiten." (Ostwald, p. 388) Liebermanns Selbstbildnisse verlieren kaum jemals eine vornehme Zurückhaltung und aristokratische Würde, unter deren Oberfläche sich die Künstlerseele verborgen hält. Züge seiner Persönlichkeit werden darin nicht aufgedeckt, sondern eher zu verbergen gesucht. Liebermann seziert nicht seine Seele, sondern beschreibt nur sein Gesicht. Eine fast unveränderte Gemütslage durchzieht seine Selbstdarstellungen, eine heitere Note fehlt ihnen ganz.

Auf der Sezessionsausstellung 1903 wurde das erste späte Selbstbildnis gezeigt, zusammen mit der Innenansicht seines gläsernen „Ateliers", dem „Papageienmann" und der „Papageienallee".

Max Slevogt hatte im Frankfurter Zoo bereits Ähnliches gemalt, als Max Liebermann im Zoo von Amsterdam die Papageienallee als Thema entdeckte, in zahlreichen Studien beobachtete und danach im Atelier Isaac Israels' auf ein Großformat übertrug: die Bewegung der reinfarbigen Tiere im Sonnenlicht einer Allee. Der „Papageienallee" ist anzumerken, daß das Bild nicht vor der Natur entstand. Es hat unlebendige Teile im Dunkel, die Lichtflecken wirken nicht empfunden, sondern aufgesetzt, die Figuren schweben zwischen Farbträger und Staffage. „Der Künstler formt zum Bilde nur seine Vision der Wirklichkeit." Liebermanns Visionen der Wirklichkeit wurden niemals solche der reinen Farbe, sein unentwegt an der Erscheinung haftender Blick lenkte seine malerische Phantasie immer wieder auf das Sichtbare zurück.

Als seine Malertheorie erschien 1903 der Aufsatz über „die Phantasie in der Malerei". Liebermanns darin gebrauchter Begriff der Phantasie ist nicht das, was man gemeinhin darunter versteht; es ist der Begriff künstlerischer Anschauung. Phantasiegebilde, die nicht auf die Anschauung eines Wirklichen zurückgehen, lehnte er kategorisch ab; seine Abneigung gegen symbolistische Zeitströmungen, gegen jede Art wirklichkeitsüberschreitender Kunst ist bekannt. „Ich gehöre nicht zu jenen Verwandlungskünstlern, die jede neue Mode in der Kunst mitmachen und heute verdammen, was sie gestern angebetet haben." (Vorwort z. 6. Auflage, 1922)

In gleicher Weise, wie er in seinem eigenen Werk die naturalistische Herkunft niemals leugnete, stellt er theoretisierend die unmodische, geradezu überzeitliche Gültigkeit des naturalistischen Vermächtnisses heraus. Es bleibt der Eindruck, als erwehre er sich jener Stimmen, die einzugeben versuchten, der von ihm standhaft propagierte Naturalismus sei längst tot. Und so geht Liebermann mit rhetorischem Eifer an das Plädoyer für die Gültigkeit des Anspruchs der eigenen Kunst und beginnt mit einer gewagten Behauptung: Male jemand nach der Natur oder nach einer eingebildeten Idee, es sei im Grunde dasselbe. Ob Raffael vor einer Madonna oder Rembrandt vor einem toten Ochsen sitze: der Grad, der die Kunst angebe, sei die Vertiefung in das Gesehene mittels der in der Anschauung operierenden Phantasie. Phantasie sei „die den malerischen Mitteln am meisten adäquate Auffassung der Natur".

Wenn Originalität erst den Künstler macht, so ist Phantasie das Vermögen zu origineller Gestaltung. Ein weiterer Schleier fällt nicht, alles weitere liegt als das Geheimnis des Schaffens im Schaffenden selbst. Phantasie gibt dem bildenden Künstler das Vermögen zur Anschauung von Formen, mit Inhalten hat sie nichts im Sinn, eine gut gemalte Rübe sei nicht schlechter als eine gut gemalte Madonna. Daraus folgt: „Der spezifisch malerische Gehalt eines Bildes ist umso größer, je geringer das Interesse an seinem Gegenstand selbst ist; je restloser der Inhalt eines Bildes in malerische Form aufgegangen ist, desto größer der Maler." Das aber beginnt spätestens dann fragwürdig zu werden, wenn Malerei unter dem Deckmantel ästhetischer Qualität zweifelhafte Inhalte zu verpakken sucht; Liebermann hätte nur einmal auf den meistgehaßten Anton von Werner zu sehen brauchen, um mit solchen Äußerungen zurückhaltender zu sein.

Liebermanns Schrift ist ein Plädoyer für den Naturalismus, keine Kampfschrift, eher ein schöngeistiger Essay. Der Maler liebt es, zuweilen Arm in Arm mit Goethe zu sinnieren. Phantasie darf ihm niemals den Boden der Naturanschauung verlassen, und nur so ist Malerei als „reine Phantasietätigkeit" ohne wildschweifende Fiktionen erklärbar. „Malerei ist Nachahmung der Natur, der sie ihre Stoffe entlehnt, aber sie bleibt ohne die schöpferische Phantasie geistlose Kopie..." Wer willentlich auf die Naturanschauung verzichte, sei kein wirklicher Künstler mehr, bestenfalls „Futuristenhäuptling", ansonsten „Idiot"; „wenn es keine Wirklichkeit gäbe, könnte es keine Kunst geben, wie es keine Sonne gäbe, wenn unser Auge sie nicht sähe."

Für Liebermann wurde Malerei nur aus Anschauung geboren, von Empfindung getragen und so ins Bild gesetzt, als sei darin die Natur selbst am Werk, um sich in der Begrenztheit des Vierecks als vollkommen zu beweisen.

Wie normativ und eng auch die Grenzen waren, die Liebermann der Malerei steckte – und dafür Rembrandt, Hals und Manet als Entlastungszeugen anrief –, die Schrift über die Phantasie bildet vor allem künstlerisches Selbstbekenntnis. „Der Künstler schreibt über Kunst seine Bekenntnisse."

Wie unglücklich sein theoretisierendes Reglement mit seiner Rolle als Juror zuweilen zusammenfiel, bewies er unter anderem 1906 mit der Ablehnung des Gemäldes „Junge Männer am Meer", das Max Beckmann zur Sezessionsausstellung eingereicht hatte. Im gleichen Jahr noch wurde dieses Bild zur Künstlerbund-Ausstellung zugelassen und mit dem „Villa-Romana-Preis" ausgezeichnet.

Seine Aufgabe als Sezessionspräsident nahm Max Liebermann gewissenhaft dazu wahr, den Impressionismus als ein gesamteuropäisches Phänomen auch in Deutschland immer stärker zu etablieren, andererseits alles, was aus dem Traditionsstrang Naturalismus – Impressionismus willentlich ausbrach, mit Bestimmtheit zurückzudrängen. Beckmann ist dafür ein untypisches und im Grund unverständliches Fallbeispiel. Die nachgewachsene Avantgarde der Expressionistengeneration zeigte immer wieder die Grenzen seiner Toleranz auf und verdeutlichte, wie schwer ihm seine Rolle als Statthalter des Impressionismus wurde, während allmählich das alte Feindbild des reaktionären Akademismus aufweichte und in das der jungen Moderne überging.

Im Jahr 1904 griff Henry Thode öffentlich den Impressionismus als die durch Berliner Galeristen vertriebene Kunstanschauung einer nur sehr kleinen Gruppe von Malern an. Ihm stellte sich als Maler Hans Thoma zur Seite und erklärte: „Wir sind nicht gewillt, uns von Berlin aus aufgewärmten Kohl als Kunstgesetze diktieren zu lassen."
Liebermann nahm den Angriff entgegen und führte den Tenor seiner Phantasieschrift ins Feld: allein die Kraft der Darstellung und nichts sonst mache den Künstler. Mit dem bedingunglosen Prinzip der Qualität, das er immer wieder auch den Sezessionsausstellungen als Leitgedanken vorausschickte, suchte Liebermann größtmögliche Toleranz zu zeigen und doch zugleich das scheinbar Universalgültige als strategisches Mittel gegen ein paar besondere Kunstformen einzusetzen. „Die Revolutionäre von gestern sind die Klassiker von heute. Die Aufgabe der Sezessionen ist, für die künftigen Klassiker zu kämpfen." (Eröffnungsrede zur Sezessionsausstellung 1907)
Mit der Ablehnung von Expressionisten, unter ihnen Emil Nolde und Max Pechstein, ging dann die große Ära der Berliner Sezession unter Führung Max Liebermanns 1910 zu Ende.

Die Berliner Sezession war 1905 in ein neuerrichtetes Ausstellungsgebäude am Kurfürstendamm umgezogen, mit neun Räumen verfügte das Haus über annähernd die doppelte Fläche wie das bisherige. Die erste Ausstellung darin wurde dem Deutschen Künstlerbund vorbehalten.
1907 fand hier anläßlich Liebermanns sechzigstem Geburtstag die zweite umfangreiche Retrospektive auf sein bisheriges Schaffen statt. Wilhelm von Bode, kaisertreuer Direktor der Nationalgalerie, hatte Wilhelm II. davon zu überzeugen versucht, zu diesem Anlaß das Akademiegebäude Unter den Linden zur Verfügung zu stellen. Der Kaiser, anfangs noch von der „netten" Idee angetan, lehnte ab.
Bode wurde 1907 aufgrund seiner Würdigung Liebermanns heftig angegriffen; dafür, „daß er mich nicht nur für den besten, sondern auch für den deutschesten Maler augenblicklich in seinem Artikel erklärt hat". (An G. Pauli, 9. Oktober 1907)
Unter den am Kurfüstendamm ausgestellten 22 Gemälden und 30 Studien reichte das Spektrum von dem bis dahin verborgen gehaltenen „Christus im Tempel", dem Skandalbild von 1879, bis zu dem jüngst vollendeten „Hamburgischen Professorenkonvent". Der Auftrag dazu war erneut von Alfred Lichtwark gekommen, der für die Hamburger Kunsthalle ein repräsentables Honoratiorenbild wünschte, in Verlängerung der holländischen Tradition von Regentenbildnissen aus dem 17. Jahrhundert, womit sich Max Liebermann leicht einverstanden erklären konnte. „Anfang September gehe ich nach Hamburg, wo ich einen Porträt-Massen-Mord malen werde: ein Gruppen – bald hätte ich Doelenstück geschrieben – bild von 9 Hamburger Professoren." (An W. v. Bode, 23. August 1905)
Liebermann wäre von sich aus kaum auf eine solche Idee gekommen, mit seinem Werk begann eine neue Form des Einzelbildnisses und die darin gewonnene Subjektivität des Ausdrucks forderte nicht dazu auf, sie in einem Gruppenbild zu vervielfachen. Bei der Ausführung des „Professorenkonvents" bestimmte Lichtwark, von Technik und Format bis zur Haltung der Dargestellten, nahezu alles, nachdem er noch bei dem Gesuch an den Maler versichert hatte: „Natürlich sind Sie, wenn es zu Stande kommt, völlig ungebunden; wollen Sie die neun Leute in zwangloser Unterhaltung oder sonstwie hinstellen – tout ce que vous voudrez. Sitzung wäre das natürliche, weil sie eben Sitzungen haben." (An Liebermann, 7. Januar 1905)
Liebermann zeigte sich allzu schnell zu Zugeständnissen bereit und so konnte das Bild kaum zum Beweis einer mehrfigurigen Porträtkunst geraten, obwohl es später von namhaften Kollegen wie Klinger und Uhde dahingehend gelobt wurde. Etwas Gestelltes, Erzwungenes haftet der Komposition an, jede der Einzelfiguren wirkt, für sich genommen, überzeugender und lebendiger als in dem gekünstelten Zusammenhang, und bezeichnenderweise wurden die vorausgegangenen Einzelstudien vom Publikum bereitwilliger angenommen als das schwerfällige Endergebnis. Die neun Professoren haben vor Liebermanns Augen niemals so beieinander gesessen. Der Maler nach Abschluß der Arbeit: „Ich war bis vorigen Samstag in Hamburg und habe mein großes Bild fertig gemacht, d.h. ich kann leider es nicht besser machen. Wenigstens für den Augenblick." (An Leopold von Kalckreuth, 30. Oktober 1906)

„Wilhelm von Bode", 1914
Radierung

Prof. Thilenius, Studie zum „Hamburger Professorenkonvent", 1905 (Ausschnitt), Kunsthalle Hamburg

Lichtwark über die Resonanz der ersten Ausstellung: „Die Studien lieben sie alle. Selbst die Alten beugen sich. Vorm Bild stutzen sie dann zuerst. Die meisten kommen noch nicht weiter als bis auf diesen Punkt. Warum sollte ihnen leicht fallen, was dem Künstler selbst das Problem war, das ihn Tag und Nacht Kopfzerbrechen gekostet hat?" (An Liebermann, 13. Januar 1907)

Umständlich lobte Lichtwark das fertige Werk, fand darin einen überdeutlichen Ausdruck eines „Unbewußten" des Malers, den Beweis der Virtuosität seiner Porträtauffassung, die wahre Offenbarung seiner künstlerischen Empfindung. Allein die rhetorische Anstrengung seines Lobes macht die Verlegenheit und den Zweifel offensichtlich, daß er im Bildergebnis nicht jene „köstliche Sache" entdecken konnte, die er sich von der Ausführung dieses Auftrages versprochen hatte.

In den Sommern 1903 und 1904 war Liebermann in Holland; in Huizen, Scheveningen und zuletzt in Edam malte er in einem spürbaren Anflug von Reminiszenz an die eigene hiesige Vergangenheit: Nähende Frauen, Reiter am Strand, eine Seilerbahn.

Über einen „ins Wasser gefallenen Ausflug" nach Alkmaar schreibt er an Jan Veth – in einer Mixtur aus Deutsch und Französisch: „Mein heutiger Ausflug nach Alkmaar ist dans la pluie vraie acception du mot zu Wasser geworden. Kaum war ich dem Waggon entstiegen, als der liebe Gott – von dem ich schon lange weiß, daß er in der Kunst dieselben Tendenzen wie Kaiser Wilhelm II. hat – alle Schleusen öffnete, um meine Entdeckung Alkmaars für die moderne Kunst zu verhindern. Aber nicht genug, daß es regnete, wie es nur in Holland regnen kann, pour le comble du malheur war auch noch Kirmes und ein Geschrei, Gedudel und Karoussélen..., daß ich das bißchen, was mir der Regen nicht verhüllte, ebenfalls nicht sehen konnte." (4. September 1904)

Im Sommer 1905 reiste er nach Noordwijk, von dort nach Leiden und schließlich nach Amsterdam. Hier malte er die „Judengasse", zunächst eine Seitenstraße der Jodenbreestraat, später diese selbst. Drei Jahrzehnte waren vergangen, seit er zum ersten Mal nach Amsterdam gekommen war, 1884 entstand hier die erste Ansicht einer Gasse aus dem Judenviertel, auf dessen sonderbares Milieu er nachhaltig von Jozef Israels hingewiesen wurde. Jetzt kehrte Liebermann hierher zurück und malte den Blick in eine belebte dunkle Gasse mit graubraunen Häuserfassaden, vor denen sich Figuren an Marktständen gruppieren.

Ganz unmalerisch und unspektakulär erscheint dieser Ort, Szenen ähnlicher Art ließen sich in anderen Städten finden und doch hatte kein anderer Ort eine auch nur vergleichbare Aura und Anziehungskraft. In den nachfolgenden Jahren kehrte Max Liebermann mit Beständigkeit an die Kreuzung von Jodenbreestraat und Uilenburgersteg zurück, wo er ab 1907 vom Fenster eines parterre gelegenen Ladens aus malte.

Nur eines seiner Bilder der „Judengasse" ist – im Winter 1908 – in seinem Berliner Atelier entstanden. Was den Maler an dieses Motiv band, war mehr als nur von künstlerischem Interesse. Einen ersten Hinweis gibt, daß in unmittelbarer Nachbarschaft einst der Philosoph Spinoza und der verarmte Rembrandt gewohnt hatten. Mit beiden Namen verband Liebermann Spuren und Wurzeln der eigenen Identität.

„Was soll ich aber dazu sagen, daß Sie Spinoza in einem Namen mit mir aussprechen, diesen wundervollen Geist, den zweiten großen Mann

(neben Jesus) von jüdischer Abstammung." (An Meier Spanier, 9. Mai 1899)
Die bis heute noch unentschiedene Frage, ob Spinoza von Rembrandt gemalt worden ist, hat Liebermann lebhaft interessiert. Für ihn war es ganz „augenscheinlich, daß er (Rembrandt; d. Verf.) die Juden als malerisches Objekt den Christen vorzog, aber nicht weil sie Juden waren, sondern weil sich ihr Inneres mehr an ihrem Äußeren ablesen ließ ... Der jüdische Gesichtsausdruck, ihr Minenspiel, das Sprechen mit den Händen, ja sogar mit dem ganzen Körper war ihm sympathischer als der ruhige Ausdruck der Holländer, die sich mehr zurückhielten und weniger verrieten, was in ihnen vorging. Kurz, Rembrandt fand, was er suchte, im Juden mehr verkörpert als im Christen ... Und nun die Hauptsache: er wohnte im Judenviertel und von seinem Fenster aus konnte er sie beobachten und zeichnen (wie ich das selbst vom Rembrandt-Haus konstatiert habe). Die Figuren auf seinen Radierungen zur Bibel sind meistenteils nach Zeichnungen *nach der Natur.* Ebenso die *Beleuchtung.* Das Judenviertel hat sich in den letzten 25 Jahren unendlich verändert, aber früher habe ich dort Beleuchtungen erlebt wie auf Rembrandts Radierungen." (An Franz Landsberger, 10. Januar 1925) In dieser Atmosphäre arbeitete Liebermann, der den Anspruch seiner Kunst immer auffälliger an Rembrandt orientierte, diesem Idol seines späten Werkes: „Er ist der größte Maler aller Zeiten." (An W. v. Bode, 23. August 1905) Fürsorglich verwahrte er immer eine seiner Rembrandtzeichnungen in einer Schublade seines Schreibtisches. Bei seinem frühen „Christus im Tempel" hatte Liebermann ausdrücklich jüdische Modelle vermieden, auch jetzt bereitete ihm deren ethisches Verbot, sich malen zu lassen, große Schwierigkeiten: „Ich habe es nämlich wiederum versucht, im Judenviertel zu arbeiten und ich habe schon manche Widerwärtigkeiten beim Studium ausgehalten: aber uns're lieben Glaubensgenossen erreichen darin den Rekord. Sie sind nicht einmal mit Geld zu bändigen." (An Hermann Struck, 27. August 1905)
Die „Judengasse" von 1905 zeigt keine Ingredienzien der Lichtmalerei mehr und ist doch farbig vollkommen. Malerisch führt es die Synthese alles dessen vor, was Liebermann in seiner Entwicklung durchschritten hatte: den grauen Naturalismus der frühen Jahre, die menschliche Gruppe als Ausdrucksform des Gemeinschaftsgeistes, die Schilderung flüchtiger Bewegung, aus der Nähe zum Impressionismus gewonnen und hier reduziert auf einen impulsiven und großzügigen malerischen Vortrag. Die Amsterdamer Judengasse verkörperte dem Maler einen Ort der eigenen historischen Herkunft; hier verschmolzen die Ursprünge der künstlerischen Tradition, in die hinein er sich gestellt sah, mit seiner Glaubensherkunft. Die Bilder der Judengasse sind sicherlich nicht als Ausdruck jüdischen Selbstbewußtseins zu lesen, wohl aber wuchs mit den wiederholten Aufenthalten Liebermanns Empfinden für den Ernst des keimenden Rassismus in Deutschland.
Noch einmal drängte sich eine Parallele zu Rembrandt auf: „... daß aus dessen künstlerischer Vorliebe für Juden eine ethische sich bei ihm entwickelt hat, ist wohl anzunehmen – wie das ja stets geschieht, daß das Studium einer Sache die Liebe zu ihr züchtet ..." (An F. Landsberger, 10. Januar 1925)
In den Sommern 1907 und 1908 malte Liebermann wieder im Amster-

„Judengasse in Amsterdam",
1884
Öl/Lwd. 69 : 57 cm
Niedersächsisches Landesmuseum, Hannover

„Judengasse in Amsterdam",
1905
Öl/Lwd. 59 : 73 cm
Wallraf-Richartz-Museum,
Köln

Max Liebermann im Atelier
(Foto: Nicola Perscheid)

damer Judenviertel, bevor dieses seinen bisherigen Charakter vollständig verlor. „Judenstrassen überhaupt nicht mehr aufzutreiben und neue Malen unmöglich, da das Judenviertel aufgehört hat zu existieren." (An Cassirer, 9. Oktober 1912)

„Er stand im Zenit seiner Kraft". (Hancke, p. 452) Auch in der unverminderten Bindung seiner Malerei an holländische Motive fühlte sich Liebermann doch eng in die Tradition Berliner Malerei eingebunden, nicht zuletzt über seinen ehemaligen Lehrer Steffeck, der wiederum Schüler Franz Krügers war. Nun, am Beginn des 20. Jahrhunderts, stand er neben Adolph Menzel ganz an der Spitze der Berliner Kunst, seit dem Tode Menzels 1905 dort allein. „Menzel hat Liebermanns Begabung früh erkannt, dann aber in dem harten Generationsgegensatz über die ersten Erfolge so schulmeisterlich lieblos geurteilt, daß die Wege sich trennten. Liebermann hat niemals aufgehört, auch nicht in der Periode der Entfremdung, insgeheim und aus der Ferne den Mahnruf zu hören von der Preußischen Sachlichkeit her, die in Menzel genial geworden war. Die Bildform des Berliner Vorgängers bestimmte seine Bildform gerade zu einer Zeit, da er sich freigemacht zu haben wähnte." (Friedländer, a.a.O., p. 19)

Liebermann, der gern mit absoluten Begriffen jonglierte, machte keinerlei Hehl daraus, daß Menzel die zeitgenössische Inkarnation des Genialischen war, so wie es Rembrandt in der Geschichte überhaupt verkörperte. Menzels Kunst war nicht wägbar, nichts Zeitgleiches hielt seinem stupenden Können stand und es wäre niemandem eingefallen, sich mit ihm vergleichen zu wollen. Vor Menzel verneigte Liebermann sich ganz: „Wenn Menzel sprach, hielt ich den Mund." Dessen immerwährende Appelle an den Fleiß des Künstlers nahm Liebermann sich seit frühen Tagen zu Herzen. „... alle Kunst ist ja aber zugleich Handwerk, was bitter erlernt werden muß, und gerade darin liegt ihr Großes." (A. Menzel an den Berliner Genremaler Fritz Werner, 10. März 1856)

Die preußische Arbeitsdisziplin Menzels machte Liebermann zu seiner eigenen, aber erkannte darin die Grenze zur Selbstverleugnung. Die Pedanterie des genialen Menzel, mit der er sich oft selbst im Wege stand, und seine – wie Liebermann sagt – „Geschmacksverirrungen" trübten seine Absolutheit. Und diese Entgleisungen ins allzu Nebensächliche bezeichneten für Liebermann den Unterschied zu einem über alles verehrten Rembrandt. Menzels Genie ist ihm „so weit von dem Rembrandts entfernt, wie Rembrandts Größe und Einfachheit sich über Menzels kleinliche Auffassung erhebt, und es wäre töricht – wie die Kritik in Menzels letzten Lebensjahren oft getan hat –, Menzel dem großen Holländer an die Seite stellen zu wollen". (1921)

In einem Brief, wohl um die Jahrhundertwende geschrieben, suchte Liebermann auch zwischen sich und Menzel das Unterscheidende zu finden: „Vor Menzels Bildern scheint einem die Kunst unendlich schwer; ich möchte, daß man von der meinigen denkt, daß sie zu machen ganz leicht wäre ... Menzel ist positiv, ich möchte suggestiv sein. Er macht faktisch alles; ich möchte den Eindruck hervorrufen, als hätte ich alles gemacht durch Andeutungen ..." (An H. Rosenhagen, undat.)

Wie tief seine Verehrung für Menzel auch in der wachsenden persönlichen Distanz blieb, das zeigt die hohe Zahl Menzelscher Arbeiten in der Privatsammlung Max Liebermanns, der kaum eine Gelegenheit aus-

Max Liebermann vor der Skizze des Gemäldes „Hamburger Professorenkonvent", 1905

ließ, neue hinzuzuerwerben. „Eines Tages kam ein Mann zu ihm, der 10 Zeichnungen und ein Aquarell zum Kauf bot. Er war damit bei einem Kunsthändler gewesen, der sie – sie waren nicht signiert – zu dem geforderten Preis nicht kaufen wollte. Meyerheim, an den er sich daraufhin wandte, meinte, er könne die Sachen seiner schwachen Augen wegen nicht sehen und gab ihm ein Schreiben an Liebermann. Der empfing sie wie ein Schatz. Zur selben Zeit erwarb er auch mehrere Tierstudien in Öl, ein Aquarellinterieur und den Karton zu der Lithografie ‚Christus im Tempel'. Und wenn er diese Dinge hervorholt, so geschieht es mit der Zärtlichkeit eines Vaters, der die Arbeiten seines begabten Sohnes zeigt." (Hancke, p. 515)

Die persönliche Beziehung war in Menzels letzten Lebensjahren erkaltet, beide Maler hatten einander nichts mehr zu sagen, bei einer zufälligen Begegnung auf der Straße grüßten sie sich nicht. Menzel einmal über Liebermann: „Er hat sein Talent zur Hure gemacht."

Mit Vorbedacht hatte Max Liebermann den zitierten Vergleich zwischen sich und Menzel auf die Malerei bezogen, nicht auf das Zeichnen, das ihn in jeder Hinsicht als unterlegen ausweisen mußte. Nur ein Beispiel: Menzels „Gedächtnis war so stark, daß er, wenn ihm in der Unterhaltung ein Name jemandes entfallen war, den Betreffenden rasch zeichnete, um festzustellen, um wen es sich handele". Von sich selbst behauptete Liebermann, es sei ihm nicht gegeben, aus dem Gedächtnis zu arbeiten. Wo er es später als Illustrator versuchte, blieb das Bemühen weit hinter der Menzelschen Leistung zurück. In seiner Entwicklung hatten die graphischen Techniken lange Zeit eine nebengeordnete Rolle gespielt, und solange er um die Beherrschung des malerischen Handwerks bemüht war, konnte er dem Zeichnen kaum etwas abgewinnen. „Als Zeichner hatte er keinen Ehrgeiz." (Hancke, p. 489)

„Selbstbildnis zeichnend", um 1917
Kreide 35,2 : 26 cm
Niedersächsisches Landesmuseum, Hannover

Doch kam er zu der Einsicht, daß jeder große Maler auch ein großer Zeichner sein müsse und brachte, hart an sich arbeitend, das Graphische in seinem Werk stärker zur Geltung. „In der Zeichnung offenbaren sich die Intentionen des Künstlers klarer als im vollendeten Werke, weil der Stift dem Gedanken williger folgt als die schwer zu bewältigende Farbe oder der noch schwerer zu handhabende Meißel. Die Zeichnung erleichtert daher das Verständnis für das fertige Kunstwerk: Sie ist der Prüfstein für das Talent des Künstlers, ebenso wie für den Geschmack des Publikums." (Bei Eröffnung der Schwarz-Weiß-Ausstellung der Berliner Sezession 1909). Ab 1902 veranstaltete die Berliner Sezession alljährlich eine Schwarz-Weiß-Ausstellung, die den zeitgenössisch hohen Stand der graphischen Produktion – im Nachklang der vom Jugendstil entfachten Graphik-Mode – mehr als jede andere Ausstellung in Deutschland dokumentierte. Hier stellte Max Liebermann 1908 seine bis dahin entstandenen 59 Radierarbeiten aus, womit seine Autorität auch in dieser Disziplin gefestigt wurde.

Drei Jahrzehnte waren seit den ersten Anfängen darin vergangen, eine tiefergehende Beziehung zur Radiertechnik wurde ihm 1877 durch den befreundeten Karl Koepping in Paris vermittelt. Im Jahr davor war Liebermanns erste Radierung für die Pariser „Gazette des Beaux Arts" entstanden, das Blatt „Kinder" nach gleichnamigem Gemälde; für dieselbe Zeitschrift reproduzierte er 1883 sein Bild „Der Weber".

Ernsthafter begann er sich mit dieser Technik auseinanderzusetzen, als ihn William Unger in den Bannkreis Rembrandts zog und er dessen Radierungen schülerhaft abzeichnete. Diese eingehende Beschäftigung aber zeigte keine unmittelbaren Folgen; die Wirkung verzögerte sich, wie bei Liebermann oft zu beobachten, um einige Jahre. Um 1890 entstanden die ersten freien Arbeiten in der Technik des vernis-mou, die ihn Jan Veth lehrte. Veth war Vorsitzender des „Nederlandsche Etsclub", einer holländischen Künstlervereinigung mit dem Ziel einer Aufwertung der graphischen Techniken. Liebermann rechnete sich dieser Vereinigung zu und stellte unter anderem 1889 mit ihr in Den Haag acht Studien aus Katwijk aus. Er befürchtete, „daß dieselben nur für sehr wenige Besucher Interesse haben werden, da es einfach Notizen nach der Natur sind. Und dann: heißt es nicht Eulen nach Athen tragen, wenn ich ihnen Skizzen aus Holland schicke?" (An J. Veth, 27. August 1889)

Zu Beginn der neunziger Jahre entstanden in der – noch von Veth und

„Judenviertel in Amsterdam",
1908
Radierung

„Badende Knaben", 1896
Radierung

Koepping überwachten – Technik eine Reihe von stimmungsvollen Radierarbeiten, die nach malerischen Gesichtspunkten das Motiv in zarte Nuancen von Schwarz und Weiß auflösten. Nicht übertrieben in den Kontrasten zeigte Liebermann als Graphiker die milde Wirkung des aus seinen Gemälden bekannten unspektakulären Lichts. „Das Licht hat etwas bürgerlich Einfaches, im besten Sinne Nüchternes; es trägt keine erborgten Kostüme, ist tüchtig nur aus sich heraus. Es ist das Licht der Küstengegenden Hollands, das alle Farben in einer süßen und milden Harmonie zusammenhält..." (Gustav Schiefler, „M. L. Sein graphisches Werk", Berlin² 1914, p. 13)

Eine Edition Liebermannscher Radierungen 1893 durch die Berliner Photographische Gesellschaft blieb ohne große Resonanz, ebenso eine Ausstellung seiner graphischen Arbeiten 1896 in der Littauerschen Kunsthandlung in München. Der Kritiker Ludwig Pietsch sprach ihm ein Jahr später – anläßlich der ersten Werkretrospektive – so gut wie alles ab, „was den Wert wirklicher Meisterradierungen ausmacht, Zeichnung, Technik, Ton und malerische Wirkung".

Nach 1890 reproduzierte Max Liebermann Themen seiner Malerei in der Radierung, war um die unfarbige Nacherzeugung einer malerischen Wirkung bemüht, variierte die Motive und begann, die Ausdrucksmöglichkeiten der graphischen Linie – und mit ihr die Arbeit der Kaltnadel – zu entdecken.

1894 entstand die radierte Variante der „Netzflickerinnen", 1895 der „Biergarten in Brannenburg", 1900 der „Karren in den Dünen", 1906 „Simson und Delila" – jeweils mit mehrjähriger Verspätung nach den Gemälden. Synchron wurde die Arbeit in Malerei und Zeichnung 1908 mit Variationen der Amsterdamer „Judengasse"; die Radierungen dazu tragen Studiencharakter, aber gerade darin bewahren sie ihre Unabhängigkeit gegenüber den Gemälden, da sie unmittelbarer Situationen erfassen und Atmosphären des Augenblicks prägnant beschreiben.

Lange hatte Liebermann das Zeichnen vernachlässigt, es in die dienende Rolle vor der Malerei verwiesen, bis er – zur schnellen Erfassung von Bewegungssituationen der pulsierenden Menge – in der Judengasse dieses Ausdrucksmittels mehr denn je bedurfte. In der schnell gesetzten Linie fing er die Regungen des Lebens unmittelbar ein, Malerei erlaubte das nur zögernd, wenn – wie die Reiter am Meer – das Bewegungsmotiv zum Stillstand gezwungen wurde. Die Linie folgt dem Gefühl des Seheindrucks auf dem Fuß, sie ist Konzentration, darin rein und genau. „Man müßte eine Linie finden, die das Leben und nur das Leben gäbe, die ganz dem Individuum, der Eigenart auf den Leib rückte, eine lebendige, menschliche, vertrauliche Linie..." Dieses Zitat aus einem Roman der Gebrüder Goncourt sandte Liebermann an Julius Elias mit den Worten: „Sehen Sie, das ist die Essenz, meine Essenz nach der ich handle."

Erst als Impressionist wurde Max Liebermann freier Zeichner und Graphiker; je stärker ihm Malerei in der Nachschöpfung der Natur mittels der Vorstellungskraft bestand, um so selbständiger hatte die gezeichnete Linie an der Formulierung dieses „Weltbildes" Anteil: sie bildet die Bewegungen des Lebens mittels der Phantasie neu. „Die Zeichnung ist Hieroglyphenschrift, die nur aus dem Verhältnis des Künstlers zur Natur zu deuten ist... Unter dem Verhältnis des Künstlers zur Natur verstehe ich seine Weltanschauung." (Akademierede 1921)

Die Begegnung mit Jozef Israels hatte Liebermanns Empfänglichkeit für die Kunst Rembrandts neu fundiert, das Empfinden für die Ausdrucksmöglichkeiten der Linie auf eine neue Stufe gestellt, und auch darin wurde Rembrandt zum Idol des späten Liebermann, „daß die Zeichnung noch mehr als das durchgearbeitete Bild das Kriterium für das Talent des Künstlers ist" (an Max Osborn, 1901).
Die beherrschte Zeichentechnik erst gab ihm das Bewußtsein, daß das technische Medium für die Gestaltung einer Bildidee beinahe gleichgültig war, großzügig variierte er die Mittel und experimentierte. Nur die Malerei bewahrte ihre Königsrolle. Er schuf Zeichnungen wie Gemälde, nutzte das Pastell als dankbare Synthese, geriet vor allem in Lithographie und Kohlezeichnung vom Linearen zu einer immer malerischeren Auflösung der Konturen, was als unausgesprochener Vorsatz über seiner Zeichenkunst stand. „Sehen Sie, meine Kunst wird vielleicht unterschätzt. Aber worauf ich mir etwas einbilde, das merkt kein Mensch und das ist die Überwindung des Linearen."
Die graphischen Künste, aus der schlichten Reproduktionsgraphik des 19. Jahrhunderts zur Selbständigkeit erwacht, gewannen mit dem Impressionismus eine bis dahin unbekannte Beachtung. Liebermanns Aufwertung der Graphik in seinem Werk vollzog sich zeitgleich mit der Entwicklung innerhalb der deutschen Kunst. Meier-Graefe konstatiert, der Impressionismus sei von Liebermann nur als Graphiker erfaßt worden (a.a.O., p.365). Starke Impulse zum Aufschwung der graphischen Künste gaben Zeitschriften, die dieses im 19. Jahrhundert auf schlichte Reproduktion verkümmerte Metier in einer überaus anspruchsvollen künstlerischen Qualität massenhaft verbreiten und popularisieren konnten. Zu diesen Zeugnissen der vor der Jahrhundertwende einsetzenden hochwertigen Graphik-Kultur gehört die von 1895 bis 1900 erschienene Zeitschrift „Pan", in deren Redaktionsausschuß Max Liebermann seit 1897 saß. Die kostbare Ausstattung der Ausgaben mit originaler Graphik allerdings grenzte das Klientel so sehr ein, daß bereits vor Ablauf des ersten Jahres das Erscheinen nicht mehr finanziell gesichert schien. Erst durch private Spenden konnte es gelingen, den vorzeitigen Ruin aufzufangen und „Pan" zu einem führenden Organ im Umfeld der Berliner Sezession zu machen. „… neben dem schlichten deutschen Impressionismus eines Liebermann, Kalckreuth u.a. kam schon die radikale Richtung des französischen Neoimpressionismus und ein schüchterner Expressionismus zur Geltung. Der ‚Pan' ebnete der Berliner Sezession die Bahn und hat mit dazu beigetragen, die Kluft der Berliner Künstlerschaft zu verstärken…" (Wilhelm von Bode, „Mein Leben", Berlin 1930, Bd. II, p. 129)

„Selbstbildnis", 1913
Radierung

Sezessionskrise

Max Liebermann im Garten seiner Villa am Wannsee, 1917

Anzeichen mehrten sich, daß die Berliner Sezession entgegen ihres unverändert hohen Renommees unter Führung Max Liebermanns in eine fundamentale Krise geriet.
Im Jahr 1909 starb Walter Leistikow, der seit der „Gruppe der XI" unverzichtbar zum Rückgrat der Berliner Moderne gehörte und eine der großen Integrationsfiguren der Sezession verkörperte. Max Liebermann in der Grabesrede: „Leistikow war nicht nur der Vater der Berliner Sezession: er war und blieb ihre treibende Kraft. Lauter und vernehmlicher als alles, was ich über die Vornehmheit seiner Gesinnung, für seinen uneigennützigen Charakter sagen könnte, spricht für Leistikows Wesenheit die Gründung der Berliner Sezession, die ohne seinen jugendlichen Idealismus undenkbar ist." Wie sehr hinter diesem Bedauern des Verlustes ein sehr persönliches Empfinden Liebermanns stand, zeigt ein späterer Brief: „... ich weiß nicht, wie wir ohne sein frischfröhliches Draufgehen – trotz seiner schrecklichen Krankheit zeigte er immer froheste Zuversicht – fertig werden." (An G. Pauli, 17. September 1909)
Liebermanns Arbeit dieses Jahres war wenig ertragreich, er malte in den holländischen Dünen „Badende Knaben" und „Reiter am Strand", aber die Impulsivität im Erfassen des Augenblicks wirkt verhaltener, zuweilen etwas gequält.
In diesem Frühjahr 1909, als er nahezu ausverkauft war, gedachte Liebermann den Sommer damit zu verbringen, sein Bilderlager neu aufzufüllen; „... in den verschiedensten Formaten und Preislagen: bei Abnahme von mehreren Werken 10% Rabatt" (an G. Pauli, 21. April 1909). Doch seine Gesundheit entschied anders: „Anfang Mai gehen wir nach Karlsbad, ich kriege das ewige Malen doch satt." (Ebda.) Körperliches Leiden des Zweiundsechzigjährigen beeinträchtigte auch seine Arbeit für die Sezession, die Symptome des Alterns traten sichtbarer hervor.
„Ich hatte ihn Jahre lang nicht gesehen und fand ihn verändert. Er war leidend. Eine Operation stand ihm im nächsten Jahr bevor, die ihn von einem lästigen, langwierigen Übel befreien sollte. Aus seinem Gesicht waren die bräunlichen Töne verschwunden, er war bleich, und seine früher so lebhaft braunen Augen hatten einen fahlen blauen Schein bekommen. Er war wohl noch so beweglich, aber nicht mehr so elastisch wie sonst. Zuweilen seufzte er, was ich früher nie von ihm gehört hatte." (Hancke, p. 474)
Eine künstlerische Generationskrise belastete zunehmend die Toleranz der von Liebermann angeführten Jurykommission bei den Jahresausstellungen. Die Maßstäbe setzte Liebermann und erhob seine Antipathien gegen den Expressionismus gewissermaßen zur Institution. 1910 wurden insgesamt 27 Bilder von jungen Expressionisten – unter ihnen Nolde und Pechstein – zurückgewiesen, womit das Ende der Präsidentschaft Liebermanns und der Zerfall der Berliner Sezession eingeleitet wurde. Emil Nolde fühlte sich zum Wortführer der verfemten Maler berufen und schrieb an Karl Scheffler, den Chefredakteur von „Kunst und Künstler", im Dezember 1910 einen verhängnisvollen Brief, dessen erklärtes Angriffsziel Max Liebermann war: „... Dem so klugen alten Liebermann geht es wie manchem klugen Mann vor ihm: er kennt seine Grenzen nicht; sein bedeutendes Lebenswerk, seine agitatorischen Leistungen für die Sezession und die Kunstanschauung, für die diese eintrat, zerblättert und zerfällt; er sucht zu retten, wird dabei nervös und phrasenhaft.

Ähnlich wie hier ergeht es ihm in seiner Kunst. Er veranlaßt, daß so viel wie möglich über ihn geschrieben und publiziert wird, er macht, malt und stellt aus, so viel er nur kann. Die Folge davon ist, daß die ganze junge Generation, übersatt, schon nicht mehr seine Arbeiten ansehen kann und mag, daß sie erkennt, wie absichtlich dies alles ist, wie schwach und kitschig nicht nur seine gegenwärtigen Arbeiten, sondern auch so manche seiner früheren es sind. Die Kritik wird bald zur gleichen Ansicht gelangen, das große Publikum folgt, und so verschwindet der qualitativ ungenügend fundamentierte Kunstbau Liebermanns. Man begreift es nicht recht, daß er nicht schon vor Jahren sich von allem entledigte, was seine Spannkraft verbraucht, um ausschließlich seiner Kunst zu leben. Es trägt aber dies den Grund in sich. Er selbst beschleunigt das Unvermeidliche, wir Jüngeren können es gelassen mit ansehen." (Emil Nolde an Karl Scheffler, 10. Dezember 1910). Zur Vorgeschichte des Briefes: während einer Unterredung zwischen Nolde und Paul Cassirer deutete dieser auf ein Gemälde Liebermanns und sagte: „Wir Juden können alles, was wir wollen." Dazu Nolde: „Er spottete meiner. Ich ging."
Bis auf wenige Ausnahmen, wie im Jahr 1906, wurden Noldes Bilder von den Sezessionsausstellungen zurückgewiesen. Einmal stand Liebermann vor einem von Nolde eingereichten Bild: „Wenn det Bild ausjestellt wird, lege ick mein Amt nieder!" Und so sann Nolde auf Vergeltung, schrieb „hellsichtig und rücksichtslos" (Nolde) den Brief gegen Liebermann „und seine alles beherrschende Macht. Seine Kunst schien mir zusammengetragen, er war kein Selbstschaffender, ich achtete sie nicht und respektierte seine diktatorischen Mittel und künstlerische Machtstellung nicht." (Emil Nolde, „Jahre der Kämpfe", Berlin 1934, p. 142 f.) Damit erklärt er seine „Ehrensache" (Nolde) zu einem Akt persönlicher Rache, seine Erinnerungen üben Selbstgerechtigkeit. Sein Vorwurf der Fortschrittsfeindlichkeit, den er an die Adresse der Berliner Sezession zu richten suchte, war insofern verfehlt, als gerade in der Sezessionsausstellung 1910 auch Arbeiten von Matisse, Picasso, Braque und der Fauvisten – also der wirklich modernsten europäischen Maler – gezeigt wurden. Obwohl Nolde zur Entlastung noch am selben Tage eine Abschrift dieses Briefes an Liebermann sandte, erkannte der Vorstand der Sezession in diesem Schritt „krasse Heuchelei", die die „unehrenhafte Handlung" (Cassirer) Noldes nur noch verschlimmere.
„Feigheit, Hinterlist und Niedertracht" und einen selbstsüchtigen Reklamefeldzug sah man in Noldes vorsätzlicher Kränkung eines „großen und berühmten Künstlers, der ein gewisses Alter erreicht hat". Die schnell einberufene Generalversammlung beschloß mit großer Mehrheit – 40 gegen zwei Stimmen, bei drei Enthaltungen – den unverzüglichen Ausschluß Noldes aus den Reihen des Verbandes, in einmütigem Ausdruck der Loyalität zu dem angegriffenen Präsidenten, welcher selbst gegen den Beschluß stimmte. In einem Schreiben an die Mitglieder des Vorstandes hatte er den Ausschluß seines Widersachers zu verhindern gesucht: „... Natürlich hätten wir das Recht, einen so großen Verstoß gegen die Pflicht der Kameradschaft durch die Ausschließung zu ahnden, aber wir wollen unsere Polizeirechte doch so selten wie irgend möglich anwenden. Ich durfte Ihnen den Brief nicht vorenthalten, aber ich bin absolut gegen die Ausschließung des Schreibers, selbst auf die Gefahr hin, daß ähnliche Motive ähnlicher Naturen zu solchen Versuchen,

solchen sogenannten ‚Oppositionen der Jungen' treiben könnten..."
Doch Nolde hatte bewirkt, was er wollte: Liebermann war zutiefst getroffen und die Berliner Sezession in ihren Grundfesten erschüttert. Alfred Lichtwark suchte noch im Vorfeld des offenen Konflikts zu beschwichtigen: „Seien Sie doch froh über den Kampf. Sie als Rentner der Kunst und des Lebens, das ist einfach grotesk. Max Liebermann, der sich des erkämpften Gutes in Ruhe erfreut, kommt nicht in dieser Welt, sondern nur in seiner eigenen Phantasie vor, für einen Moment, wenn ihn die Hofjungen gar zu dumm geärgert haben." (An Liebermann, 22. November 1910) Derselbe in Kenntnis des Noldeschen Briefes: „... scheußlich. Aber echt holsteinisch, typisch für gewisse holsteinische Gemüter voll Haß und Fanatismus... Doch nun ist das Unheil im Lauf, niemand kann es mehr aufhalten." (An Liebermann, 17. Dezember 1910) Alfred Kerr dichtete:

„Maler Nolde hockte brütend
Saß und sann und wurde wütend
Da er unbezweifelbar
Jung, doch nicht talentvoll war.

Und er schrieb mit Zitter-Schwung
(Nicht talentvoll, aber jung)
Einen Postbrief scheel und tücksch
Und frankiert ihn hinterrücksch.

Seht ihn mit dem Briefe hasten
Zu dem nahen Posteskasten.
„Schwach und kitschig, – Firlefanz
Ist das Schaffen Liebermanns!"...

Nolde kommt vor's Blutgericht
(Immer noch talentvoll nicht.)
Horch, man will ihn scharf ergreifen
Und ihm die Kaldaunen schleifen.

Sieh die Richter, racheröchelnd, – –
Doch der Meister wehrt es lächelnd,
Bittet (mit dem großen Friedrich):
„Soll er hängen, hängt ihn – niedrig!"

Nolde hängt. Der Unglückswurm
Baumelt im Dezembersturm
Jung; gehängt; oh schnödes End'.
(Doch auch jetzt noch kein Talent.)"

Wohl war Liebermann bemüht, mit seinem Versuch der Ehrenrettung Noldes noch einmal die Toleranz seiner Sezessionsführung unter Beweis zu stellen, vor allem aber die drohende Spaltung vom Sezessionsgeist abzuwenden. Denn damit würde die schwer erkämpfte künstlerische Einheit preisgegeben und das Ende seiner Zeit als aktiver Präsident der wichtigsten deutschen Künstlervereinigung besiegelt.

Die von der Sezessionsjury abgewiesenen Künstler veranstalteten demonstrativ eine gemeinsame Ausstellung und gründeten die „Neue Sezession", vereinigt aus Malern der Dresdner „Brücke" und der Münchner „Neuen Künstlervereinigung".
Max Liebermann, der öffentlich mit Nonchalance und Witz die Krise der Sezession von sich fernzuhalten versuchte, litt persönlich unter den Folgen. Mit Schwierigkeiten quälte er sich über die zweite Fassung des „Simson und Delila"-Themas hinweg, der Sommer 1911 in Holland blieb wenig fruchtbar, das im folgenden Winter bearbeitete Motiv des „Barmherzigen Samariters" geriet zu einer Kraftanstrengung ohne den beabsichtigten Erfolg. Er übermalte immer wieder, büßte damit die ursprüngliche Frische ein und mußte mit ansehen, wie das mühselig zu Ende gebrachte Bild auf der Sezessionsausstellung 1911 so gut wie kein Aufsehen erregte. Die gesuchten religiösen und mythologischen Motive dieser Zeit zeigen eine Form der Reaktion auf die Sezessionskrise: Liebermann flüchtete aus den zehrenden Intrigen in klassische Dimensionen und übergeschichtliche Themen. Im Frühjahr 1911 reiste er, um den Wirren auch räumlich zu entgehen, zum vierten Male nach Rom, von dort aus nach Holland. „1893 war ich zwei Monate lang in Florenz, dann in Rom 1902 auf vierzehn Tage, dann vor zwei Jahren wieder einen halben Monat in Florenz und jetzt 1911 wieder drei Wochen in Rom."
Der Tod des Freundes Jozef Israels überschattete dieses Jahr. „Länger als dreißig Jahre durfte ich mich seiner Freundschaft erfreuen und beinahe jedes Jahr besuchte ich ihn in Den Haag oder in Scheveningen. Nie ging ich fort, ohne etwas Wichtiges von ihm gehört zu haben, das in meinem Gedächtnis haften geblieben ist. Kurzum, er war ein ganzer Kerl." (In: „Berliner Tageblatt", 1911)
Nachdem die Kritik an seinen alten Durchhalteparolen und seinen unflexiblen Lehrmeinungen auch aus den eigenen Reihen immer lauter wurde, stellte Max Liebermann sein Amt als Präsident der Berliner Sezession am 16. November 1911 zur Verfügung. Mit ihm schieden Slevogt, Gaul und Beckmann aus der Reihe des Vorstandes. Gegen Beckmanns Mitgliedschaft hatte sich Liebermann mit allen Mitteln zu wehren versucht und mit einer Austrittserklärung gedroht, doch kam es hier noch zu einer Einigung. Jetzt, nach seinem Rücktritt als Sezessionspräsident, wollte er auch seinen Sitz im Vorstand des Künstlerbundes aufgeben und ihn Corinth überlassen. (Vgl.: an G. Pauli, 27. Januar 1911)
Nach Niederlegung seines Amtes wählte man ihn zum Ehrenpräsidenten und übertrug Lovis Corinth die aktive Sezessionsführung, was sich als ein folgenschwerer Fehler herausstellen sollte. Das Ende der Berliner Sezession war mit Liebermanns Demission vorweggenommen, der von ihm über Jahre erfolgreich geschürte Kampfgeist richtete sich auf internen Machterhalt, die Jahresausstellung 1912 blieb im Niveau deutlich hinter denen der Vorjahre zurück.
Bereits vor der durch Nolde entfachten Krise war es unter den Sezessionsmitgliedern zur Verstimmung über Paul Cassirer gekommen, der infolge des Vorwurfs, er betreibe mit der Sezession private Geschäfte, aus dem Vorstand ausgeschieden war. Unzweifelhaft hatte Cassirer nach eigenen Vorteilen gesucht, er war ein engagierter Förderer der Kunst, aber immer deren Händler. „Ein vitaler und doch empfindsamer Mensch mit ungewöhnlichen Eigenschaften. Voller Widersprüche. Naiv begei-

Max Liebermann als Tyrann der Berliner Sezession. Karikatur von F. Jüttner, „Lustige Blätter", 1902

"Selbstbildnis", 1927
Lithographie

sterungsfähig und kritisch bis zur provokativen Kränkung ... ehrgeizig und machtliebend, rücksichtslos und opportunistisch, kühn und feig, oft im Urteil ausschweifend und ohne Gleichgewicht..." (Wilhelm Herzog, „Menschen, denen ich begegnete", Bern/Mnch. 1959, p. 462)
Paul Cassirer wurde zu einem Katalysator, der den Zerfall der alten Sezession entscheidend beschleunigte.
Was den fatalen Gang der Ereignisse nicht minder beeinflußte, war die wachsende Distanz zwischen Max Liebermann und Lovis Corinth. Die Spaltung der Sezession ist auch die Geschichte ihrer Feindschaft. Corinths Führungsschwäche wurde bereits nach einem Jahr offensichtlich, zu Jahresbeginn 1913 trat mit ihm der gesamte bestehende Vorstand zurück. Cassirer sah seine Stunde gekommen und ließ sich – als erster Nichtkünstler – zum Präsidenten der Sezession wählen. Liebermann suchte das zu verhindern, aber: „Ich habe mich nicht hineingemischt, weil ich Niemand anderen wußte, vor allem aber, weil ich nicht wieder in die Bresche springen wollte." (An G. Pauli, 8. Dezember 1912)
Neue Konflikte ließen nicht lange auf sich warten: Zur Sezessionsausstellung 1913 wurde eine Reihe von Mitgliedern zurückgewiesen, nicht zufällig genau diejenigen, die bei der Wahl Cassirers gegen ihn gestimmt hatten. Für den 23. Mai wurde eine Generalversammlung einberufen, durch Indiskretion aber war Cassirers Rede bereits am Vortage publik geworden, und so konnte sich der Widerstand der Refüsierten massiv gegen den amtierenden Präsidenten formieren. Es zirkulierte ein Brief, worin Cassirer jede Befähigung zur Leitung der Sezession abgesprochen wurde; man forderte ihn auf, zu gehen, während der Vorstand sich auf der Gegenseite vergeblich bemühte, die Zurückgewiesenen zum Austritt zu bewegen. Auf die Seite der Refüsierten trat unerwartet Lovis Corinth.
„So einfach war es aber nicht, die Laus aus dem Pelz zu nehmen. Es ging hin und her. Cassirer wollte seine Feinde herausbringen; das konnte er aber nicht, weil sie nach den Statuten die nötige Anzahl hatten ... Endlich machten seine Feinde einen Fehler. Sie lanzierten in die Zeitung (Berliner Zeitung am Mittag) eine Notiz, die von Cassirer behauptete, er hätte Liebermann schwer und wissentlich durch Klatsch in seiner Ehre gekränkt. Es fiel aber ins Wasser, da niemand es vertreten wollte. Die Wahrheit glaubte sogar Liebermann, denn Cassirer sprach vieles, was er nicht verantworten konnte; auch scheute er sich nicht, seine besten Freunde bloßzustellen." (L. Corinth, „Selbstbiografie", a.a.O., p. 154 f.)
Als Cassirer die Denunziation in der Zeitung las, ließ er noch für den selben Tag, den 6. Juni 1913, eine Generalversammlung der 60 Mitglieder einberufen, die die Entscheidung brachte.
„Der alte Ehrenpräsident Liebermann und die Koriphäen der Secession, Slevogt, Gaul etc. traten auf den Plan. Liebermann schleuderte Beleidigungen und alles was er konnte gegen die ‚Buben' (d. sind die protestierenden Refüsierten). Der Schlußeffekt war, daß, da diese nicht aus der Secession gehen wollten, und man nicht weitere Berührung mit ihnen haben wollte, Liebermann und Cassirer das Lokal verließen und mit ihnen alle guten Elemente. Ganz Israel erhob sich und wollte keinen Teil haben am Hause Isais. Von da ab waren wir einige Zeit so verfemt, daß von uns kein Hund einen Bissen Brot nehmen wollte." (Corinth, ebda., p. 155) Doch wahr ist, daß Max Liebermann keine Schmährede hielt, sondern am Beginn der Versammlung erklärte: „Ich hatte die Absicht,

Max Liebermann an der
Staffelei, 1932

Dünenlandschaft mit Reiter 162

„Dünenlandschaft mit Reiter"
(Nach dem Sturm), um 1910
Kohle 26,8 : 33,5 cm
Niedersächsisches Landes-
museum, Hannover

Dünen in Noordwijk

„Dünen von Noordwijk", 1906
Öl/Pappe 46 : 69 cm
Nationalgalerie, Berlin (West)

einen letzten Versuch zu machen, die in der Secession bestehenden Gegensätze auszugleichen. Nachdem in den letzten Tagen mir gegenüber in meiner Wohnung, in der Öffentlichkeit perfide Drohungen angewandt worden sind, die für die Folge jede Möglichkeit gemeinsamer Arbeit ausschließen, verzichte ich auf den beabsichtigten Versuch und auf das Wort."

Sein Kontakt zu Corinth brach damit ab; dieser schrieb Ende Juni von einer Reise nach Österreich an den Berliner Radierer Hermann Struck: „Was macht denn Ihr alter Freund M. L., der einzige, von dem Sie nichts geschrieben haben. Gibt er schon klein bei?" (28. Juni 1913)

Während die verbliebene Sezession aus Refüsierten und deren Anhängern gegen Paul Cassirer und das „Berliner Tageblatt" prozessierte, suchte sie sich unter Corinth neu zu organisieren und wartete darauf, daß sich die Gegenseite – die Partei Liebermann/Cassirer – selbst zerstritt. Das aber geschah nicht; auf Liebermanns Seite traten Kolbe, Beckmann, Curt Herrmann, Oskar Moll und Paul Baum. Als Hermann Struck, der Briefvertraute Corinths in diesem Sommer, Nachsicht gegenüber Liebermann empfahl, wurde Corinth entschiedener: „Warum wollen Sie auf einmal so sanft gegen Liebermann vorgehen? Es handelt sich nicht um Geld, welches er zahlt, obgleich das ihn genug ärgert, sondern – um seinen Widerruf in den Zeitungen. Sie können versichert sein, daß er in diesen Intrigen der größte Feind ist und falsches Spiel spielt – ich glaube ihm nicht." (L. Corinth an H. Struck, 20. Juli 1913)

Am selben Tag warf der Zeichner Th. Th. Heine Corinth Ungeschicklichkeit vor und schrieb ihm, „daß dieses Mal die Opposition doch nicht ganz im Recht ist, und besonders in der Wahl der Mittel mindestens ungeschickt und kleinlich war" (20. Juli 1913).

Maximilian Harden, Schulfreund Liebermanns und Herausgeber der „Zukunft", stellte sich auf die Seite der verbliebenen Sezessionsmitglieder, denen die Wiederaufrichtung der Sezession allerdings erst 1915 gelang; auf die Seite Liebermanns trat Karl Scheffler.

Am Abend des 12. Januar 1914 fand im Berliner Restaurant Schill eine Geheimsitzung der Rumpf-Sezession statt. Aus dem Protokoll: „Es wird darüber debattiert, ob man gegen die Liebermann-Wahl in die Stamm-Jury der Künstlerbund-Ausstellung protestieren solle. Corinth rät, irgend etwas in der Sache zu unternehmen, um Energie zu zeigen."

Die Maler Herstein, Oppler und Neumann hatten bei Sezessionsspaltung gegen Liebermann eine Privatklage eingereicht, im Januar 1914 kam es zur Verhandlung. Liebermann unterlag und mußte seine Vorwürfe zurücknehmen. In gleicher Instanz wurde Paul Cassirer von dem schuldhaften Vorwurf – gegen Herstein, Neumann, Spiro u.a. – freigesprochen, diese hätten Liebermann mit Schmutz beworfen.

Im Februar 1914 wurde die „Freie Sezession" gegründet. „Es handelt sich ... um eine Neubildung, die im Grunde als eine Fortsetzung der alten Sezession zu betrachten ist, da zu ihr Max Liebermann, Max Slevogt ... gehören ... Die neue Vereinigung wird sich auf die Mithilfe von Paul Cassirer stützen." („Berliner Zeitung am Mittag", 12. Februar 1914)

Lovis Corinth wurde zum Präsidenten der Rumpfsezession gewählt und ließ seinerseits kaum eine Gelegenheit aus, um gegen Liebermann und dessen „Freie Sezession" ins Feld zu ziehen.

Noch 1920, als Liebermann in Weimar in die Jury des Deutschen Künstlerbundes gewählt wurde, protestierte er scharf „gegen die Wahl des Herrn Prof. Liebermann ... Herr Prof. Liebermann hat seit seinem Ausscheiden aus der Berliner Secession diese Institution und die Mitglieder durch Wort und Schrift mit einem Haß verfolgt, daß er nicht das Amt eines Jury-Mitgliedes, welchem strengste Parteilosigkeit vorgeschrieben ist, auszuüben fähig ist" (27. Januar 1920).

Erst anläßlich eines Empfangs beim Reichspräsidenten Friedrich Ebert 1924 reichte Corinth dem langjährigen Gegenspieler Liebermann versöhnlich die Hand, „in die ich mit Freuden einschlug".

Bis dahin war es immer wieder zu Reibungen und Auseinandersetzungen gekommen. Als Liebermann 1923 die Akademieausstellung eröffnete, kam es noch einmal zu einem Mißverständnis. Liebermann in seiner Eröffnungsrede: „Nachdem seit der Revolution die Kunst frei ist von allen obrigkeitlichen Hindernissen, die die Ausstellungen der Sezessionen ins Leben riefen, haben nur noch zwei öffentliche Ausstellungen Existenzberechtigung: eine allgemeine, völlig juryfreie und die akademische."

„Selbstbildnis", um 1922
Radierung

Corinth witterte eine erneute Attacke gegen die Sezession, der er vorstand, doch Liebermann lenkte ein: „Ich habe, glaub' ich, dazu gesagt, daß die Secessionen, also auch die freie, deren Ehrenpräsident ich war, keine Daseinsberechtigung mehr hätten, da sie die Freiheit, die ihnen jemals genommen, jetzt wiedererlangt hätten. Auch ich bin aus der Freien Secession ausgetreten. – Aber, wie Sie schreiben, was liegt an den alten Geschichten. Es kommt einzig u. allein darauf an, ordentlich zu malen. Und in der Hoffnung, daß uns das noch solange wir leben, vergönnt sein möge, und mit freundlichen Grüßen bin ich Ihr sehr ergebener Max Liebermann." (An L. Corinth, 30. September 1923)

Nach dem Tode Corinths 1926 veranstaltete Max Liebermann in der Akademie der Künste dessen erste große Graphik-Ausstellung. In seiner Eröffnungsrede ließ er nichts von den alten Feindseligkeiten nachklingen, aber er wäre nicht Liebermann, würde er sich nicht einen leichten Seitenhieb erlauben. Rückblickend nannte er die Zeit seiner eigenen Präsidentschaft „die Blütezeit der Secession, ... zugleich die Blütezeit Corinths". Dessen Spätwerke seien mit denen aus Sezessionsjahren nicht zu vergleichen, „weil sie die feste Struktur vermissen lassen. Sie sind, wenn auch sehr geistreiche, Improvisationen". Charlotte Berend-Corinth vermerkt in ihren Erinnerungen unter dem 21. Feburar 1926: „Liebermann, achtundsiebzig Jahre alt ... war entschieden, obwohl altersbeschwert, kein Greis ... er selbst stellte sich zu meiner Linken auf und las seine geistvolle, lange Rede ab. Auch Persönliches ließ er nicht unerwähnt, und so sagte er, daß nach vorübergehender Fehde Corinth ihm die Hand zur Versöhnung gereicht hätte, die er auch ergriffen habe. Das war unrichtig, denn der Fall hatte sich so abgespielt, daß Corinth schon ein Jahr vor dem Faktum durch Bekannte angegangen war, daß Liebermann sich gern versöhnen möchte, und wie sich denn Corinth dazu stellen würde. Lovis brummte was, undeutlich aber ablehnend. Aber ein Jahr später kam Corinth, so en pasant im Gespräch darauf und sagte: ‚Übrigens habe ich mich gestern mit Liebermann versöhnt, wir standen uns beim Reichspräsidenten plötzlich vis-a-vis, inmitten der übrigen Menschen, und da haben wir uns die Pranke gereicht und ein paar Worte gewechselt. War sehr komisch, aber ganz gut so.' Möglich,

daß diese Vermittler ohne Wissen Liebermanns ein gutes Werk tun wollten, doch scheint mir das zweifelhaft, denn sie beteuerten stets, er ist alt, er möchte eine Versöhnung."
Nur sehr unwillig ließ sich Max Liebermann nach der Ausstellungseröffnung zusammen mit Frau Corinth fotografieren. „Denn ich wußte, daß er immer sagte: ‚Diese Frau, das ist ein Aas!' Zwar bedeutete das eine große Anerkennung, denn er soll immer fortgefahren sein, ‚und die is' für Corinth großartig, aber 'n Aas'." (Charlotte Berend-Corinth, „Mein Leben mit Lovis Corinth", Hamburg 1947, p. 94)
Befremdend und rätselhaft ist die Geschichte einer anderen Künstlerbeziehung: der Max Liebermanns zu Lesser Ury. Die erste Begegnung mit dem 1861 in Posen geborenen Maler fiel in Liebermanns Münchner Zeit, ab 1887 lebte auch Ury in Berlin. Was in Liebermanns Werk gänzlich fehlt, dem hat Ury mit Beständigkeit seine Arbeit gewidmet: ein impressives Bild Berlins zu geben. Sein Impressionismus zeigt die Großstadt im pulsierenden Leben und bewegten Licht.
Aus München hatte ihm Fritz von Uhde ein Empfehlungsschreiben an Liebermann mitgegeben, der sich offensichtlich in den ersten Berliner Jahren um materielle Unterstützung Urys bemühte. Möglich ist, daß er ihn für sich arbeiten ließ, denn Ury erklärte gelegentlich, Liebermanns 1886 vollendete „Flachsscheuer in Laren" durch Lichtakzente nachträglich vervollkommnet zu haben. Als Liebermann davon erfuhr: „Det is mir egal, daß erzählt wird, meine Bilder seien von Lesser. Aber wenn Ury sagt, daß seine Bilder von mir sind, dann verklage ich ihn."
Offensichtlich war ihm das nicht ganz egal, denn das freundschaftliche Verhältnis schlug in Haß um. Liebermann brach seine finanziellen Zuwendungen ab und Ury lief „mit altem Zylinderhut, in schäbigem Anzug in Berlin herum, vom reichen Max Liebermann verachtet". (Joachim Seyppel, „Lesser Ury", Berlin 1987, p. 23)
Verhängnisvoll begann sich das gestörte Verhältnis auf die künstlerische Reputation Urys auszuwirken. Obwohl er uneingeschränkt zu den wichtigsten Berliner Malern gehörte, wurde er nicht Mitglied in der „Gruppe der XI", worin durchaus zweitrangige Künstler vertreten waren. Liebermann, der noch 1889 in der Galerie Gurlitt gemeinsam mit Ury ausgestellt hatte, verhinderte das. An den Sezessionen, die Liebermann führte, hatte Ury niemals Anteil. Eine zu späte Wiedergutmachung wurde seine Aufnahme als Ehrenmitglied in die Sezession 1921, zu einer Zeit, als Liebermann sich mit der „Freien Sezession" davon separiert hatte. Ury blieb verarmt und verkannt. Wohl im Bekenntnis seiner Schuld und um Versöhnung bemüht hatte Max Liebermann um die Jahrhundertwende Ury in dessen Wohnung am Nollendorfplatz aufgesucht. Nach langem Klopfen wurde die Tür geöffnet, Ury stand da im Nachthemd und sagte entschuldigend, er habe „kein Geld für Kohle, könne im eiskalten Atelier nicht arbeiten und sei deswegen im Bett geblieben, woraufhin der reiche Liebermann angewidert kehrt machte und den Ort nie wieder aufzusuchen schwur" (Seyppel, ebda., p. 92 f.).
Seit im Jahr 1910 der Niedergang der Berliner Sezession begonnen hatte, gehörten in der nachfolgenden Entwicklung zwei betroffene Elemente zusammen: Max Liebermann und der deutsche Impressionismus. Liebermanns Demission bedeutete den Abschied der in seinem Werk kulminierenden impressionistischen Malerei aus der vordersten Linie

Max Liebermann vor seiner
Porträtbüste, 1932

der deutschen Kunst. Eine neue Generation forderte mit gleichem Recht künstlerische Anerkennung wie einst Liebermann im Verbund mit dem Naturalismus. Wohl konnte er den revolutionären Elan der jungen Expressionisten noch akzeptieren, aber in ihrer Mißachtung der Tradition – vor allem des künstlerischen Handwerks – sah er etwas Verhängnisvolles, das zu verantworten er sich nicht bereitfinden wollte.

Er suchte mit Umsicht zu urteilen, aber leugnete niemals die persönliche Grundlage und damit die Anfechtbarkeit seiner Urteile. Beschwörend waren seine Appelle, die Kunst aufs Handwerk zurückzubesinnen, „tüchtige Handwerker" heranzuziehen „statt untüchtige Künstler, die nur das Kunstproletariat vermehren". Doch fand sich kaum jemand noch bereit, solche Gebote ernsthaft mitzutragen. Der sein Leben lang gegen konservative Kulturpolitik kämpfende Liebermann trat jetzt selbst auf die Stufe der Konvention. „Man beschuldigte ihn eines reaktionären Verhaltens, der Unterdrückung alles dessen, was über seine eigene Kunst hinausging ... Und im Prinzip, das ist unleugbar, war Liebermann Reaktionär." (Hancke, p. 482 f.) Noch einmal beschwor Liebermann den Impressionismus als eine liberale „Weltanschauung" – „Jeder kann in ihr nach seinem Talent selig werden" –, aber es konnte ihm nicht mehr entgehen, daß auch der Impressionismus ein Stil war und dieser sich nach einem geschichtlichen Höhepunkt zu überleben beginnen mußte. Die Auffassung der Natur als eines komplexen sinnlichen Phänomens, das der Impressionist in allen Regungen malerisch zu deuten unternahm, war ein ganz subjektives Unterfangen, so sehr Liebermann es über die Grenze des ästhetisch Unverbindlichen auch zu einer allgemeingültigen Haltung des Künstlers zu führen versuchte. Einen Weg der Malerei, der die Arbeitsdisziplin und ernste Selbstauffassung seiner Kunst nicht teilen mochte, der die aus gesicherter Tradition erwachsene Bindung an die Natur und den Respekt vor der Erscheinung ignorierte, konnte und wollte er nicht akzeptieren. Darin gab er keinerlei Zugeständnisse.

Henri Matisse besuchte kurz nach der Jahrhundertwende Max Liebermann in seinem Berliner Atelier. Liebermann erzählt: „Ich fragte ihn: ‚Warum malen Sie nicht einfach ruhig weiter im Flusse der großen französischen Tradition?' Worauf mir Matisse auseinandersetzte, so große Malerei und besser wie Manet oder Renoir (‚oder Sie', fügte er als höflicher Franzose hinzu, da er in meinem Alter war) könne man heute nicht malen. Ich erwiderte ihm, daß er sich damit ein großes Armutszeugnis ausstellte. Denn der Maler soll malen, was er sieht, und nicht nach Theorien. Die Malerei ist kein Rechenexempel, sondern Sache der Begabung: es kommt nicht darauf an, es besser zu machen als ein anderer, sondern darauf, es so zu machen wie man es als richtig empfindet. Mit der Kunst ist es so: erst muß man mit den Augen wahrnehmen, dann gehts ins Herz und Kopf und durch die Finger auf die Leinwand. Aber umgekehrt – erst mit dem Kopf und dann auf die Leinwand ohne Natur – das ist verrückt. Das geht nicht, das ist unnatürlich – folglich versteht es auch kein Mensch ... Ich sage Ihnen hier mein Bekenntnis; wenn man alt wird, hat man Erfahrungen gemacht und gesammelt. Man muß sich disziplinieren und nur an die Sache halten, nur an seine künstlerischen Mittel denken ..." (Zit. n. Conrad Felixmüller, „Als ich Liebermann zeichnete", in: „Kunst und Künstler", Jg. 24, 1926, Heft 8)

„Reiter am Strand", um 1910
Kohle 11,5 : 17 cm
Sammlung Stoll, Vevey/
Schweiz

Max Liebermann, um 1928
(Foto: Steffi Brandl)

"Sein Kampf war nicht nur beendet, sondern fast vergessen, die Gegner wie die Genossen nicht mehr am Leben oder verschollen." (M. J. Friedländer, a.a.O., p. 135)
Die Sezessionsquerelen innerhalb des unentwegten Spannungsfeldes, das sich auch für den über Sechzigjährigen nicht beruhigen wollte, ließen Züge von Resignation hervortreten. Die Abkehr des enttäuschten Liebermann von seiner öffentlichen Rolle als Wegbereiter der Moderne war objektiv begründet durch das schwindende Gewicht des Impressionismus auf der Waagschale der zeitgenössischen Kunst. Nicht aus Starrsinn hielt er an seinen künstlerischen Maximen fest, sondern diese, die ihm Lebensinhalt geworden waren, bewahrte er als sein künstlerisches Bekenntnis und schuf auf ihnen bauend sein Alterswerk, im Bewußtsein eines bereits zum Klassiker Gewordenen.
Äußere Anerkennungen bestärkten ihn darin; Gustav Pauli veröffentlichte 1911 ein Werkverzeichnis unter dem Serientitel „Klassiker der Kunst".
Im Jahr seines 65. Geburtstages wurde er mit Ehrungen überschüttet; die französische Akademie ernannte ihn zu ihrem Mitglied, die Berliner Akademie der Künste verlieh ihm die Ehrendoktorwürde und berief ihn in den Senat. An den Akademien in Weimar, Dresden und München wurde er Ehrenmitglied, korrespondierendes Mitglied an den Kunsthochschulen von Brüssel, Stockholm, Mailand und Wien. Die holländische Königin, deren Empfang in Amsterdam er anerkennungsvoll 1912 malte, verlieh ihm als Jurymitglied der Internationalen Ausstellung Amsterdam den Orden von Oranje-Nassau. Kein Künstler, nicht einmal Menzel, hatte ein solches internationales Renommee, eine vergleichbare Anerkennung zu Lebzeiten erfahren. „Mit Recht zerbricht sich die Welt den Kopf über die letzten Gründe dieser Wendung. Soll sie nur gutmachen, oder soll sie vorbereiten? Man wird sehen." (A. Lichtwark an Liebermann, 28. März 1912) Der Geehrte empfand Genugtuung und trug sie mit scheinbarer Gelassenheit. Wie er die lange Phase seines Verkanntseins unbeeindruckt überstand, so trat er auf die Empore des Weltruhmes, ohne von der Konzentration auf sein Lebenswerk abzulassen, ohne aus seiner puristisch biederen Lebensweise ins Ausschweifende, in Müßiggang oder übertriebenen Luxus zu verfallen.
Patrizierhaft lebte er am Rande des Pariser Platzes, seine Lebenswelt war anspruchsvoll, nicht pompös, nicht das Genie kultivierend, aber von beinahe aristokratischem Niveau. Mit bürgerlichem Stolz residierte er in seinem Haus als eine der populärsten Persönlichkeiten im Vorkriegsberlin.
Wilhelm II. trug sich 1906 mit dem Gedanken, die das Brandenburger Tor flankierenden Gebäude aufzukaufen und abreißen zu lassen, um dem Tor eine größere Monumentalität zu verleihen. Ein Abgesandter des Kaisers kam zu Liebermann und trug das Anliegen vor. Der Maler hörte ihn geduldig an und erwiderte: „Nun will ick Ihnen mal wat sagen, Exzellenz: Jehn Se zum Kaiser und sagen Se, der Liebermann hätte gesagt: Der Kaiser wohne uff det Ende von den Linden und der Liebermann wohne uff dies Ende von de Linden, un ebenso wie der Kaiser nich uff det Ende von de Linden rausjeht, jeht der Liebermann nich uff dies Ende von de Linden raus." Wilhelm II. bekam das Haus nicht, ja er mußte noch vor dem Maler von seinem Ende der Straße weichen.

„Das Atelier des Künstlers",
1902
Öl/Lwd. 68 : 81 cm
Kunstmuseum St. Gallen/
Schweiz

Max Liebermann mit Ehefrau Martha, Tochter Käthe und Enkelin Maria in der Villa am Wannsee, 1924

Martha und Max Liebermann in der Wohnung am Pariser Platz
Über dem Maler das Bildnis „George Moore" von Edouard Manet
(Foto: Felix H. Man)

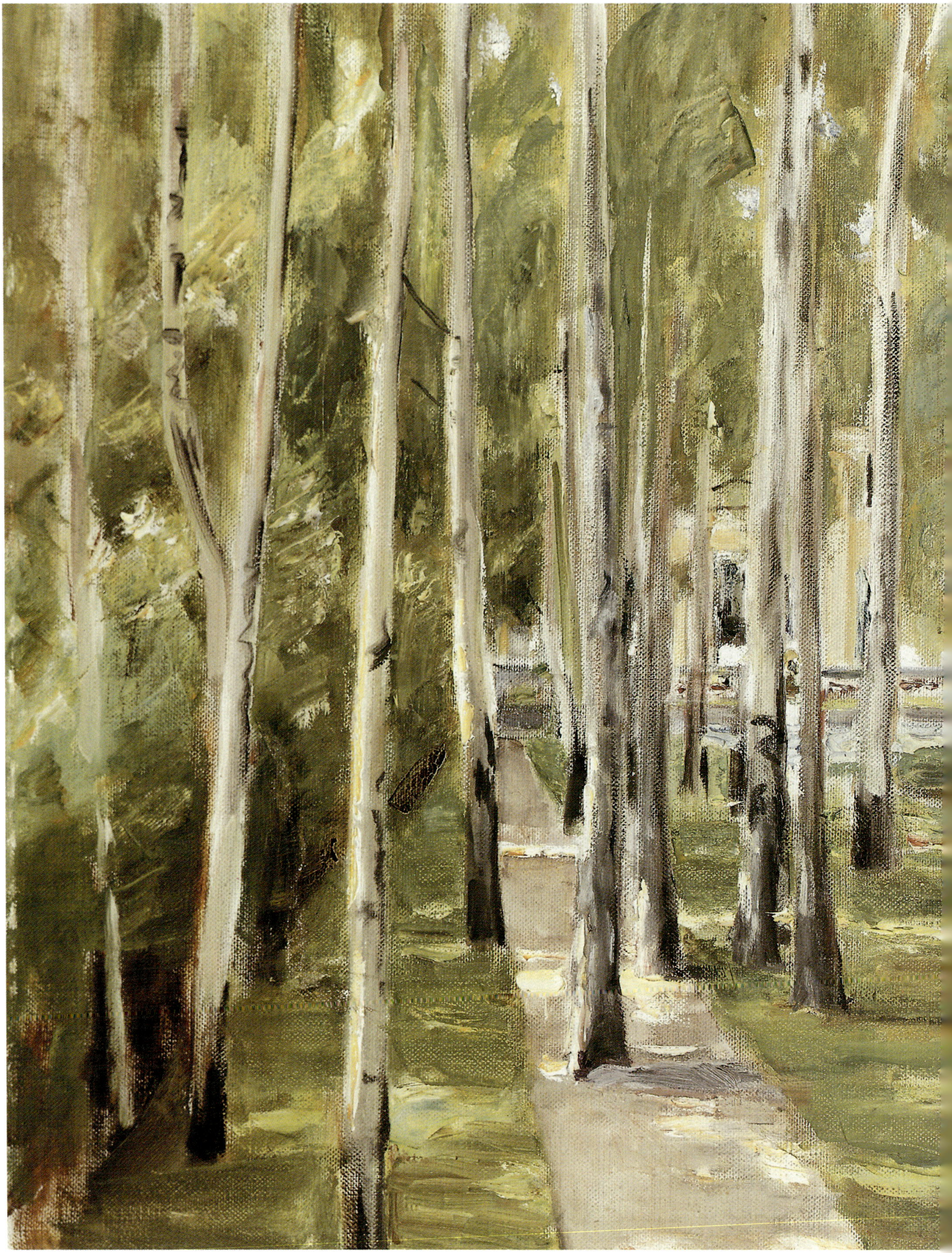

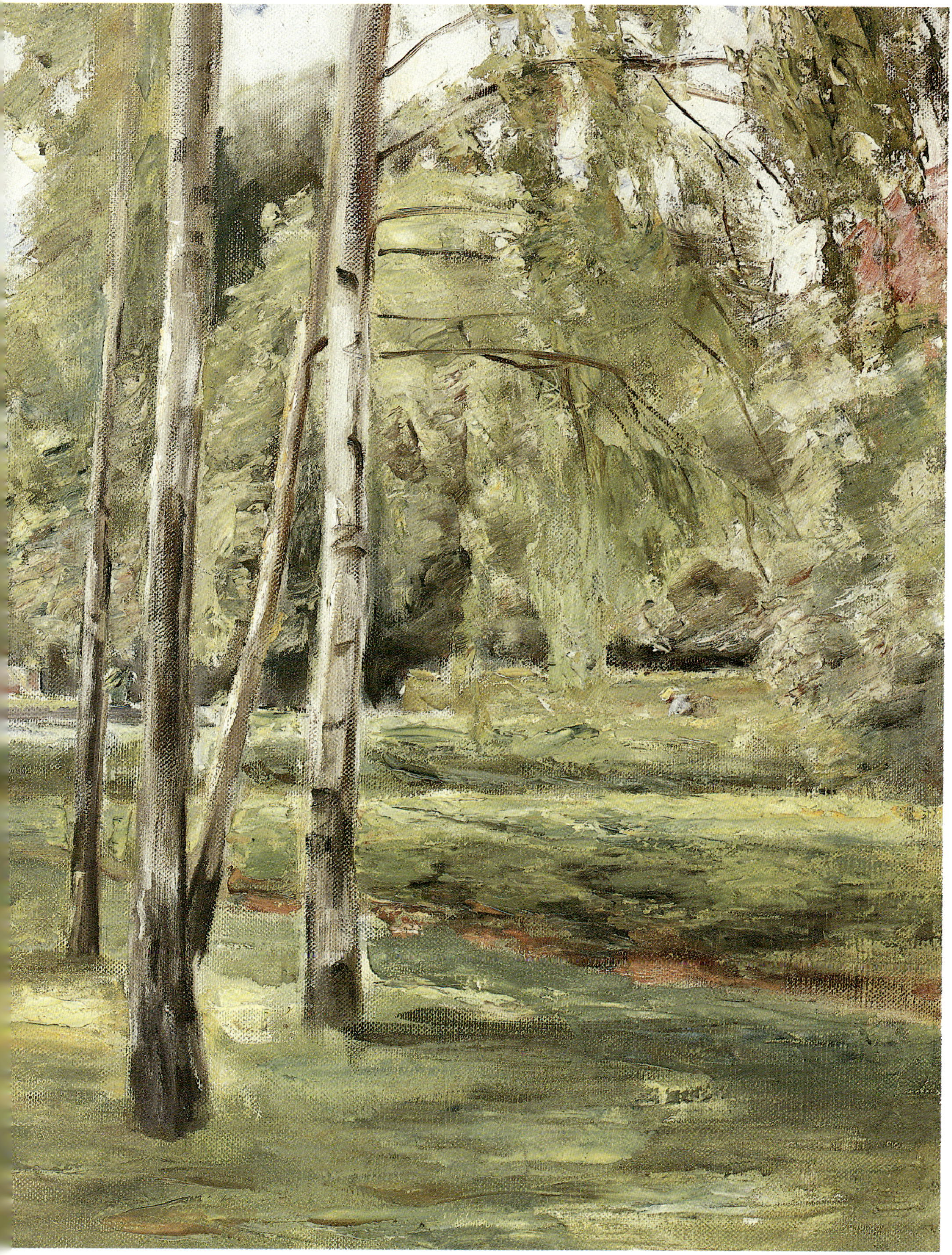

Vorhergehende Doppelseite:
„Der Garten des Künstlers",
1918 (Ausschnitt)
Öl/Lwd. 88,5 : 106 cm
Niedersächsisches Landesmuseum, Hannover

Max Liebermann liebte den Reichtum als Maß des Erfolges. Und so konnte er trotz seiner berüchtigten Sparsamkeit gewissen Bedürfnissen gegenüber nicht unnachgiebig sein, wie er zum Beispiel seine Kunstsammlung beständig erweiterte.

Liebermann lebt „in Berlin, an der Stelle wo Berlin am schönsten ist: nach der einen Seite blickt man in den Tiergarten, nach der anderen über Pariser Platz und Linden. Erlesene Gemälde der impressionistischen Meister an den Wänden der beiden einfachen Wohnzimmer rufen sein Auge dauernd zur Pflicht des hoch aufgefaßten Berufes ... in seinem Schreibzimmer Zeichnungen von Menzel und eine kleine, aber kostbare Bücherei, darunter eine reiche Daumier-Sammlung; in der Werkstatt nur eigene Arbeiten. Alte Möbel, chinesisches Gerät und moderne Bilder." (Ludwig Justi, „Deutsche Malkunst im 19. Jhdt.", Berlin 1921, p. 269 f.)

Im weiträumigen Treppenhaus hingen die ersten Menzel-Zeichnungen, an den Wänden der Wohnung Gemälde der Franzosen, Steffecks, Schadows und wieder Menzels, aber kaum ein eigenes Bild Liebermanns. Darauf angesprochen sagte der Maler: „Det wär mir zu teuer."

Das Arbeitszimmer lag im hinteren Teil der Wohnung im 2. Stock des Patrizierhauses, der Raum war mit dunklem Mobiliar zweckmäßig und keinesfalls zur Repräsentation eingerichtet. Kamin und Teppiche trugen zur Wohnlichkeit bei, der gläserne Bücherschrank enthielt die Werke der literarischen Klassik, auf einem Regal standen die Schriften zur Kunst und die über Liebermann selbst. Allein vier Biographien erfuhr er zu Lebzeiten. Über dem Kamin hing das Doppelbildnis der Eltern von 1890. Von diesem Raum aus führte eine kleine Wendeltreppe hinauf in das gläserne Atelier, das aus dem Dach herausgestülpt war. Unterhalb der gewölbten Fensterfront waren hier die Wände mit eigenen Studien behängt, darunter standen Stühle – seine „Stuhlakademie" – ein Tisch, eine Couch. In der Mitte blieb der Raum frei für Staffelei, Arbeitstisch und ein Podium für die Modelle. Der Boden war mit Teppichen bedeckt, in einer Ecke neben dem eisernen Ofen hing seine Kopie von Edouard Manets „Porträt George Moore".

Das Atelier war in dieser Ausstattung gleichsam nüchtern zu jener Zeit, wo in Makartscher Manier die Künstlerateliers zu wahren Requisitenkammern ausstaffiert waren.

Liebermanns Atelier war vor allem Werkstatt und zeigte Arbeitsatmosphäre, aber es war keinesweg erfüllt von jener asketischen Disziplin seiner frühen holländischen Arbeitsbilder; es war der Werkraum eines Grandseigneurs der Malerei. Die Selbstporträts zeigen ihn vorwiegend in gepflegter Garderobe.

Der Maler war kein Pedant, nicht bei der Einrichtung seines Hauses, nicht bei der Arbeit und auch nicht im Umgang mit seinen Bildern, die, einmal abgeschlossen, ihm fast gleichgültig waren. Die zu Stapeln aufgetürmten Zeichnungen und Skizzen behandelte er lieblos wie Makulatur. Was jeder Pedanterie im Wege stand, war die nervöse Unrast, die ihn selbst beim Malen vor der Staffelei nicht verließ. „Ich halte mich wie ein Rennpferd."

Und so war er bei der Arbeit: „Er malte mit wahrer Leidenschaft, unaufhörlich an der Staffelei hin- und herrennend. Jeden Augenblick mußte er in den Malkasten greifen, um neue Massen von Ölfarbe, deren er ungeheuer viel verbrauchte, aus den Tuben zu drücken, und oft eilte ich hinunter nach der Potsdamer Straße zu Petersson, etwas Wichtiges, das bei der Arbeit ausgegangen war, zu kaufen ... Er mischte seinen Ton schnell und fast ohne hinzusehen, setzte ihn mit einem magischen Hieb auf die Leinwand und rannte sechs Schritte zurück, um die Wirkung zu beurteilen. Da er den Pinsel sehr voll Farbe nahm und auf der Palette nicht fest durcheinandermischte, konnte er eigentlich niemals genau wissen, was er darin habe, und seine Malerei war immer ein Benutzen von Zufälligkeiten. Er übermalte dieselbe Stelle sehr oft, und mit der Zeit häufte sich die Farbe in erschreckender Weise an. Dann nahm er sein scharfes Schustermesser und schnitt die dicke Ölfarbe herunter, manchmal einen Zentimeter stark. Er hatte darin eine solche Geschicklichkeit, daß das in der Schicht entstehende Loch, das einen anderen zur Verzweiflung gebracht hätte, im Augenblick wieder ausgeglichen war. Öfter allerdings passierte es, daß er die Leinwand zerschnitt. In der Überwindung solcher Schwierigkeiten war seine Technik groß, im übrigen war es ihm ganz gleichgültig, wie er seine Wirkungen erreichte, wenn sie nur frappant waren." (Hancke, p. 307)

Max Liebermann im Rosenbeet, am Morgen seines achtzigsten Geburtstages

Malte er nach einem Modell, so konnte er pausenlos erzählen, zu ernsten Dialogen mit ihm kam es kaum. „Nun ist mit Liebermann nicht leicht zu diskutieren, denn er folgt selten einem Gedanken, sondern springt in plänkelnder Weise auf tausend fernliegende Dinge über." (Hancke, p. 510)

Eine Fülle von Anekdoten ist von diesen Porträtsitzungen überliefert, in denen der Maler, pausenlos vor der Staffelei agierend, sein Modell mit seinem Redestrom wahrhaft überschüttete, sprunghaft die Themen wechselnd, zu Weisheiten über die Kunst nicht minder geneigt wie zu Klatsch oder wiederaufgewärmten Anekdoten. In seinen oft zielsicher pointierten Bonmots und Witzeleien trat er auch ein Erbe Steffecks an, und über diesen wiederum das des verehrten Franz Krüger, der für seinen Witz stadtbekannt war. Im Sinne seiner Vorgänger war Liebermann nicht volksverbunden, eher distinguiert, auch wenn sein berlinerndes Jargon auf Volksnähe schließen lassen könnte. In Wahrheit kokettierte er mit dieser Sprache, die seine Muttersprache nicht war. Sein Humor war manchmal durchaus derb, aber in der Regel verlor er nicht die Zügel einer lenkenden Geistigkeit, eines zur Ironie fähigen Scharfsinns, der die Pointe als Waffe gebrauchte. Liebermann war nicht banal witzig, er nutzte den Humor als Selbstschutz; die Pointen, die er setzte, waren Schlußpunkte, eine weitere Diskussion fand nicht statt.

In der Öffentlichkeit verstummte seine Redseligkeit, schrumpfte auf das ironische Aperçu zusammen, um das er nie verlegen schien und welches er dann berlinernd zum Besten zu geben liebte. Doch: „Ich bin am liebsten für mich und arbeite."

„Frau Liebermann sitzt still, begütigend; ein Wort aus ihrem Munde, die einfache Geschlossenheit ihrer ruhigen Haltung ist wie die Wohltat einer mütterlich aufgelegten Hand." (W. Hausenstein, „Berliner Eindrücke", in: „Hier schreibt Berlin – Ein Dokument der 20er Jahre", München 1963, p. 186)

Im Umgang mit der Familie zeigte sich der Maler häufig verschlossen und wortkarg, doch das bedeutete nicht viel. Die unerschöpfliche Zahl seiner Zeichnungen der Frau und der Tochter beweist eine nahezu rührige Anteilnahme am familiären Leben, das er in allen Regungen sach-

lich und unsentimental skizzierte. Liebermann über die Tochter: „Dem Kind kann ich keinen Wunsch abschlagen." Im Wesen jedoch kannte er seine Umwelt kaum, hielt sich in gleicher Distanz von ihr fern, wie er andere nicht in allzu große Nähe zu sich vorließ. Der Mensch hatte ihm eine Seite bewahrt, die ihn unentwegt faszinieren konnte: die malerische äußere. Psychologe war Liebermann nicht, er respektierte sein Gegenüber, ohne die Grenze zur Indiskretion jemals zu überschreiten. Unter diesem Vorzeichen malte er seine Porträts, die das Gesicht nicht als Epidermis der Seele verstehen, sondern als ein Stück ganz individuell gewordener Natur. Eine seiner Maximen behält auch vor dem Porträt Gültigkeit: „Der Künstler muß die Natur mit derselben Unvoreingenommenheit wiedergeben wollen, wie der photographische Apparat es tut."
Im Jahr 1909 hatte Max Liebermann in der Großen Seestraße am Ufer des Wannsees ein Grundstück erworben, auf das er sich im Jahr darauf einen Künstlerlandsitz bauen ließ.* Die Grundidee zu diesem Haus lieferte er selbst, darin den holländischen Landhaustyp mit dem Stil einer Hamburger Patriziervilla zu verschmelzen suchend: eine ebenso wohnliche wie stattliche Synthese sollte es sein. Als Sommerresidenz konzipiert war das vom Architekten Paul Baumgarten ausgeführte Haus mit einem großen Garten umgeben, dem Liebermanns Fürsorge galt. Der Maler unterbrach im Sommer 1909 einen Arbeitsaufenthalt in Hamburg: „Ich baue mich nämlich am Wannsee an u. ich muß zu Baumgarten ... die Pläne durchsprechen." (An G. Pauli, 24. Juli 1909)

In die Gartengestaltung bezog der Maler den Direktor der Hamburger Kunsthalle, Alfred Lichtwark, mit ein, ja überließ diesem und seiner Tochter Käthe die Anlage des Gartens ganz. Mit Leidenschaft konstruierte Lichtwark Pläne für das zum Wannseeufer reichende Gelände, verteilte auf dem Papier die zu pflanzenden Bäume, anzulegenden Beete, Mauerabschlüsse, korrespondierte ausgiebig mit der Tochter des Künstlers, reiste selbst an den Wannsee, um Maße zu nehmen und das Gelände gemäß seinen Plänen abzustecken. „Die Hauptmasse des Gartens ist sehr ruhig und einheitlich, mit einem Blick zu übersehen und zu erkennen, keine störende Theilung, nur zwei Wege, die nicht als Ornament, als Schlängelband durch die Landschaft flattern, sondern einfache gradlinige Verbindungen sind, einer unter Bäumen, einer offen, und beide ganz bescheiden an den Grenzen des Geländes. Dazwischen der einfache ruhige Rasen." (A. Lichtwark an Liebermann, 16. Dezember 1911)
Die zum See hinunterführende Birkenreihe entsprang einer Anregung Lichtwarks, der sich ebenso über die Aufstellung der beiden zur Liebermann-Sammlung gehörenden Skulpturen von August Gaul und Auguste Rodin Gedanken machte. Eine Ufermauer, die zum See abgrenzt, sollte errichtet werden, davor ein Teehäuschen, das die Rodin-Skulptur aufnahm. Durch den Beginn des Weltkrieges kamen diese Pläne nicht mehr zur Ausführung.

Der Garten erst gab diesem Landsitz das Gepräge impressionistischer Lebenskultur, die – mit Aufwand geplant und vorberechnet – Natur und Lebensform in idealen Einklang zu setzen versuchte. Im Innern der Wannsee-Villa überwog der Eindruck nüchterner Eleganz, draußen schwelgte ein in die Gesamtwirkung einbezogener Landschaftsgarten, durch die großen Fenster des Speisesaales sah man über den Garten hinweg auf den See.

*Im Jahr 1912 erarbeitete ein Berliner Arzt im Auftrag der AOK eine Studie über das Verhältnis Berliner Schulkinder zur Natur. 70 Prozent der Kinder besaßen keinerlei Vorstellung von einem Sonnenaufgang, fast ebensoviele hatten niemals ein Dorf gesehen, niemals einen Berg. 90 Prozent kannten keinen Fluß. Einige glaubten, schon einmal einen See gesehen zu haben, aber als man der Sache nachging, stellte sich heraus, daß nur der Fischbehälter auf dem Markt damit gemeint war.

Mit Stolz präsentierte Max Liebermann sein herrschaftliches Anwesen, das er im Sommer 1910 erstmals bezog, als sein „Schloß am See": „Übermütig sieht es nicht aus, aber ich glaube, daß es nach mir aussieht." Und nicht ungern gab er zu verstehen, daß er das alles aus dem Bilderverkauf von nur eineinhalb Jahren habe finanzieren können. „Hätte ich das von meinem Vater geerbt, so würde es mir längst nicht soviel Vergnügen machen."

Im oberen Stockwerk besaß diese Villa, in der sich heute ein Berliner Ruderverein installiert hat, ein helles Atelier, das in der Dürftigkeit seiner Einrichtung nicht mit dem Glasgehäuse über dem Pariser Platz zu vergleichen war. Während seiner Sommeraufenthalte am Wannsee zog es Liebermann vor, im Garten zu malen, wo er den Impressionismus seines Spätwerks am reinsten entfaltete. Hancke beobachtete Veränderungen, wenn der Maler sich hier aufhielt; „daß er dort weniger als sonst an sich glaubte, und ein Anflug von Schwermut an ihm zu bemerken war" (p. 478).

Max Liebermanns Villa am Wannsee heute

1910 entstanden die ersten beiden Ansichten des zur Seestraße hin gelegenen Gemüsegartens, doch blieb der Sommer insgesamt malerisch wenig ertragreich. Nach Studien aus dem Vorjahr malte er Hamburger Motive für die dortige Kunsthalle: 1910 ein Bild vom „Abend am Uhlenhorster Fährhaus", das er im Vorjahr aufgrund einer Erkrankung in Hamburg nicht mehr vollenden konnte. Im Jahr darauf entstand der „Sommerabend an der Alster", dessen erste Fassung der Maler zerstörte. Lichtwark schrieb, Liebermann „sehe dort eines der reizvollsten Probleme der deutschen Malerei" (an d. Verwaltung d. Kunsthalle, 18. September 1908). Elegante Gäste in Booten füllen den Bildraum, im dunstigen Hintergrund erscheint die Silhouette der Stadt. Die in Sonnenlicht getauchte Szenerie wird gleich dem Hintergrund in den Konturen aufgelöst, wie auf Fernsicht hin impressiv behandelt. Doch ließ sich in der wenig luminaristischen Farbigkeit dieses Atelierbildes die Frische des vergangenen Seheindrucks nicht wiederbeleben.

Motive dieser Art, Gesellschaften am Wasser, beschäftigten Liebermann in seinen letzten Malsommern in Holland. 1911 entstand eine weitere Ansicht des Ausflugslokals „Oude Vink" bei Leiden, im August 1912 in Noordwijk der Blick auf die „Strandterrasse", zuletzt noch einmal im Jahr darauf wiederholt.

Diese Ansicht der Terrasse des „Huis ter Duin" in Noordwijk, einer von Aristokraten und Künstlern bevorzugten Pensionsvilla, wurde Liebermanns letztes Bild in seiner langjährigen künstlerischen Wahlheimat. Es zeigt die galante Welt des Seebades in einem vor dieser Küste souverän gewordenen Impressionismus, beleuchtet noch einmal eine Welt unproblematischer Harmonie, die – mit zunehmendem Alter des Malers und vor den Ereignissen der Geschichte – Züge eines Wunschbildes annahm, Ausdruck wurde für die Sehnsucht nach unkompliziertem menschlichen Beisammensein.

Während der Vorbereitungen des Malers zur Sommerreise 1914 wurde der Krieg erklärt, Max Liebermann kehrte nicht mehr wieder nach Holland zurück. „Das große Abenteuer, das Holland geheißen hatte, war zu Ende." (Scheffler, p. 81)

Max Liebermann an seinem
achtzigsten Geburtstag
(Foto: Minya Dührkoop)

„Kriege scheinen nötig zu sein, um den im Frieden allzu üppig wuchernden Materialismus einzudämmen. Ich arbeite so ruhig als möglich weiter, in der Meinung, daß ich dadurch dem Allgemeinen am besten diene. Nebenbei mache ich ein paar Lithografien für eine unter Gold's Leitung herauskommende Kriegszeitung, deren Ertrag dem Roten Kreuz zufließen soll." (An Gustav Kirstein, 27. August 1914)
Der Ausbruch des Krieges betraf Max Liebermann als Patrioten, als Humanisten, als Impressionisten. Er reagierte gemäß seinem Temperament impulsiv, bekannte sich zu seinen patriotischen Gefühlen, zeichnete bereitwillig Szenen für die Cassirersche Bildmappe „Kriegszeit", die mit dem Untertitel „Künstlerflugblätter" von 1914 bis 1916 erschien; dafür arbeiteten außer Liebermann noch Ernst Barlach, Käthe Kollwitz, Max Slevogt und Rudolf Großmann. Mit der Dauer des Krieges wuchs Liebermanns Zurückhaltung, es trat aus dem, was er malte und schrieb, eine Art Ernüchterung hervor, die Erkenntnis des sich vollziehenden Zusammenhangs von Geschichte: mit dem Kaiser trat zwar der selbstherrliche Zuchtmeister der Kultur von der Weltbühne ab, doch mit dem Kaisertum mußte auch eine Kulturepoche enden, die zwar in Heuchelei und Unaufrichtigkeit bestand, aber Liebermann gegeben hatte, was ihn formte: die Kraft zum Widerspruch, die ihn in seiner Entschlossenheit immer neu bestärken konnte.
Mit der wilhelminischen Ära konnte sich Max Liebermann, wenn auch nicht im Einvernehmen, identifizieren; er war, ob gegen seine Absicht oder nicht, zuletzt der Maler dieser Epoche geworden. Die Werte, die er sich zur Tugend erhob, waren preußischer nicht zu denken: Selbstdisziplin und Fleiß; nur im Gehorsam war der Maler nicht preußisch genug und blieb unbeugsam vor dem, was seiner Überzeugung widersprach. Doch diese Überzeugung verblaßte. Der Krieg besiegelte den Niedergang einer Epoche, aus der Naturalismus und Impressionismus zuletzt als große Kulturströmungen hervortraten; und diese Epoche war auch die Zeit Max Liebermanns gewesen.
Die Frage blieb offen: was würde überdauern können, wenn innerhalb der Kultur bereits die von ihm mit Nachdruck gelebten Werte gefallen waren? Konnte die Kunst in völlig veränderter historischer Situation noch einmal in Liebermanns Sinne regenerieren?
Wilhelm von Bode 1915: „Ich fürchte, daß das große Publikum in der allgemeinen Annahme, der Krieg habe gründlich aufgeräumt mit den dekadenten Andeutungen der modernsten Kunst, eine große Enttäuschung erleben wird."
Karl Scheffler 1915: „Dieser Krieg muß eine Schule des Talents werden. Denn indem der Idealismus sich erneuert, muß sich wie von selbst die Kraft künstlerischer Darstellung erneuern."
Dazu im Widerspruch Herwarth Walden, Herausgeber der Expressionisten-Zeitschrift „Der Sturm", 1915: „Die Kraft künstlerischer Darstellung hat sich wie von selbst erneuert, auch der Idealismus, und zwar lange vor dem Kriege. Der tiefsinnige Materialist, Herr Karl Scheffler, hat es nicht bemerkt. Er war sein ganzes Leben lang verreist, nach Griechenland. In Deutschland hat er den Anschluß verpaßt. Und im Krieg wird er ihn nicht einholen."
Max Liebermanns Erwartungen nach dem Ende des Krieges: „ ‚Was ich für die Kunst vom neuen Volksstaat erwarte?' Nichts und Alles: Freiheit!

Aber künstlerische Freiheit ist nicht Gesetzlosigkeit, sondern die Kunst ist autonom, sie und kein Anderer schreibt ihr die Gesetze vor. Kunst ist Gewissenssache: es schaffe ein jeder Künstler so gut er's vermag, dann schafft er am besten für das Volk." (An d. Redaktion des „Vorwärts", 17. November 1918)

Mit Ausnahme zweier Kuraufenthalte in Wiesbaden 1915 und 1917 blieb Liebermann während des Krieges in Berlin, wechselte die Sommer am Wannsee mit den Wintern in der Stadt, lebte zurückgezogen und wirkte in sich selbst zurückgezogener. Seine Arbeitsmoral sank in den ersten beiden Kriegsjahren beträchtlich und erreichte kaum das alte Maß seiner Produktivität zurück. Er litt keine wirkliche Not; in der Zeit der Lebensmittelverknappung ließ er die Gemüsebeete seines Wannseegartens erweitern, dafür opferte er sogar die Rasenfläche.

In der ersten Welle patriotischer Euphorie, die viele Sezessionsmitglieder freiwillig in den Krieg eintreten ließ, wollte auch Liebermann seinen Beitrag leisten. 1914 malte er den schneidigen Husarenoberst von Keczycki, im Jahr darauf zwei Fassungen des Feldmarschalls von Bülow in Uniform. Diese Bilder sind – so Hancke 1922 – noch „von optimistischem Geiste" erfüllt; in einem „Bildnis eines Fliegers" von 1917 liegt nur noch wenig Siegeszuversicht, ein sensibler Ausdruck von Sinnleere und Melancholie steht dagegen. Bismarck zu porträtieren, lehnte Liebermann ab. Als er nach Ende des Krieges von den Franzosen wegen seiner Unterschrift unter eine Erklärung deutscher Künstler, die sich mit den Kriegszielen des Kaisers einverstanden erklärte, angegriffen wurde, gab er überraschend dem Pariser Blatt „Exzelsior" ein Interview: „Ich habe mich nie in Politik gemischt. Sie ist eine Kunst wie jede andere, die ernsthafte Studien verlangt. Ich verabscheue die Kaffeehaus- und Bierbankpolitiker und den Dilettantismus ebenso in der Politik wie in der Kunst. Seit dem Kriege aber darf man nicht mehr einfacher Amateur sein: ein jeder hat seinen Platz in den öffentlichen Dingen auszufüllen. Der Künstler widmet sein Leben der Erzeugung schöner Dinge. Er konnte nicht diesen Zug des Elends und der Greuel an sich vorüberziehen lassen, ohne davon ergriffen zu werden. Ich für meinen Teil versuchte, so gut es ging, die Augen vor all den abscheulichen Dingen zu schließen. Ich vertiefte mich mehr denn je in meine Arbeit und hätte mir am liebsten Scheuklappen zulegen mögen." (Zit. i. d. „Berliner Zeitung", 12. Juni 1919)

Die während der Kriegsjahre gemalten Ansichten des Wannseegartens, deren Zahl seit 1916 stieg, geben das Geleit des Rückzugs und der Beschränkung auf eine überschaubare, aber intensiv erfahrene Natur. Liebermanns malerische Kraft scheint ungebrochen, vehement und impulsiv folgt er malend den Streifzügen des Lichts durch diesen Garten; die Leuchtkraft ist impressionistisch, der Duktus von Spachtel oder Pinsel ganz expressiv. „In der Kunst, einen Natureindruck zum Bilde zu formen, ist Liebermann jetzt uneingeschränkter Meister." (Hancke, p. 345)

Neue Versuche in Themen der Mythologie kamen nach den früheren zweifelhaften Ergebnissen nicht mehr vor; wohl plante Liebermann noch einmal eine solche Komposition, aber verwarf alle Vorstudien. Nur seine illustrativen Arbeiten – 1917 zu Goethes „Novelle" und „Der Mann von fünfzig Jahren" – bezeichnen die von ihm erwähnte Abkehr vom Elend der Gegenwart, aber auch die Willenskraft, seinen verbliebenen Fähigkeiten noch einmal Neuland hinzuzugewinnen.

„An meine lieben Juden" (Der Czar) – Kischinew Illustration aus „Kriegszeit", September 1914

„Jetzt wollen wir sie dreschen"
(Der Kaiser)
Illustration aus „Kriegszeit",
September 1914

Die Arbeit für Cassirers „Kriegszeit" führte zu dieser unerwarteten Konsequenz; als das Blatt im Abklingen der Kriegsbegeisterung seinen Namen änderte und als „Bildermann" erschien, gab Liebermann die Mitarbeit auf und wandte sich als Illustrator der Literatur zu. Zunächst zeichnete er, ganz für sich selbst, Bilder zu Heinrich von Kleists „Kleinen Schriften". Der zeichnerische Stil des mittlerweile Siebzigjährigen hatte sich zur atmosphärischen Beschreibung hin entwickelt und war kaum dazu angelegt, in Bildern zu erzählen. Und so bestand sein illustratives Arbeiten weniger in der Ausformung handelnder Charaktere als in der Schilderung von Situationen, an denen das Figürliche notwendig Anteil hat, worin aber das räumliche Umfeld – Interieur oder Landschaft – als wesentlich miterfaßt ist. Der Zeichner war es nicht gewohnt, Figürliches aus dem Kopf und in Folge wiederzugeben. Seine Gestalten eines Erzählzusammenhangs sind kaum identifizierbar, individuelle Züge fehlen oft ganz. Was Liebermann zum Illustrieren anregte, war der Tiefsinn epischer Handlung, die Erfassung menschlicher Schicksale. Und so konzentriert er seine Illustration auf Bilder, die das Schicksalsmoment der Handlung nachfühlbar machen. Dabei war der Künstler nicht frei von Sentimentalität; wie er vor der Natur das Gesehene im Ausdruck seines Gefühls zeichnete oder malte, konnte ihn der Nachvollzug eines Gedichteten nicht gerade prosaisch stimmen. Und darin war er wohl versucht, das Schicksal der epischen Personen auf das eigene zurückzubeziehen. Goethes „Mann von 50 Jahren" legt das nahe; die Szenen der 1922 bei Cassirer als Holzschnittfolge nach Liebermanns Zeichnungen erschienenen Ausgabe sind in den Wannseegarten hineinverlegt.
Liebermann illustrierte spontan und wohl unter Einfluß der darin erfahreneren Zeitgenossen wie etwa Slevogt. Der zeichnete in nur einer Nacht die Illustration für ganze Romanwerke herunter, impulsiv, nicht auf Wirkung bedacht, sondern auf das schnelle Umsetzen flüchtiger Inspirationen. Solche Exstasen zeichnerischer Phantasie ließen Liebermann nicht unbeeindruckt und gaben ihm Herausforderung. Er aber fand nicht zu der Freiheit gegenüber der Textvorlage, die etwa Slevogts verwegene Meisterschaft ausmachte. Liebermann schrieb Gedankenbilder nieder, die Textstimmungen beleuchten, in der Folge aber unzusammenhängend bleiben. Er phantasierte über eine literarische Vorlage mit eben jenem naiven Sinn, mit welchem er an den Phänomenen und Bewegungen der Natur unmittelbar teilnehmen konnte.
Die Illustration war nur Episode in Liebermanns Werk, sie blieb auf das Jahrzehnt zwischen 1917 und 1926 begrenzt, zuletzt entstanden illustrative Folgen von Lithographien zu Heinrich Heines „Der Rabbi von Bacharach" (1923) und Fontanes „Effi Briest" (1926). Seine Arbeit in diesem neuen Metier war nicht immer erfolgreich; als die „Gesellschaft der Bibliophilen" ihn 1918 um die Illustrierung von Hauptmanns „Biberpelz" bat, mußte Liebermann kapitulieren: „... es ist ganz gleichgültig, woran es liegt, jedenfalls bin ich gezwungen, meine Impotenz einzugestehen und den mir gütigst erteilten Auftrag in Ihre Hände zurückzulegen." (An G. Kirstein, 16. Juni 1918)
Unmittelbar berührten die Kriegsereignisse das Leben des Malers erst nach der Kapitulation, als Berlin von Straßenkämpfen erschüttert wurde, die sich vor allem um das Brandenburger Tor herum abspielten. In den Januartagen kam es hier zu Gefechten zwischen Spartakus-Gruppen und

Max Liebermann vor einem Selbstporträt, 1930
(Foto Felix H. Man)

Illustration zu Goethes „Der Mann von fünfzig Jahren", Holzschnitt von Oskar Bangemann nach einer Zeichnung Liebermanns

Sozialdemokraten, Mitte des Monats wurden Rosa Luxemburg und Karl Liebknecht ermordet. Selbst als sein eigenes Haus bereits strategisch umkämpft wurde, zögerte Liebermann noch, es zu räumen. „Wir am Pariserplatz hatten es sehr ungemütlich, da am Donnerstag, dem 7ten, von der alten Regierung wie in allen umliegenden Häusern Maschinengewehre in der I. Etage aufgepflanzt war, was natürlich die Soldaten u. Matrosen der Revolution reizte und glauben ließ, daß das Haus vertheidigt werden sollte. Die 6 oder 7 Mann der Maschinengewehr-Bedienung aber waren gescheiter u ergaben sich, wobei der Officiers-Stellvertreter geweint haben soll, als ihm die Cocarde abgerissen wurde. Eine Kugel ging durchs Fenster in die gegenüberliegende Wand in der I. Etage. 20 Bilder aus meiner Sammlung hatte ich vorher in Sicherheit bringen lassen. Wer weiß, wann ich sie wieder an ihren Platz werde hängen können! Leider sieht es nicht nach Ruhe aus. Es ist fürchterlich u ich bemühe mich, möglichst viel zu arbeiten, um an die Misere nicht denken zu müssen." (An Geheimrat Lehrs, 19. November 1918)

Während der eskalierenden Ereignisse im Januar 1919 zog Liebermann vorübergehend in das Haus seiner Tochter, die zwischenzeitlich den Legationsrat Riezler geheiratet hatte. Nach drei Wochen kehrte er an den Pariser Platz zurück, in Abscheu mied er die Stadt und verließ in den folgenden Monaten kaum noch das Haus: „... Berlin ist zerlumpt, schmutzig. Abends dunkel u eine todte Stadt, dazu Soldaten, die Streichhölzer und Cigaretten in der Friedrichstr. oder unter den Linden verkaufen, blinde Drehorgelspieler in halbverfaulten Uniformen, mit einem Worte: jammervoll... Man wäre versucht reaktionär zu werden." (29. Januar 1919)

Jahre danach, als das heftig umstrittene Gemälde „Der Schützengraben" von Otto Dix vom Kölner Wallraf-Richartz-Museum angekauft worden war, was eine Welle der Entrüstung besonders unter Kunsthistorikern hervorrief – Meier-Graefe nannte das Bild schlichtweg „zum Kotzen" –, forderte es Liebermann demonstrativ für die Berliner Akademieausstellung 1925 an. „Das Bild von Dix ist sozusagen die Personifizierung des Krieges. Nicht eine Episode des Dramas..., sondern den Krieg als fürchterlichstes Ding an sich wollte der Künstler im Schützengrabenbild veranschaulichen, ohne Pathos und ohne bengalisches Feuerwerk... Ich halte das Werk von Dix für eines der bedeutendsten Werke der Nachkriegskunst." (An den Kölner Museumsdirektor)

Wo es künstlerischen Wahrheitsanspruch zu verteidigen galt, trat Liebermann selbst auf die Seite des ansonsten von ihm mit Polemik bedachten Expressionismus. Noch 1920 hatte er öffentlich erklärt: „Wir wollen keine Neger- oder Fidschi-Insulaner-Kunst."

Die eigenen Bilder reflektieren das Zeitgeschehen nicht, die seit 1916 forciert gemalten Wannseegärten zeigen sein Stück Arkadien, im Sonnenlicht fluoreszierendes Grün, das dieses private Refugium begrenzt. Den Einklang mit der Natur, der seinem Lebenswerk Substanz gab, können die Gartenlandschaften noch einmal vorstellbar machen, ihr Zyklus bildet eines der letzten großen Zeugnisse einer deutschen impressionistischen Malerei. Eine Kunst mit gewollt politischem Gehalt, wie sie Liebermann an Dix verteidigte, machte er niemals zu seiner eigenen. Im Bekenntnis zur Naturmalerei blieb auch sein Alterswerk eine Kunst des Sensitiven, nicht des Intellekts.

„Selbstbildnis an der Staffelei", 1916
Öl/Lwd. 112 : 92 cm
Kunsthalle Bremen

Liebermann über die Arbeit des Künstlers: „... im Schaffen darf er nicht denken. Im Schaffen muß er impulsiv sein. Glauben Sie, wenn ich was male, daß ich mir dann überlege, was ich will und das wird? Nee, wissen Sie, ich habe gerade Mumm, dann stelle ich mich hin und pinsele los, und dann wird es auch was. Das ist, wissen Sie, wie ein anderer sich ausspricht oder ausschreibt. Ich mal mir eben was vom Herzen runter. Kunst hat gar nichts mit Verstand zu tun, nur mit dem Gefühl... Entweder bin ich für eine Person oder Sache eingetreten, oder ich habe mich, was meist noch wichtiger ist, gegen schädliche Personen oder Sachen gewandt. Man muß mitunter die Leute mit der Nase auf eine Sache stoßen. Aber sonst hat das ganze Gerede oder Geschreibe gar keinen Zweck." (Zit. n. Ostwald, p. 499 f.)

Anläßlich seines siebzigsten Geburtstages richtete ihm die Berliner Akademie der Künste trotz aller kriegsbedingten Schwierigkeiten die größte Retrospektive aus, die seinem Werk bis dahin zuteil geworden war. Annähernd 200 Gemälde bildeten einen Lebensfries seiner Arbeit. Liebermann bereitete mit gemischten Gefühlen diese Ausstellung vor, fand vieles nicht mehr zeigenswert oder kaum noch überzeugend, aber er akzeptierte die Absicht einer umfassenden Werkschau; „ich wollte sehen, was ich gemacht habe. Ein gewagtes Unternehmen, aber ich sage mit Goethe: ‚Was ich gemalt habe, hab' ich gemalt.'" (1917) Wilhelm II. ließ späte Gnade walten und verlieh dem Maler einen ersten preußischen Orden, den Roten Adlerorden III. Klasse. „Aber ein Anarchist ist er doch!" (Wilhelm II.)

Die konservative Kritik suchte immer noch nach Anstößigkeiten, aber Liebermanns Werk, in einem halben Jahrhundert hochproduktiver und kompromißloser Arbeit entstanden, war nicht mehr zu erschüttern. Im Gesamtüberblick traten die suchenden Anfänge des jungen Naturalisten, seine wechselnde Orientierung an Vorbildern, die zögernde Näherung an den Impressionismus weit hinter den Eindruck der Geschlossenheit zurück. Als eine gewachsene Einheit offenbarte dieses Werk seine große innere Konsequenz und bewies jene künstlerische Originalität, die Liebermann immer gern zum Maß großer Kunst erhob. Es hatte historisches Format angenommen, aber ein wenig trat dieses Werk bereits aus dem Schatten seiner eigenen Geschichte heraus in eine höhere Dimension. „In allen kommenden Zeiten wird diese preußische Kunst Max Liebermanns leben und bieten, was der stärksten zeitlichen Kunst zu bieten obliegt: das Bild ihrer Zeit. Sie wird nicht Stürme der Liebe und des Hasses erregen, sie wird mehr zum Auge des Kenners als zum Herzen des Enthusiasten sprechen. Aber sie wird den Menschen das bedeutende Bild des Menschen enthüllen, ein Bild der Beherrschtheit, der Vornehmheit und Meisterschaft." (Walther Rathenau, in: „Kunst u. Künstler", 1916/17)

Die Apotheose eines Malers begann, dessen Lebenswerk unvollendet, dessen öffentliches Wirken längst nicht abgeschlossen war.

„Ich mache sogar *zwei* Porträts nach dem anderen, da ich sonst die auswärtige Kundschaft nicht zu befriedigen imstande wäre ... Bilder dagegen: Caro, flau!" (An H. Struck, 12. Februar 1913)
Nachfragen nach seinen Werken ließen Liebermann niemals unberührt, Aufträge verlockten nicht nur finanziell, sondern gaben ihm immer auch künstlerische Herausforderung. Sein Porträtwerk setzte, was sehr anschaulich die Retrospektivausstellung 1917 bewies, in sein Œuvre einen neuen malerischen Akzent, der etwa mit dem der „Wannseegärten" nicht ganz in Einklang stand. Von der Selbstdarstellung her hatte Max Liebermann seine Porträtarbeit entwickelt, über Aufträge wurde er dann an das Metier herangeführt, zu dessen Meister er in seiner Zeit schließlich avancierte.
Nach der zweifelhaften Resonanz auf das Hamburger Bürgermeisterporträt von 1891 nahm er erst elf Jahre später die Bildnismalerei in dem „Porträt Georg Brandes" wieder auf und führte sie 1904 mit dem „Bildnis Wilhelm von Bode" weiter.

„Selbstbildnis", um 1920
Kohle 34,7 : 28,8 cm
Wallraf-Richartz-Museum, Köln

Während in vielen der späteren Porträts Liebermanns scharfe Beobachtung durch die Routine geglättet erscheint, bewies er in den frühen Bildnissen seine Meisterschaft einer Charakterisierung des Dargestellten, in einem konzentrierten Augenblick erfaßt, der Wesentliches dieser Person zu zeigen vermag. Die rhetorische Schärfe und der kritische Intellekt des dänischen Literaturhistorikers Georg Brandes, dem eigentlichen Entdecker Nietzsches, sprechen aus seinem Porträt; aus dem des Kunsthistorikers Bode dessen betuliche, zurückhaltende Natur mit einem Temperament, das hinter der biederen Beamtenerscheinung versteckt lag. Liebermann über Brandes: „Übrigens der amüsanteste Kerl; nur möchte ich ihn nicht als Feind haben." (An F. Servaes, 14. Oktober 1900) Lovis Corinth berichtet über eine Begegnung mit Brandes und Liebermann im Beisein des Dichters Eduard Grisebach: „Ich habe nie etwas Geistreicheres erlebt wie diesen Abend. Zwischen Liebermann und Brandes, welche Rasseverwandtschaft hatten, entspann sich ein flammendes Feuerwerk. Jeder wollte an dem anderen vorbeisprechen, und ich mußte wohl dem Brandes ob seines glitzernden Gefunkels den Endsieg einräumen, Grisebach und ich, als zwei stumpfsinnige Norddeutsche, standen abseits von diesem Geplänkel."
1905 porträtierte Liebermann den Intendanten des Hamburger Schauspielhauses, Freiherrn Alfred von Berger, und, was überrascht, den kaiserlichen Intimus Fürst von Lichnowsky. Die Repräsentationsaufgabe, die sein bis 1920 auf etwa 100 Bildnisse anwachsendes Porträtwerk zu erfüllen hatte, erklärt die soziale Stellung seiner Dargestellten. Liebermann porträtierte die etablierte Gesellschaft der Adeligen, Großunternehmer, Wissenschaftler und Literaten. Das Honorar für ein Bildnis lag zwischen 5000 und 6000 Mark.
So routiniert der Maler in Bewältigung dieser Aufgabe verfuhr, er verlor nicht die Befangenheit, Fremden so nahezukommen, ihr Äußeres bis in die Details zu studieren und, um ihr Charakteristisches herauszuarbeiten, auch ihr Wesen berühren zu müssen. Die Modelle seines Frühwerks hatten ihn nicht angesehen, jetzt malte er en face, und im Ausdruck dieser Verlegenheit distanzierte er die Dargestellten durch Körperhaltung und Gesten; seine Bildnisse bevorzugen die halbe oder ganze Figur. Eine natürliche Pose war dem Maler wesentlich, darin verankerte

„Bildnis Georg Brandes", 1902
Öl/Lwd. 82,5 : 66,5 cm
Kunsthalle Bremen

„Bildnis Friedrich Naumann",
1909
Öl/Lwd. 112 : 92 cm
Kunsthalle Hamburg

„Bildnis Freiherr A. von Berger", 1905
Öl/Lwd. 112 : 86 cm
Kunsthalle Hamburg

er die persönlichen Züge, das Gesicht. „Die Dargestellten wahren ihre Distanz; sie repräsentieren. Und das ist es! Darauf kommt es beim Bildnis an." (G. Pauli, „M. L. – Des Meisters Gemälde", Stuttg./Leipzig 1911, p. XXV)

Die Verlegenheit wuchs, saß eine Frau ihm Modell, Liebermanns Hang zum Anekdotenerzählen während der Sitzungen steigerte sich in regelrechte Plauderei.

Der Maler präsentiert sein Gegenüber in Respekt und Sachlichkeit, karikierende Anflüge – wie im „Bildnis des Freiherrn von Berger" – blieben Ausnahme und waren durch den Porträtierten selbst vorgegeben. „Eines Tages kommt Baron Berger in mein Atelier. Ein Mensch, drei Kopf größer als ich und so breit (– er hält die Hände meterweit auseinander). Ich denke, kann man denn sowas malen? Das ist ja kein Mensch. Das ist ein Rhinozeros … In meiner Verlegenheit sage ich: Herr Baron, wir sind im Begriff, Tee zu trinken. Wäre es Ihnen nicht angenehm, uns Gesellschaft zu leisten? – Unten fing er gleich an zu erzählen. Und wie ich ihn so dasitzen sah, kam es mir wie 'ne Erleuchtung: so und nicht anders ist der Mann zu malen. Ins Atelier zurückgekehrt, hatte ich in wenigen Augenblicken die Zeichnung fertig."

Das „Bildnis des Freiherrn von Berger" schuf Liebermann als erstes für eine Porträtwand der Hamburger Kunsthalle im Auftrage Alfred Lichtwarks, der die Modelle empfahl, welche nicht immer leicht ihr Einverständnis gaben. Dem ebenfalls 1905 gemalten Naturforscher Hermann Strebel war das Modellsitzen ausgesprochen peinlich, was unverhüllt aus dem vollendeten Bildnis zurückstrahlt. Leichter war es bei dem Dichter Richard Dehmel, der mit dem Maler seit den neunziger Jahren bekannt war. Als er nach der ersten Porträtsitzung noch vieles an seiner Darstellung zu bemängeln hatte, warf ihm Liebermann entgegen: „Hören Sie mal, Sie können nicht von einem Bildnis verlangen, daß es auch Papa und Mama sagen kann."

Mit dem Endergebnis, das ihn in einem Augenblick konzentrierten Denkens zeigt, war der Dichter zufrieden.

In dem in gleichem Jahr 1909 entstandenen Porträt des Theologen und Sozialpolitikers Friedrich Naumann benutzte Liebermann die stehende Halbfigur und gab ihr eine rhetorisch gemeinte, aber etwas pathetisch überladene Geste. Dazu Lichtwark: „Es ist eine große Leistung, dies Pathos zu geben, ohne pathetisch zu werden. Wir sprachen lange darüber. Liebermann meinte, das könne nur vor der Natur entstehen. Mir schien es richtiger, die Vision, die auf den Eindruck der Natur entsteht, zu betonen, und die in der Arbeit mit Natur gefüllt würde. So arbeitet auch der Dichter und Schriftsteller. Liebermann stimmte zu. Er führte dann aus, wie er auf Spaziergängen an dem Bildniß arbeite. Er sähe es manchmal ganz klar vor sich, dann aber kämen Momente der Abspannung, in denen er nichts sähe."

Erich Hancke sieht in den Liebermann-Bildnissen eine konstant aufsteigende Linie (a.a.O., p. 466), doch bewies der Maler in diesem Metier nicht immer eine glückliche Hand.

Das zweite Hamburger Bürgermeisterporträt „Heinrich Burchard" von 1911 kann die Schwierigkeiten seiner Entstehung nicht verdecken. Nur widerstrebend erklärte sich Burchard zum Modellsitzen bereit, seine Zeit dafür war knapp, Liebermann arbeitete nervös und brachte nur

Studien nach Berlin zurück. Aus Hamburg ließ er sich Photographien des Modells in Pose schicken, nach denen er die große Fassung auf über drei Quadratmetern malte, welche kompositorische und selbst anatomische Mängel aufweist. Dankbar folgte Liebermann 1912 dem Auftrag zu einem Porträt Gerhart Hauptmanns, der nicht erst seit dem ihm im gleichen Jahr verliehenen Nobelpreis als bedeutendster Schriftsteller seiner Nation gefeiert wurde. „... einen schöneren Kopf giebts kaum, wenigstens wenn man ihn im Ensemble betrachtet... Der Bau des Kopfes ist wirklich schön und ich bin überzeugt, daß sein Äußeres nicht wenig zu seinen Erfolgen beigetragen hat. Er ist der deutsche Dichter, auch weil er so aussieht." (An A. Lichtwark, 6. November 1912)

Zur ersten Begegnung zwischen Dichter und Maler, damals beide noch als „Naturalisten" verfemt, kam es im Oktober 1889 in Berlin anläßlich der Uraufführung von Hauptmanns „Vor Sonnenaufgang". Drei Jahre später entstanden erste Pastellporträts des dreißigjährigen Dichters und eine Profilstudie für die Zeitschrift „Der Tag". Im Verlauf der Wiederbegegnung in Hamburg malte Liebermann die stehende Halbfigur Hauptmanns, die er anschließend „mehr aus dem Kopf als nach der Natur (was im Grunde dasselbe)" (an Lichtwark, 6. November 1912) in eine zweite Fassung brachte: Die robuste Dichtergestalt steht unpathetisch und ohne den Ausdruck jener empfindsamen Durchgeistigung, die den frühen Pastellen eigen ist. Hauptmann ist sich seiner Bedeutung bewußt, an seiner souveränen Selbstauffassung läßt dieses Bild keinerlei Zweifel. Der Dichter liebte es, mit seiner Goetheähnlichkeit zu kokettieren, und solche Züge eitler Selbstgefälligkeit störten Liebermann entschieden. „Er ist auch liebenswürdig, aber doch zu sehr mit sich beschäftigt (vielleicht auch zu verwöhnt), um für Andere Interesse zu haben." (An A. Lichtwark, 6. November 1912)

Liebermann erzählte: „Eines Tages treffe ich Hauptmann Unter den Linden. Wissen Sie, das war damals, als er so großen Erfolg mit seiner ,Rose Bernd' hatte. Ich sage zu ihm: ,Herr Hauptmann, Sie sind ein glücklicher Mann!' ,Wieso?' fragt Hauptmann. Und nun meinte er, ich würde sagen: weil Sie so große Erfolge, oder: weil Sie so viel Talent haben; ich habe aber gesagt: ,Weil Sie so scheen sind!'" Hauptmann hatte sich mit Vergnügen zum Modellsitzen bereitgefunden, doch „mehr in Hinblick auf den Zweck" (an A. Lichtwark, 7. November 1912).

Lichtwark plante, mit diesem Bildnis den Auftakt zu einer Porträtwand berühmter Zeitgenossen geben zu können. Doch dieses Vorhaben blieb unausgeführt, Lichtwark starb im Januar 1914.

Liebermanns Hamburger Porträtserie schloß 1913 mit dem „Bildnis des Architekten Peter Behrens" – „als Pendant zu unserem Hauptmann" (Lichtwark) –, dessen Pose allerdings zu gestellt geriet und den Maler mit dieser Arbeit nicht zufrieden werden ließ. Mit Lichtwark verlor Liebermann einen seiner wichtigsten Förderer und einen mutigen Mitstreiter für die Belange des Naturalismus und der Moderne; in einem Nachruf bezeichnete der Maler ihn als „Praeceptor Germaniae" (in: „Der Tag", Januar 1914), drei Jahre zuvor hat er ihm aufrichtig gedankt: „Sie haben meinetwegen Schlimmes erdulden müssen, ja, Sie haben meinetwegen Ihre Stellung auf's Spiel gesetzt. In schweren Zeiten haben Sie stets zu mir gehalten: Sie haben an meine Kunst wie kein Anderer geglaubt. Ich wäre der undankbarste der Menschen, wenn ich je das vergessen würde.

„Bildnis Gerhart Hauptmann",
1892
Pastell 78,8 : 59,5 cm
Staatsbibliothek, Berlin (West)

Selbstbildnis

„Selbstbildnis", 1925
Öl/Lwd. 112 : 89 cm
Nationalgalerie, Berlin (West)

Aber Sie haben mehr, viel mehr für mich gethan, indem Sie als Erstes mir Aufgaben zuwiesen, an denen sich mein Talent entwickeln konnte. Ohne Sie hätte ich wohl kaum Bildnisse außer ein paar Gelegenheitsporträts gemalt." (29. September 1911)

Liebermanns Porträtwerk schließt ihn vorrangig mit ein, die Selbstbildnisse bilden die Mitte und das dauernde Korrektiv seiner übrigen Porträtarbeit. Mit ebenso abwehrender wie kämpferischer Geste zeigt er sich in dem 1908 für die Uffizien in Florenz gemalten Bildnis, jede Form der Zudringlichkeit, und sei es eine solche des Gefühls, von sich weisend. Die folgenden Selbstdarstellungen blieben frei von dieser gereizten Nervosität, der Maler gab sich in einem Zustand scheinbarer Gelassenheit, als arbeitend an der Staffelei oder als sinnierend davor. Das Psychische, soweit es sich äußert, erscheint zurückhaltend und im Ausdruck ruhiger Selbstsicherheit. Liebermanns Haltung zu sich bleibt stabil, Erschütterungen, die die moderate Distanz durchschneiden, zeigen sich an der Oberfläche kaum.

Im Habitus eines zu Ruhm Gekommenen stellt er sich 1909/1910 für die Hamburger Kunsthalle dar, doch die weltmännische Pose wird durch die Requisiten des Malers auf ein kleineres Maß zurückgenommen, durch das dunkle Augenpaar fast ganz zunichte.

„Ich halte es für eines Ihrer größten Werke. Merkwürdig, daß ich eine Begleitung in Moll höre, wenn dies Auge auf mir ruht. Es ist etwas darin von dem, was in Goethes Kopf nur Schadow gepackt hat, Resignation." (A. Lichtwark an Liebermann, 30. Mai 1910)

Das 1916 entstandene Selbstbildnis bewahrt die Distanz und das subjektive Geheimnis; die Figur darin steht nicht mehr zentral, der Kopf ist nicht mehr übermächtig, der Ausdruck eher beunruhigt, nervös verunsichert. Die Augen bleiben glanzlos.

Zwei Jahre später erscheint Liebermann in auffällig gealterten Zügen. Die Hände sind untätig in den Schoß verschränkt, das Gesicht liegt zur Hälfte im Dunkel, nichts deutet mehr auf das Metier hin; ein Greis sitzt da in Zweifel und Traurigkeit.

Wo er in den späten Selbstdarstellungen die Pose des Arbeitenden wiederaufnimmt – Liebermann fast achtzigjährig an der Staffelei! – kann er darin die Melancholie und das von Zweifeln getragene Selbstempfinden nicht mehr verdrängen. Das Gesicht wird bleicher, verliert seine Markanz; etwas löst sich aus dem Malerischen und tritt in Widerspruch zu der jovialen Persönlichkeit, als die der Maler noch in hohem Alter vielen Zeitgenossen erschien. „Im achten Lebensjahrzehnt kämpft selbst ein so geübter Fechter, wie Liebermann es allzeit war, nicht mehr. Resigniert, aber auch mit der Überlegenheit des Alters schaut er dem Treiben um sich zu, seine Theorie, nach der alles in der Kunst in der Relation von Subjekt und Objekt beschlossen liegt, auch auf das Leben im allgemeinen und seine Empfindungen übertragend." (Stuttmann, a.a.O., p. 52)

„Selbstbildnis", 1931

Folgende Doppelseite:
„Selbstbildnis"
(Ausschnitt aus Abb. S. 192)

Max Liebermann

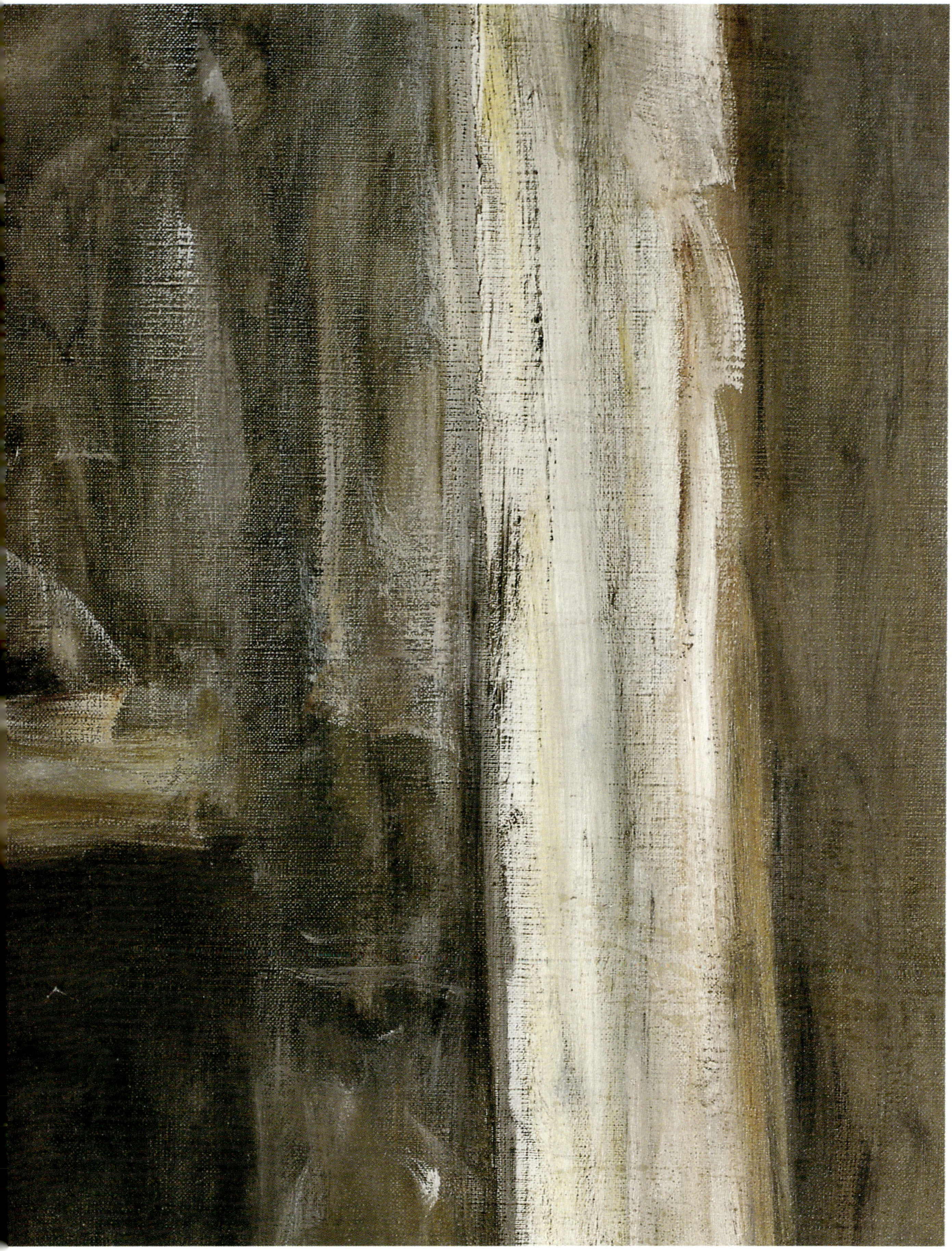

Späte Jahre

Max Liebermann, 1927
(Foto: Riess)

„Er hatte nie Schlaf in den Augen, steht immer noch, in einem Alter, wo deutsche Künstler gewöhnlich Feierabend machen, im Parteikampf, schreibt, redet, agitiert, revolutioniert, intrigiert. Das erhält ihn jung und aktuell. Er gilt noch heute, und mit Recht, für den Repräsentanten." (J. Meier-Graefe, a.a.O., p. 353)

Nach Kriegsende hatte Max Liebermann an die öffentliche und soziale Verantwortung des Künstlers appelliert, im Pflichtgefühl seines Ruhmes machte er diesen Appell zunächst gegen sich selbst geltend. Noch einmal trat er aus seiner Zurückgezogenheit hervor, um sich jener Aufgabe zu stellen, die seine Laufbahn krönen sollte und zuletzt doch unwürdig beschloß.

1920 übernahm er erstmals das Amt des Präsidenten der Berliner Akademie, der er seit 1912 als Senatsmitglied angehörte. Damit trat er wieder ein in das öffentliche Spannungsfeld, welches, gemessen an seiner Sezessionspräsidentschaft, durch das geschichtliche Chaos in seinen Widersprüchen vervielfacht erscheinen mußte. Seit er die „Gruppe der XI" angeführt hatte, lagen hinter ihm nicht nur glückliche Phasen künstlerischer Koordination, sondern auch Verleumdungen und Anfeindungen, die ihn oft in unerträglicher Weise persönlich zu treffen versucht hatten. Verständnis für seinen Entschluß wird erschwert, zieht man seine Scheu vor dem Licht der Öffentlichkeit hinzu, seine gesteigerte Nervosität bei Auftritten, seine Abneigung gegen das Halten von Reden.

Auch waren die künstlerischen Ziele, für die er sich einst mit der ganzen Stärke seiner Persönlichkeit eingesetzt hatte, nicht mehr überzeugend vor der neuen historischen Situation zu vertreten, eine Wiederbelebung des Naturalismus war am allerwenigsten von der Weimarer Zeit zu erwarten, die den Expressionismus gleichsam als inoffizielle Staatskunst akzeptierte. „... daß es das alles nicht mehr gibt; diese Bürger nicht mehr, Herrn Baluschek nicht, die Großstadttragik der alten Naturalisten nicht, diese Serenissimi nicht ... aus, vorbei." (Kurt Tucholsky, 1925)

Auch nach dem Weltkrieg bestanden die beiden Berliner Sezessionen weiter, aber ihr Gewicht wurde unerheblich und sie zerfielen fast lautlos. Die Präsidentschaft der „Freien Sezession" übernahmen Brockhusen, dann Kolbe und Schmidt-Rottluff; die Ergebnisse ihrer Arbeit wurden, abgesehen von den Gedächtnisausstellungen verstorbener Mitglieder, immer kümmerlicher. Mit Liebermanns Wahl zum Akademiepräsidenten hörte diese Sezession faktisch auf zu bestehen.

Max Liebermann sammelte noch einmal die alten Gefährten um sich, in jener Akademie, die ihm ein Leben lang nicht nur räumlich Unter den Linden gegenübergestanden hatte.

Die andere, sogenannte „Rumpfsezession" hatte unter Corinth noch ein paar bescheidene Erfolge aufzuweisen, was zum Beispiel die Zahl ihrer Mitglieder betraf: Lesser Ury wurde Ehrenmitglied, Leo von König und Willy Jaeckel traten bei, mit letzterem eine Zahl von Malern der Expressionistengeneration. Obwohl diese immer noch als offiziell geltende Sezession nach Corinths Tod 1925 weiterbestand, hatte auch sie de facto aufgehört, für das Kunstleben bedeutsam zu sein. Bereits Corinth hatte innerlich aufgegeben: „Liebermann sagte einst zu mir, man muß alles haben, um zu sehen, wie wichtig alles ist. Mich stößt aber bereits alles ab, und ich will sogar das, was ich noch erreichen könnte, gar nicht haben, weil aus dem Errungenen schon der Ekel einen angrinst. Vielleicht hat

das heutige traurige Geschick Deutschlands die Schuld an dem Ekel des Gewinns." (21. Juli 1923)
Obwohl auch Liebermanns künstlerische Position immer geschwächter erschien, wog seine Persönlichkeit diesen Verlust bei weitem auf. Mit ihm konnte es noch einmal gelingen, das künstlerische Potential Berlins über mehr als ein Jahrzehnt lang zusammenzuziehen. Das war nicht ohne Widerspruch möglich, aber Liebermann hatte niemals Hehl daraus gemacht, wie sehr er eines Widerspruchs bedurfte, um die Linie seiner Überzeugung klar und konsequent zu verfolgen.
Mit welchem Engagement er die Rolle als Akademiepräsident ausfüllen würde, bewies er bereits im Vorfeld als Senatsmitglied. Er trat für die Wählbarkeit von Künstlerinnen in die Akademie ein, darin besonders 1918 für die Aufnahme von Käthe Kollwitz, die er 1927 aus Anlaß ihres 60. Geburtstages mit einer großen Akademieausstellung ehren ließ. 1919 gab er Vorschläge zu einer Umwandlung der „Kunstanstalten in Fachschulen für Zeichnen", um durch die Rücklenkung der Kunstausbildung auf das Handwerk die Kunst wieder auf die Höhe ihrer Zeit zu führen. Die Aufteilung in Spezialdisziplinen sei unsinnig, Kunst sei nur als Ganzes zu lehren; Universalität statt Einseitigkeit.
Diesem Ziel gab er als Präsident neuen Nachdruck, schaffte den Numerus clausus ab und legte jetzt bei der jährlichen Organisation der Akademieausstellung nachdrücklich Wert auf den Verzicht jeglicher Repression gegenüber der nachwachsenden Moderne. „Wer selbst in seiner Jugend die Ablehnung des Impressionismus erfahren hat, wird sich ängstlich hüten, gegen eine Bewegung, die er nicht oder noch nicht versteht, das Verdammungsurteil zu sprechen, besonders als Leiter der Akademie, die, wiewohl ihrem Wesen nach konservativ, erstarren würde, wenn sie sich der Jugend gegenüber rein negativ verhalten wollte."
(Anläßlich der Eröffnung der Akademieausstellung 1920)
In der Tat hatte die Berliner Akademie bis zum Tode Anton von Werners 1915 – und noch unter seinem Nachfolger Arthur Kampf – als eine kaisertreue Institution bestanden, deren Mangel an Toleranz auch Mangel an Selbstkritik war. In der Weimarer Zeit mußte eine solche Einrichtung grundlegend reformiert werden oder ihren Anspruch auf Existenz ganz verlieren, eine Restauration ihrer Selbstauffassung entbehrte jeder Grundlage. Angesichts der Notwendigkeit eines Neuaufbaus gelang es Max Liebermann, der bis 1932 alljährlich mit Stimmenmehrheit in seinem Amt bestätigt wurde, der Berliner Kunstakademie eine demokratische Struktur, ein liberales Unterrichtswesen und eine große öffentliche Beachtung zu geben. Nicht zuletzt durch seine Initiative wurden Max Pechstein, Carl Hofer und Heinrich Zille in die Akademie aufgenommen, ebenfalls Otto Dix und Karl Schmidt-Rottluff.
Liebermanns umsichtige Akademieleitung und die Erfolge seiner Arbeit in seinem achten Lebensjahrzehnt sind kaum genug zu würdigen, stellt man ihn als große integrative Persönlichkeit vor den Hintergrund der zerrissenen Zeit, in die hinein er mit Wahrheitsliebe und Gerechtigkeitssinn zu wirken versuchte.
Vielleicht erfüllte ihn bei aller Skepsis gegenüber der aktuellen Zeit- und Kunstentwicklung doch noch die Idee einer Rückbesinnung, und sei es nur innerhalb der Kunst und ihres Wahrheitsanspruchs. Was er 1921 als sein „Credo" niederlegte (in: „Kunst und Künstler"), war noch getragen

Erich Heermann, „Porträt Max Liebermann", 1927
Federzeichnung
Staatl. Museen Preußischer Kulturbesitz (Kupferstichkabinett), Berlin

Garten in Wannsee

„Garten in Wannsee", 1919
Öl/Holz 50,5 : 75,5 cm
Städtische Kunsthalle,
Mannheim

„Wannseegarten", 1926
Öl/Lwd. 54 : 75 cm
Kunsthalle Emden

Späte Jahre

Max Liebermann bei der Eröffnung einer Ausstellung der Akademie der Künste, 1931

Folgende Doppelseite:
„Wannseegarten"
(Ausschnitt aus Abb. S. 199)

von jenem Idealismus, der sein Lebenswerk zu einer Einheit von Kunst und Kampf verschmolzen hatte. Leitsätze seiner Arbeit wurden noch einmal festgeschrieben: „Nur der Geist schafft die Wirklichkeit", und: „Der Künstler erfaßt die Wirklichkeit als ein Werdendes." Im Hintergrund seiner Bekenntnisse stand unverändert die Natur als das unerschöpfliche Repertoire künstlerischer Formgebung, und vor ihr, in Auseinandersetzung mit den Erscheinungen, hatte sich jede Kunst in ihrem Anspruch zu behaupten. Die ethische Forderung, Kunst habe „etwas von dem Wesen der Tage, die wir durchleben und die uns deshalb mehr angehen als alle anderen Tage" (1920) zu erfassen, entsprach der Lauterkeit seiner Selbstauffassung und zeigte sein Bemühen um neue Aktualität. Niemand sonst hätte wohl zu jener Zeit nach einem neuen Naturalismus rufen dürfen, ohne als sentimentaler Anachronist belächelt zu werden. Die Strömungen der Zeit waren zu verwirrend und zu widersprüchlich, um ihnen mit der Einheit eines künstlerischen Anspruchs angemessen und wirkungsvoll begegnen zu können. Liebermann spürte die Grenze, an der seine Entschlossenheit von der Realität nicht mehr aufgenommen wurde, und wenn er überzeugt auf seinem Wege weiterging, so nicht aus Starrsinn, sondern in Verpflichtung der ihm zugetragenen Aufgaben. Leichter wäre ihm ein Altersweg in Schweigen gefallen, aber als Greis stellte er sich mit nahezu heroischem Elan in den Dienst der Sache: der Kunst. Seine Forderungen und Bekenntnisse haben als Vermächtnis seiner malerischen Sinnlichkeit und als Ethos seiner Kunst Bestand.

„Liebermann ist kultiviert und selbstbewußt in der Welt der Gedanken, aber naiv und bescheiden vor den sichtbaren Dingen. Er ist nicht veraltet, weil die Natur nicht veraltet – und keine Fortschritte macht –, der sich selbstvergessen hinzugeben er nie aufgehört hat." (Max J. Friedländer, 1927)

Diese Würdigung kam zum 80. Geburtstag des Malers, der jetzt „Im Urteil Europas" stand, bedacht mit Würdigungen und Hommagen, deren Autorenreihe mit Albert Einstein, Thomas und Heinrich Mann, Hugo von Hofmannsthal beginnt.

Mit einem Aufwand, wie er niemals zuvor einem Berliner Künstler zugedacht war, beging die Stadt den Geburtstag Liebermanns. Unter Leitung Erich Hanckes richtete die Akademie eine Ausstellung von einhundert Gemälden aus, die Hauptwerke aller Epochen waren vereint. Die Galerie Paul Cassirer stellte Zeichnungen aus, der Verlag Bruno Cassirer präsentierte in seinen Räumen 80 Pastelle. „Wenn der achtzigjährige Künstler die Ausstellungsräume durchschreitet, so muß eigentlich ein großes Verwundern über ihn kommen. Das Lebenswerk löst sich vom Individuum ab und wir in einer seltsamen Weise objektiv, es ist – sozusagen – wirklicher als der Mensch Liebermann selbst." (Karl Scheffler, 1927)

Stärker noch als zehn Jahre zuvor mußte dieses Werk klassisch erscheinen, zumal es jetzt einer Epoche angehörte, aus der heraus es sich in entschlossenem Widerspruch zu einem Dokument künstlerischer Wahrheit erhoben hatte. Die Arbeiter im Rübenfeld, die Netzflickerinnen, Weber und Flachsarbeiterinnen standen auf als Zeugen einer humanistischen Welthaltung, die jetzt aus der Utopie ins Wirkliche hineinzutragen war.

Das in einem sechs Jahrzehnte umspannenden Schaffen gewachsene

Max Liebermann an seinem
achtzigsten Geburtstag bei der
Lektüre der Glückwünsche in
der Berliner Zeitung

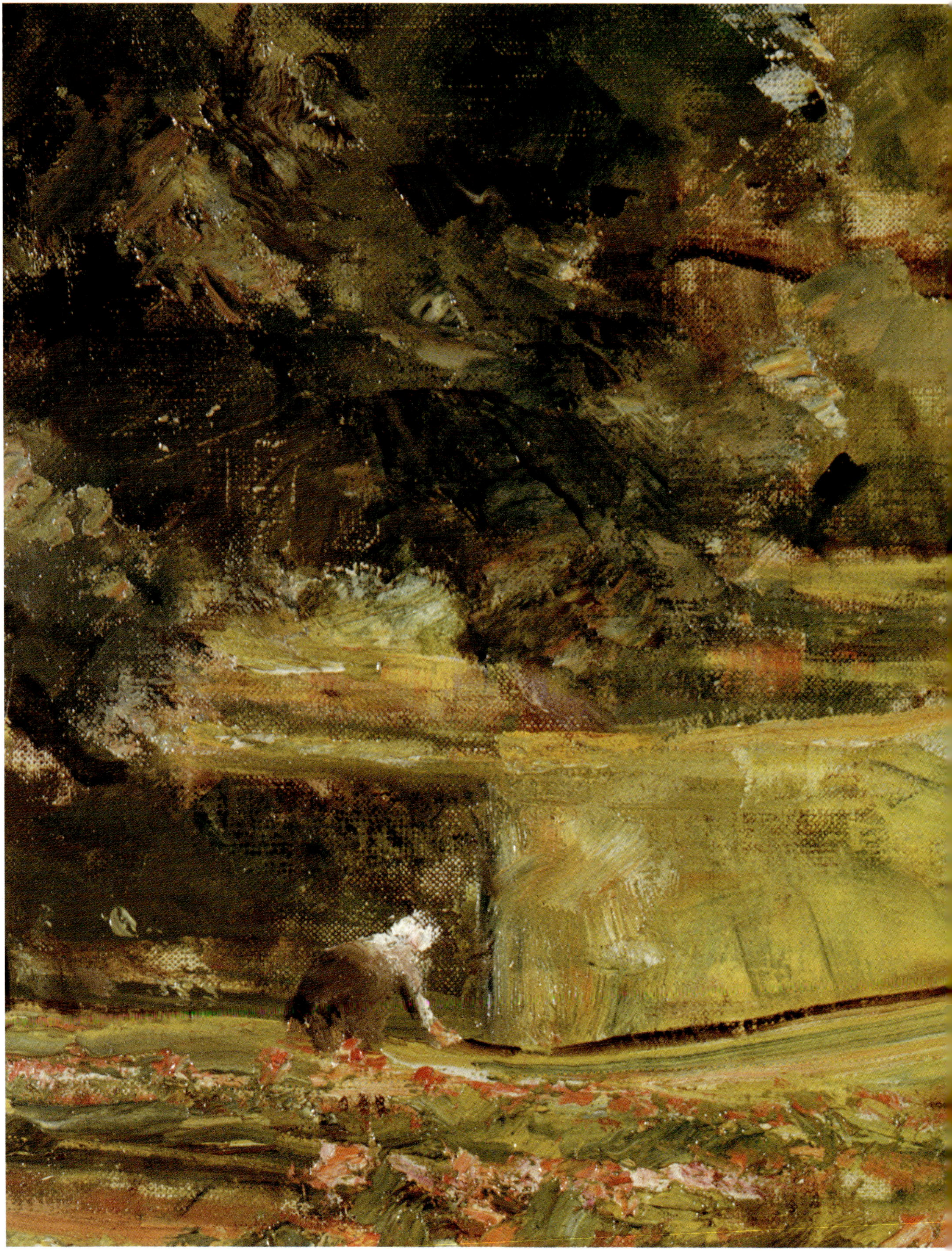

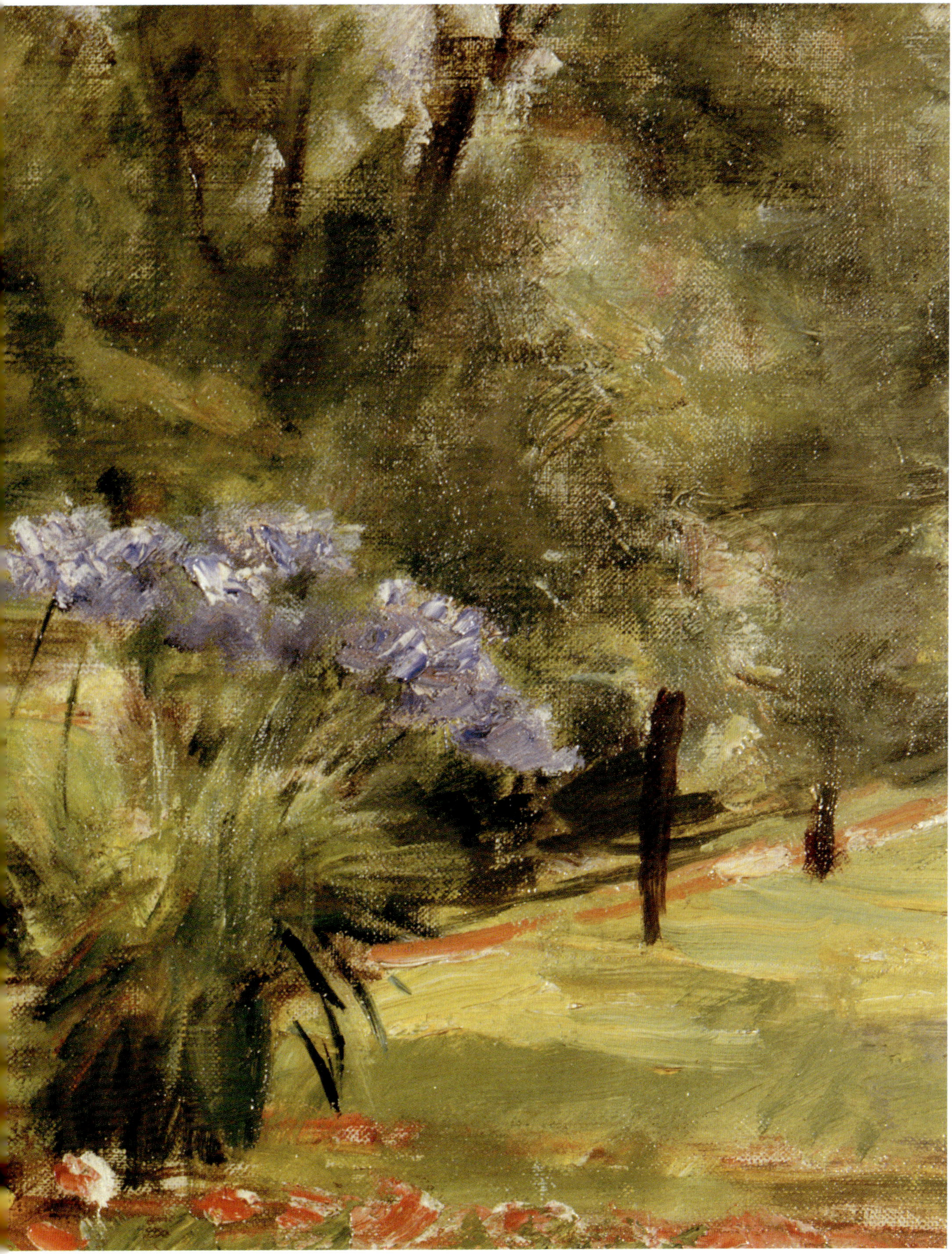

Zille und sein „Milljöh" gratulieren Max Liebermann
Lithographie von Heinrich Zille, 1927
Berlin Museum, Berlin (West)

Werk mußte in der Kompromißlosigkeit und Aufrichtigkeit nicht unbedingt wie ein Anachronismus erscheinen.

Liebermann im Katalogvorwort: „Der Künstler wird als solcher geboren und man kann nicht mehr von ihm verlangen als zu werden, der er ist. Er ist Zeit seines Lebens ein Werdender. Was er als Künstler schafft, schafft er als solcher, nicht etwa in technischer Hinsicht – das versteht sich von selbst: durch den täglichen Gebrauch des Werkzeugs bildet sich ihre Handhabung aus –, sondern in rein künstlerischer, geistiger Beziehung, kurz in seinem Verhältnis zur Natur ...

Der Fluch unserer Zeit ist die Sucht nach dem Neuen und zugleich ein trauriges Testimonium pauperitatis: der wahre Künstler strebt nach nichts anderem als: zu werden, der er ist."

Von der Stadt Berlin wurde der Maler mit der Ehrenbürgerwürde ausgezeichnet, was jedoch nicht leicht durchzusetzen war. Im Antrag des Sekretärs der Akademie an den Berliner Oberbürgermeister: „Wir alle wissen, was Max Liebermanns Kunst für die deutsche Kunst bedeutet, wir wissen, daß sie auf solcher Höhe steht, daß sie heute schon vom objektiven, ja gewissermaßen historischen Standpunkt aus gewertet werden kann."

Die hitzig geführten Debatten der Stadtverordneten über diesen Antrag blieben lange ergebnislos, das Verständnis dafür wuchs nur zögernd und erst in einer Dringlichkeitsvorlage fand sich die Stadtverordnetenversammlung mehrheitlich bereit, dem „Altmeister Deutscher Malerei" die Würde des Ehrenbürgers seiner Geburtsstadt zu verleihen; gerade noch rechtzeitig eine Woche vor dem Geburtstag überbrachte der Oberbürgermeister die Ehrung dem Maler in dessen Villa am Wannsee. Reichspräsident von Hindenburg ließ ihm am Geburtstage den „Adlerschild des Reiches" übermitteln, „als Zeichen des Dankes, den Ihnen das deutsche Volk schuldet" (Hindenburg). Der Kulturminister überreichte die Goldene Staatsmedaille mit der Prägung „Für Verdienste um den Staat". Heinrich Zille schuf ihm eine Lithographie, Emil Orlik eine Plakette, die großen Städte der Republik sandten Glückwunschtelegramme. „Der Jubilar empfing selbst in den Morgenstunden aufrecht und elastisch die Glückwünsche seiner Familienangehörigen und seines engeren Freundeskreises. Die große Gratulationscour begann erst in den Mittagsstunden." („Berliner-Local-Anzeiger") Wenige Tage zuvor hatte die Berliner Künstlerschaft ihren „Altmeister" im „Schwedischen Pavillon" gefeiert, im Namen der Akademie sprach Ulrich Huebner, ein Weggefährte seit den frühen Sezessionsjahren. Die Festrede hielt Karl Scheffler, die Bekanntgabe der Ehrenbürgerschaft aber löste den größten Beifall aus. Wenige Wochen nach dem Ereignis erreichte den Magistrat der Stadt ein anonymes Schreiben, darin stand: „... Liebermann – Ehrenbürger – belohnt doch auch mal Christen ..."

Das war keine zufällige Entgleisung und mehr als nur der Ausdruck individueller Feindseligkeit, und es war nicht einmal neu. Am 8. August 1924 erhielt Max Liebermann einen Brief, in welchem er beschimpft wurde, die deutsche Kunst als Jude besudelt zu haben; ihm wurde angedroht, ihn aufzuknüpfen. Im November 1920 hatte ihn eine ähnliche Drohung erreicht. „Als ich eben Präsident der Akademie geworden war, bekam ich auch einen anonymen Brief. Ich sollte binnen drei Tagen zurücktreten oder ich würde abgeknallt. Ich habe das Dings in den

Benedikt Fred Dolbin, „Max Liebermann", um 1925

Hans Meid, „Max Liebermann", Radierung

Papierkorb geworfen und dachte nicht weiter daran." Der Maler nahm solche Drohungen noch mit Gelassenheit und wähnte wohl seine Aura als schützendes Schild. Auch konnten die betont nationalen Ehrungen dem Achtzigjährigen noch die ernste Bedeutung antijüdischer Angriffe zerstreuen. Im Glückwunschschreiben des preußischen Ministerpräsidenten hieß es: das preußische Volk feiert „nicht nur Sie selbst, der die Tugenden demokratischer Arbeit verkörpert und sich nach vielen Jahren der Anfeindung und Geringschätzung in der ganzen Welt durchgesetzt hat, sondern es feiert zugleich den Sieg des Zeitgeistes über eine in Politik und Kunst überlebte, dem äußeren Prunk zugetane Welt".

Doch war in den antisemitischen Auswürfen, die kaum noch zu überhören waren, bereits der Schatten vorgefärbt, der sich auf Liebermanns letzte Lebensjahre legen sollte und jeden errungenen Ruhm und jeden gewonnenen Respekt zunichte machte.

„Zwar gibt es nur Kunst schlechthin: sie kennt weder religiöse noch politische Grenzen. Was anderes aber die Künstler, die sowohl durch ihr Vaterland wie ihre Religion miteinander verbunden sind. Und wenn ich mich durch mein ganzes Leben als Deutscher gefühlt habe, es war meine Zugehörigkeit zum Judentum nicht minder stark in mir lebendig." (An Meir Dizengoff, 12. August 1931)
Die Gleichberechtigung der Juden, 1812 auf Initiative Hardenbergs und Wilhelm von Humboldts preußisches Gesetz geworden, war genau ein Jahrhundert alt, als der derzeitige Berliner Bürgermeister Reicke im „Berliner Tageblatt" einen „Aufruf an deutsche Künstler" veröffentlichen ließ: „Wach auf, deutscher Künstler, erkenne endlich deine Sklavenhalter!"
Damit gemeint waren die Repräsentanten einer vermeintlich „semitischen" Kunst, zu der Reicke nicht nur die modernen Franzosen rechnete, sondern auch Max Liebermann, Lovis Corinth und Max Slevogt.
Die Sezession war über die Anmaßung und das Diffamierende dieses Artikels aufgebracht, als Präsident versuchte Corinth die Affäre gütlich zu beenden. „Sehr gern bin ich überzeugt, daß Sie verehrter Bürgermeister, keinerlei Beleidigungen erregen wollten." (An Reicke, 22. Mai 1912)
Doch Reicke wollte beleidigen und schrieb an Corinth zurück: „Sie haben Ihre eigene Person dazu eingesetzt, um meinen Vorwurf betreff den Sensationsgeschäftsgeist Ihrer Vereinigung zu bestätigen. Noch nie hat sich das kaufmännische Reklametalent desselben sich so greifbar materialisiert... besonders glückwünschen kann man Ihnen zu einem so tüchtigen Reklamechef wie Max Liebermann, dem ja der erwähnte Geist im Blute liegen muß." Solche Vorwürfe waren nicht eben neu gegen Liebermann, der seit der Ausstellung seines „Jesus im Tempel" 1879 die Verurteilung seiner Arbeit in Begleitung persönlicher Attacken gegen seine jüdische Abstammung ertragen gelernt hatte. „Ja, ja, die Deutschen! Als sie ihr ästhetisches Pulver verschossen hatten, fingen sie an zu bemerken, daß Liebermann ein Jude sei und infolgedessen nur halb zu ihnen gehöre. Als ob sie so viele Talente ersten Ranges besäßen, daß sie ihn leichten Herzens entbehren dürften." (G. Pauli, a.a.O., 1911, p. XXXIX) Wer erwartet, Pauli erhebe sich in diesem umstrittenen Punkt zu humaner Toleranz, zum Fürsprecher des verleumdeten Malers, sieht sich getäuscht. Auch ihm ist das Jüdische suspekt, nur tritt es ihm bei Liebermann unaufdringlicher hervor. „Daß er Jude ist und sich mit Stolz als den Sohn einer uralten Rasse fühlt, kommt für uns, die wir vor seinen Bildern stehen, nur wenig in Betracht, denn diese Bilder reden unsere Muttersprache und haben ihre besten Anregungen dem urgermanischen Boden der Niederlande entnommen." (Ebda., p. XL)
Liebermanns Bewußtsein als Jude war nicht immer in gleichem Maße ausgeprägt, wie ein solches Zitat glauben machen könnte. Zuweilen erschien es, als sei ihm diese Abstammung eher lästig, insofern sie seiner Karriere in Preußen oft unnötig im Wege stand. Dann wieder gab er Bekenntnisse, die unzweideutig waren. Als er 1905 den Fürsten Lichnowsky porträtierte und dieser auf seine adelige Herkunft verwies, setzte ihm Liebermann entgegen: „Erlauben Sie, Durchlaucht, ich bin noch von viel älterem Adel."
In solchen Augenblicken fühlte er sich provoziert und zur Stellungnahme aufgefordert. Darüber hinaus erschien ihm eine Trennung

Max Liebermann, 1932
(Foto: Abraham Pisarek)

Max Liebermann, Albert Einstein, Aristide Maillol und Renée Sintenis in Berlin, 1925

in Jude und Nichtjude – zumindest was sein eigenes Leben betraf – ohne Gewicht. „Mit Professor Einstein habe ich oft über die Judenfrage gesprochen. Mein ganzes Leben habe ich immer nur zuerst gefragt: Was bist du für ein Mensch? Niemals aber: Bist du Jude, Christ oder Heide? Ich bin als Jude geboren und werde als Jude sterben."
Karl Scheffler behauptete 1912, daß das Judentum dem Maler auch geschadet habe. Dazu Meier-Graefe: „Daran glaube ich nicht, und es läßt sich nicht vorstellen, wie das möglich wäre." (A.a.O., p. 355)
Unter dem Motto „Der Jude ist Realist aus Notwehr" wird Meier-Graefe dann nicht müde, die wohltuenden Wirkungen der von Liebermann vermeintlich beherzigten jüdischen Doktrin zu loben: den arbeitsamen Einzelkämpfer, seine Befruchtung verwüsteten kulturellen Geländes, das Beziehen seiner individuellen Stärke aus und entgegen der allgemeinen Dekadenz – doch sei das alles nur Täuschung, leichtfertiger Glaube, denn der Erfolg daraus sei weder zu verallgemeinern, noch sei er heilsbringend: „Die Judendoktrin war ehrlich, redlich und notwendig. Sie konnte helfen. Als Weltgedanke wird sie zum Fluch und zerstört selbst den Vorteil für die Juden. Die ‚Verjudung' wird allen Völkern, denen ursprünglich der Jude Mitarbeiter war, ebenso verderblich wie ihm selbst." (Ebda., p. 356 f.) Das schrieb derselbe, der eingangs behauptete, er könne sich nicht vorstellen, wie das Judentum einem Liebermann zu schaden vermöge.
Ein merkwürdiges Stück Literatur aus der Feder Richard Dehmels gibt unter dem Titel „Kultur und Rasse" sinngemäß ein Gespräch wieder, das der Dichter mit Liebermann vermutlich während einer Porträtsitzung geführt hat. In dem Dialog treten beide anonym auf; „der deutsche Dichter" räsoniert über die geschichtlichen Kulturleistungen, die sich ihm durch Rassenmischungen ergeben können, im besonderen ist ihm die Frage nach dem Einfluß des Jüdischen auf die jüngere Kulturgeschichte von Belang. „Der jüdische Maler" porträtiert nebenher den deutschen Dichter und gibt berlinernd ein paar ironische Anmerkungen zu dessen Theorie der Rassendurchdringung zum besten. Zuweilen entgegnet er mit einer Vollbluttheorie, nach der nur ein „Rassekerl", „dumm und geil", zum wahren Künstlertum berufen sei. Was gibt ihm den Ausschlag für die herausragende Persönlichkeit eines Künstlers über das allgemeine Maß des Menschlichen?
Der jüdische Maler: „...Doch wohl das Tröpfchen stärkere Rasse, das Sie noch irgendwo im Gemächte haben! Das nenne ich Reaktion der Persönlichkeit gegen das allgemein Menschliche! Da zeigt sich dann die reine Natur!"
Der deutsche Dichter: „...Aber nun bitte, sagen Sie mal: es ist doch eine sehr seltsame ‚Reaktion', daß z.B. Sie enragierter Jude die norddeutsche Landschaft samt ihrem Volksschlag, von Hamburg bis hinter Amsterdam, mit solcher natürlichen Kraft gemalt haben, wie bis jetzt noch kein holsteinischer oder friesischer Künstler. Warum hat denn Ihre Persönlichkeit, will sagen Ihre reine Natur, nicht lieber semitisch reagiert?"...
Der jüdische Maler: „Ja, wissen Sie, wenn ich ehrlich sein soll: das hab ich mich auch schon manchmal gefragt. Auch warum ich bloß blonde Weiber liebe."
Kultur aus der Disposition der Rasse herzuleiten, ist keineswegs Liebermanns Art, dazu war sein Menschenbild immer zu sachlich und human

Max Liebermann in seinem Arbeitszimmer, 1930
(Foto: Felix H. Man)

"Judengasse in Amsterdam",
1907
Radierung

gefaßt, um so in den Irrationalismus einer Rassentheorie abzugleiten. „Der jüdische Maler: „Übrigens, unter uns gesagt, imponiert mir die primitive Kultur von irgend so 'nem Kaffernstamm verhältnismäßig millionenmal mehr als unser europäische Knaatsch; so'n Maori oder Botokude hat im kleinen Finger mehr Stilgefühl als der ganze Michelangelo mitsamt der Sixtinischen Kapelle."
Die künstlerische Form ist nicht logisch ergründbar und schon gar nicht aus den Bedingungen der Rasse abzuleiten. Fazit, das der deutsche Dichter Dehmel gibt: Wenn einer „allgemein-menschliche Werte malt, und zwar aus rein malerischer Lust zur Sache: dann ist er nicht bloß ein wertvoller Maler, sondern zugleich, auch wenn er ein Jude ist und in Paris auf die Schule ging, einer der reinsten deutschen Künstler, die sich je in der Nationalgalerie aufhängen ließen. Der jüdische Maler: Na sehn Sie, das freut mich! Und offen gesagt: das hab ich von Ihnen blos hören wollen."
(Zit. n. Richard Dehmel, „Ges. Werke", Berlin, 1909, Bd. 8, p. 162 ff)
Die hier Liebermann als „dem jüdischen Maler" unterstellten Äußerungen geben wohl sinngemäß seine Stellung zu den Problemen wieder, belegen aber zugleich, daß ihm das Jüdische kaum als ein allzu relevantes Problem erschien. Er sah darin eine Naturgegebenheit, die über die Mentalität entscheiden konnte, nicht aber über eine Wertigkeit des Menschen schlechthin. Jude und Preuße in eins zu sein, bedeutete ihm nicht Widerspruch. Als Preuße war er Patriot, das Jüdische bezeichnete auf unabhängiger Ebene eine ererbte Glaubensbindung, die er, wie seine patriotische Überzeugung, niemals zu leugnen gedachte. Ihm angetragene Empfehlungen, sich taufen zu lassen und damit seinen Erfolgsweg in Preußen zu erleichtern, schlug er gelassen in den Wind. Sein Weltbild war humanistisch und rational wie das seiner Kunst; als etwas, das dieser Rahmen nicht faßte, galt ihm nur die Natur. Seine Kunst ging immer von der Natur aus, keiner mystisch vorgestellten, sondern einer human gedachten. „Ich bin überzeugter Pantheist in der Kunst wie in der Religion." (An F. Servaes, 12. Februar 1900)
In den künstlerischen Vermittlungszusammenhang zwischen natürlichem und menschlichem Dasein gehörte ihm das Jüdische nicht, er ließ es davon losgelöst gelten. Als aufmerksamer Zeitzeuge nahm er antisemitische Regungen wahr, aber sie machten ihn eher verwirrt und forderten ihn zu Temperamentsausbrüchen heraus, denen er sonst widerstanden hätte. Orthodox gläubig war er nicht, Fanatismus im Glauben lag ihm fern, doch fühlte er sich durch forcierte antijüdische Kampagnen in seiner ethischen Herkunft direkt betroffen und reagierte. „Die natürliche Folge ist, daß er überempfindlich wird und sein Judentum ostentativ noch betont, mehr als ihm und uns förderlich ist, weil die Begriffsverwirrung dadurch nur gesteigert wird, daß er sich zu Behauptungen, zu Rassentheorien versteigt." (Scheffler, p. 19)
Doch konnte Liebermann nicht – wie sein Vorbild Jozef Israels – das Jüdische als „Seelenheimat" annehmen. In seinem Buch über Israels hat er nicht, wie H. Strauss behauptet („Judentum u. dt. Kunst", in: „Deutsches Judentum – Aufstieg u. Krise", Stuttg. 1963, p. 202), „mit Stillschweigen" die jüdische Komponente übergangen, sondern diese gab ihm auch damals keinen hinreichenden Erklärungsgrund für die große Sache der Kunst.
Seine Arbeit im Amsterdamer Judenviertel ab 1905 führte ihn zwangs-

läufig zur Auseinandersetzung mit der hier spürbaren Gettosituation, aber sie ließ ihn keineswegs zu einem Kämpfer für die Belange des orthodoxen Judentums werden. „Der Zionismus ist eine edle und ideale Bestrebung, aber für mich ist das nichts."
Die Amsterdamer Erfahrungen waren viel eher dazu angetan, eine größere Distanz in dieser Richtung zu bewirken. Als Erich Hancke gemeinsam mit Liebermann 1911 nach Holland reiste, zeigte ihm der Maler noch einmal die Orte seiner früheren Aufenthalte, auch die im jüdischen Viertel. „Draußen fing Liebermann an, die üblen Erfahrungen, die er mit den Juden gemacht hatte, zu erzählen. Wie vor einigen Jahren seine Modelle, die von seinem Reichtum und von den hohen Preisen seiner Bilder gehört hatten, sich zusammenrotteten und in sein Zimmer drangen, um unter Drohungen Geld zu erpressen." (E. Hancke, „Mit L. in Amsterdam", in: „Kunst u. Künstler" 12/1914)
Selbst in Anbetracht der wiederholt gemalten Judengassen kann über sein Werk gesagt werden, daß darin „die jüdische Komponente als schöpferischer Faktor" (H. Strauss, a.a.O., p. 304) ganz fehlt. Unter seinen zahlreichen Bildnissen – Selbstbildnisse eingeschlossen – befindet sich keines, das jüdische Merkmale in irgendeiner Weise prononciert – wie etwa die späten Bildnisse Lesser Urys.
Doch drängte den Maler die Zeit mit ihrem wuchernden Antisemitismus zu einem persönlichen, einem ethischen Bekenntnis zum Judentum. Seine öffentliche Rolle als Akademiepräsident war zu exponiert, um Stillschweigen wahren zu könne. Wann immer seine Selbstachtung berührt war, so blieb er nie um eine couragierte Reaktion verlegen. Nur gegenüber dem Problem des Jüdischen zeigte er durch verwirrende und oft allzu spontane Stellungnahme so etwas wie Hilflosigkeit, je mehr er erkannt hatte, daß gerade dieses Problem von ihm nicht fernzuhalten war.
In den zwanziger Jahren verschärfte sich der Antisemitismus, besonders innerhalb der bürgerlichen Kreise, in denen er längst mit einem gewissen Gewohnheitsrecht zu Hause war. Der Weimarer Republik konnte es nicht gelingen, diese antijüdische Haltung zu unterdrücken oder aus der politischen Diskussion auszuschalten. So wucherte sie nach Ende des Weltkrieges zu einem Geschwulst, das alle sozialen Schichten durchsetzte und politisch bedeutsam zu werden begann. Selbst in Künstlerkreise und Kreise der Intelligenz hielt der Antisemitismus Einzug, wo er bis dato so gut wie nicht vorkam. Und der damit öffentlich werdende Judenhaß trat aus einem seit Luther gepflegten Stadium von Bedrohung in die verhängnisvolle Wirklichkeit physischer Vernichtung. Die Ermordung seines Vetters Walther Rathenau 1922 setzte ein Fanal, dessen Ernst auch Liebermann begreifen mußte.
„Glauben Sie, daß mein Vetter Walther Rathenau nicht ermordet worden wäre, wenn er nicht Jude gewesen wäre? Kein Mensch kann das sagen. Erzberger ist doch auch ermordet worden. Und der war kein Jude. Den schrecklichen Tag kann ich nicht vergessen, als mein Nachbar in Wannsee, der jetzt leider verstorbene Herr Hanpfspohn, heulend in den Garten kam. Morgens um elf Uhr war's. Ich stand gerade da drüben im Garten, wo meine Staffelei steht. ‚Der Walther ist ermordet', schrie er. ‚Schrecklich, schrecklich.'"
Max Liebermann sah mit Betroffenheit der Entwicklung zu, die das

Max Liebermann auf dem
Weg zu Hindenburg ins
Reichspräsidentenpalais, 1927

Pogrom einleitete. Einem einzelnen war es nicht mehr gegeben, sich mit hohem Ethos aufzulehnen. Endgültig zerbrach die Aufhebung der Gleichberechtigung, eine Illusion, die auch Liebermann noch gehütet hatte: deutscher Bürger und gleichzeitig Jude sein zu können. „Aus dem schönen Traum der Assimilation sind wir leider, leider! nur zu jäh aufgeweckt. Für die jüdische Jugend sehe ich kaum eine andere Rettung als die Auswanderung nach Palästina, wo sie als freie Menschen aufwachsen kann und den Gefahren des Emigrantentums entgeht. Leider bin ich, der ich im 87sten stehe, zu alt um auszuwandern." (An Carl Sachs, 28. Februar 1934)

Max Liebermann vor dem „Bildnis Hindenburg", 1927

Im Jahr 1927 hatte Max Liebermann auf vielfachen Wunsch hin den Reichspräsidenten Paul von Hindenburg porträtiert, zu dem er sich politisch nicht bekennen konnte. Doch er kam dem Auftrag nach und fertigte mehrere Bildnisse an, die im Vergleich zu Hindenburg-Porträts anderer Maler sich durch den Verzicht auf pathetische Aufwertung der Person wohltuend ausnehmen. In gegenseitigem Respekt fanden die Porträtsitzungen statt, der Maler und sein gleichaltriges Modell saßen sich als Zeitzeugen gegenüber. In Hindenburg lebte für Liebermann noch ein Rest jener altgedienten preußischen Gesinnung, die ihm bei aller Kritik jetzt Gewähr bot für eine nicht in Unvernunft entgleisende geschichtliche Gegenwart. In seiner Vernunftgläubigkeit, die zutiefst humanistisch war, und in diesem Humanismus, der das Jüdische nicht leugnete oder verstieß, lebte er bis an sein Ende. „Neulich hat ein Hitlerblatt geschrieben – man hat mir das zugeschickt –, es wäre unerhört, daß ein Jude den Reichspräsidenten malt. Über so etwas kann ich nur lachen. Ich bin überzeugt, wenn Hindenburg das erfährt, lacht er auch darüber. Ich bin doch nur ein Maler, und was hat die Malerei mit dem Judentum zu tun?"

Max Liebermann, um 1930
(Foto: Fritz Eschen)

"Ich bin alt geworden, und mich beschäftigt bei meiner Kunst immer nur eines: das Göttliche. Mir ist das ganze Gezänk so gleichgültig geworden. Das Treiben der Menschen – was geht mich das noch an? – Die Liebe ist alles in der Kunst. Ohne Liebe kann man nichts malen. Man kann keinen Grashalm malen, wenn man ihn nicht liebt." (1929 zu Albert Lamm)

In gesuchter Zurückgezogenheit, zuletzt in aufgezwungener Einsamkeit, entstand das späte Werk, nicht mehr in dichter Folge, aber mit scheinbar unnachgiebiger malerischer Kraft. Max Liebermanns künstlerische Entwicklung zeigt keine natürliche Alterskurve, bis zum 85. Jahr blieb sie ansteigend, ohne späte Rückschritte oder Fluchten zu Repliken der Vergangenheit. Ein qualitativ neues Maß aber hat sie in den Altersjahrzehnten nicht mehr erreicht. „Es ist eine Schwäche, jedenfalls eine Eigentümlichkeit des Menschen, daß er mit Vergnügen seine Verdienste anerkannt sieht, wenn er sich auch bewußt ist, wie weit er dahinter zurückgeblieben ist." (An Arthur Galliner, 17. Januar 1927)

Wiederholt malte Liebermann sich selbst. Das Selbstporträt von 1925, anerkannt eines seiner besten, zeigt ihn gegenüber vorausgegangenen Selbstdarstellungen geradezu verjüngt. Die Präzision seiner Beobachtungen und die Großzügigkeit seiner Handschrift haben ihre Prägnanz nicht verloren, Spuren von Resignation im Ausdruck sind gewichen; ein Maler ist am Werk, der eher beiläufig die Züge eines Greises trägt.

Bilder des Wannseegartens entstanden in den Sommern, großzügige Umsetzungen des floralen Ensembles in pastos gehäufte Farben; Natur durch ein vitales Temperament gesehen.

Der Impressionismus, geschichtlich bereits Reminiszenz geworden, lebt hier noch einmal als Liebermanns „Weltanschauung" auf. Die Natur, vor der der Impressionist sich erhoben hatte, war dieselbe geblieben.

In das Selbstbildnis von 1926 kehrt ein Anflug von Verklärung ein. Die Haltung als Zeichner, mit erhobenem Skizzenbuch irgendwo außerhalb des Ateliers stehend, wahrt das Bekenntnis zu seinem Metier, aber das Gesicht hat den Ausdruck entschlossener Energie und auch die selbstkritische Schärfe verloren. Resignation zeichnet die Züge, in einem verunsicherten Blick liegt Betroffenheit – und mehr als nur die Gewißheit des Alterns.

Als Präsident der Akademie stand Max Liebermann bis zum Ende der zwanziger Jahre in der öffentlichen Diskussion um die Belange der Kunst. Selbst jetzt beschwor er zuweilen noch mit dem Pathos einer längst verlorenen Zeit den Geist des Impressionismus herauf, die Solidität des Handwerks, die Wahrheit der Naturanschauung. Von der Akademie forderte er unvermindert das Maß für zukünftige Kunst: sie müsse die Richtung weisen und Vorbilder geben; die Freiheit der Kunst müsse durch Rücklenkung auf die Notwendigkeit des Handwerks immer und immer wieder neu hervorgebracht werden, sie sei kein Geschenk des Himmels, sondern das Ergebnis zäher, ausdauernder und verantwortungsvoller Arbeit. Man sehe nur zurück in die Geschichte. Die Kunst habe ihren eigenen Olymp, und an dessen Göttern sei nicht zu zweifeln. Da liege die Orientierung, was aber in den Straßen regiere, das gehe die Kunst nichts an.

Mit großer Umsicht müsse die Akademie ihre Aufgabe wahrnehmen, nicht Klischees verordnen oder leblose Konventionen vergangener Tage

künstlich am Leben halten. Was Liebermann forderte, war zwar das Festhalten an einer nur akademischen Lehrbarkeit der Kunst, aber in Selbstkritik sei die Tradition konsequent zu hinterfragen, um der Kunst neue Räume zu öffnen. Genies dürfe die Akademie nicht in die Schranken zwingen, sondern ihnen den Boden für die Freiheit zur eigenen Entfaltung behutsam bereiten. Ohne Genies zeige sich das Neue nicht.
Mit einer beschwörenden Vision schloß seine Eröffnungsrede zur Herbstausstellung 1927: „Von Ferne sehe ich das gelobte Land, in das ein kommendes Genie die deutsche Kunst führen wird. Und hoffentlich ist es schon geboren."
Die Kraft zu solch idealistischer Beschwörung ließ in den letzten Lebensjahren nach, die Visionen verblaßten, der Heros der deutschen Malerei konnte kein gelobtes Land um sich erkennen. Vielleicht hatten seine unzeitgemäßen Erziehungsappelle das realistische Maß verloren, aber sie waren aus einer großen historischen Erfahrung erwachsen, Liebermanns Persönlichkeit gab ihnen recht. Sein Rufen aber wurde verhaltener, da die Resonanz fehlte. Zwischen den Worten seiner späten Reden lag Skepsis, lag tiefe Resignation.
1932, als die Sektion „Musik" der Berliner Akademie den Präsidenten zu nominieren beabsichtigte, stellte Max Liebermann sein Amt zur Verfügung, wurde aber gleichzeitig zum Ehrenpräsidenten gewählt.
Eine Erkrankung brachte beinahe den Tod, der Chirurg Ferdinand Sauerbruch, ein entfernter Nachbar vom Wannseeufer, rettete das Leben. Im selben Jahr entstanden, als Abschluß des Porträtwerks, die Bildnisse „Ferdinand Sauerbruchs". Zwischen Maler und Arzt bestand ein enges freundschaftliches Verhältnis, der Sohn Hans Sauerbruch gehört zu den wenigen, die sich als Liebermann-Schüler bezeichnen dürfen. Nach mehreren Vorstudien entstand das letzte Porträt, vom Ausdruck der Humanität und vitaler Energie erfüllt. Die Arbeit daran fiel nicht leicht, Liebermann übermalte mehrfach, der äußerst lebhafte und rastlose Sauerbruch war als Modell denkbar ungeeignet. Als die Hände nicht geraten wollten, setzte der Maler seinen altgedienten Holzschneider Oskar Bangemann vor sich und malte dessen Hände in das Sauerbruch-Porträt. Zwischendurch begutachtete Hans Sauerbruch das entstehende Werk und konnte beim besten Willen keine Ähnlichkeit darin finden. Der Maler fuhr ihn an: „Warum sagen Sie nun nich, det Bild is Scheiße. Ick bin mir darüber klar, aber Sie müssen den Mut haben, es ooch zu sag'n. Wissen Se, man muß an soner Sache lange arbeiten, bis se endlich sitzt. Man darf sich mit nischt zufrieden jeben."
Liebermann gab sich nicht zufrieden, bis eine seiner glanzvollsten Porträtarbeiten vollendet war.
Mit diesem Bildnis, einem „Wunder der Malerei" (A. Donath, „Berliner Tageblatt", 23. Juni 1927), schließt das Œuvre Max Liebermanns. Obwohl seit zwei Jahrzehnten bereits Kulturgeschichte geworden, reifte es in großer Beständigkeit aus, als eine Synthese gefühlvoller – keineswegs sentimentaler – Naturbeobachtung und der sachlichen Deutung dieses Gefühls durch Farben. Ob die Form seiner Malerei, die aus diesem Dialog von Empfindung und Eindruck hervorging, naturalistisch nahe der empfundenen Wirklichkeit stand oder nach Art des Impressionismus die Subjektseite dieser Beziehung stärker betonte, der Maler folgte ungehindert und unbeugsam seiner malerischen Vision durch die Natur.

Hans-Jürgen Kallmann, „Porträt Max Liebermann", 1931 Kreidezeichnung

Das Ende

August Kraus, „Porträtbüste Max Liebermann", Bronze, 1928
Niedersächsisches Landesmuseum Hannover

Sein Werk hat weder die Sinnlichkeit noch die Persönlichkeit verabsolutiert und blieb eines und immer beides zugleich: genialisch-naiv.
So als führte er den Beweis seiner Kunst durch die Zeiten, malte er das Gefühl für die Natur und die Natur seines Empfindens; beide waren ihm eins und eben dasselbe. Und: „Je klarer, je einfacher einer sein Gefühl darstellen kann, desto größerer Künstler ist er. Und auf das andere – pfeif ich." (An Wilhelm Hausenstein, 25. August 1925)
Im Januar 1933 erfolgte der politische Umsturz. Vom Dach seines Hauses am Pariser Platz aus beobachtete Max Liebermann am Abend des 30. Januar den Fackelzug der Nazi-Kampforganisationen durch das Brandenburger Tor: „Ich kann gar nicht so viel fressen wie ich kotzen möchte."
Eine Proklamation von Künstlern und Intellektuellen im Februar, der „Dringende Appell" an eine Solidarität zum Widerstand, blieb vergeblich. Die Unterzeichnenden Heinrich Mann, Käthe Kollwitz und Martin Wagner wurden aus der Akademie ausgeschlossen. Liebermann zögerte: „Das Natürliche wäre auszutreten. Aber mir, als Juden, würde das als Feigheit ausgelegt werden, wie mir schon mein Rücktritt von der Präsidentschaft als Feigheit ausgelegt worden ist. Noch mehr aber verhindert mich daran die Erwägung, durch meinen Austritt gerade das zu tun, was die Gegner wünschen." (An Th. Th. Heine, 23. Februar 1933)
Wohl hoffte er noch auf einen breiteren Widerstand gegen die Akademieausschlüsse, aber dazu kam es nicht mehr. Ihrer Ämter enthoben oder zum Rücktritt öffentlich aufgerufen wurden: Ernst Barlach, Rudolf Belling, Otto Dix, Ernst Ludwig Kirchner, Oskar Kokoschka, Max Liebermann, Paul Mebes, Emil Nolde, Max Pechstein, Mies van der Rohe, Edwin Scharff, Karl Schmidt-Rottluff. Max Liebermann gab dem Druck nach, am 11. Mai, dem Tag nach der öffentlichen Bücherverbrennung auf dem Berliner Opernplatz, gab er in der Presse bekannt: „Ich habe während meines langen Lebens mit allen meinen Kräften der deutschen Kunst zu dienen gesucht. Nach meiner Überzeugung hat Kunst weder mit Politik noch mit Abstammung etwas zu tun, ich kann daher der Preußischen Akademie der Künste, deren ordentliches Mitglied ich seit mehr als dreißig Jahren und deren Präsident ich durch zwölf Jahre gewesen bin, nicht länger angehören, da dieser mein Standpunkt keine Geltung mehr hat. Zugleich habe ich das mir verliehene Ehrenpräsidium der Akademie niedergelegt." („Centralvereins-Zeitung", 11. Mai 1933)
Prompter völkischer Kommentar vom gleichen Tage: „Diese Auffassung Liebermanns vom isolierten, dem Volkstum entfremdeten Künstler dürfte allerdings und für alle Zukunft ihre Gültigkeit verloren haben." („Tägliche Rundschau", 11. Mai 1933)
Zu den wenigen, die sich zu Liebermann und seinem Entschluß bekannten, gehörte Gerhart Hauptmann: „Sie sind aus der Akademie ausgeschieden, mit einer Begründung, wie sie auch meiner Anschauung entspricht. Länger als fünf Jahrzehnte waren Sie ein Stolz der deutschen Kunst und werden es bleiben als einer ihrer Unsterblichen. Daß ich so denken muß, wissen Sie von mir, aber man kann so etwas nicht oft genug aussprechen, und es drängt mich wieder einmal, es zu tun." (An Liebermann, Mai 1933)
Max Liebermann trat aus dem Rampenlicht des Weltruhmes in das Dunkel der Isolation, das ehemals vielbesuchte Haus am Pariser Platz wurde

**Max Liebermann im Atelier,
um 1930**
(Foto: Fritz Eschen)

Bildnis Ferdinand Sauerbruch

Selbstbildnis

Das Ende

Vorhergehende Seiten:
„Bildnis Ferdinand Sauerbruch", 1932
Öl/Lwd. 117 : 89 cm
Kunsthalle Hamburg

„Selbstbildnis", 1934
Öl/Lwd. 92 : 73,5 cm
Tate Gallery, London

leer. Keiner aus der großen Gefolgschaft von Akademie oder Sezession mochte noch zu Liebermann stehen, dessen Weg von der Höhe des Ruhmes in die verordnete Vereinsamung war abgrundtief.
Oskar Kokoschka schrieb aus Paris, wohin er emigriert war, in einem offenen Brief: „Mit einem lebhaften, mit der Entfremdung von Deutschland und der Zeit wachsenden Bedauern sehe ich, daß in der Reihe seiner Kameraden, die ihm ein Leben lang gefolgt sind, keiner es empfindet, oder, besser gesagt, keiner es zum Ausdruck bringt, daß der 86-jährige Greis, wenn er auch jenseits der Grenzen aller Kunstverbände und deren Interessen stehen mag, mit einem bitteren Gedanken an menschliche Unzulänglichkeit scheiden könnte." („Frankfurter Zeitung", 8. Mai 1933)
Käthe Kollwitz, von Liebermann fünf Jahre zuvor als ein „leuchtendes Vorbild der Einheitlichkeit von Talent und Charakter" öffentlich gewürdigt, gehörte zu den ganz wenigen, die noch Zugang zu ihm suchten. „War bei ihm. Er ist krank und nicht zu sprechen. Frau Liebermann, jetzt 77-jährig, seufzt und ist müde. Sie sagt, daß L. sehr niedergeschlagen sei. Nur wenn er arbeiten kann, vergißt er alles Quälende." (Tagebuch, November 1934)
In diesem Jahr entstand Liebermanns letztes Selbstbildnis, das anläßlich einer Ausstellung in London 1934 von der Tate-Gallery angekauft wurde. Zuletzt noch malte er, im Ausdruck tiefster Leiderfahrung, die „Heimkehr des Tobias". Seiner vermutlich letzten Besucherin, Anita Daniel, gestand der Maler: „Wissen Sie, ich lebe nur noch aus Hass. Jeden Tag, wenn ich die Treppe dieses Hauses hinaufgehe, das noch meinem Vater gehörte, steigt der Hass in mir hoch ... Ich schaue nie mehr aus dem Fenster dieser Zimmer – ich will die neue Welt um mich herum nicht sehen."
So starb Max Liebermann am Abend des 8. Februar 1935.
„Nun ist Liebermann tot. Am 8. Februar abends um sieben still eingeschlafen. Es ist merkwürdig. Selbst wenn man für einen Menschen den Tod wünscht – ist er da, dann bekommt man doch einen Schlag. Ich ging heut vormittag, am Tag nach seinem Tode, hin und konnte ihn sehen. Furchtbar mager. Gereckt liegt er da und das verändert den Eindruck, weil ihm der Kopf so überhing. Stirn, Schläfen, Nase sehr gut und vornehm. Seine Frau einfach und gut. Die Tochter Käthe und die Enkelin. – Als ich die Treppe runterging, begegnete mir der Teckel." (Käthe Kollwitz, Tagebuch, 9. Februar 1935)
Die Berliner Öffentlichkeit nahm von Liebermanns Tod kaum Notiz, die Akademie lehnte jede Ehrung ihres Expräsidenten ab. Zum Begräbnis auf dem jüdischen Friedhof an der Schönhauser Allee am 11. Februar erschien kein offizieller Vertreter der Akademie, kein Repräsentant der Stadt gab diesem Ehrenbürger ein letztes Geleit. Die Gestapo hatte Publikum verboten und wachte streng über die Trauergäste. „Vielleicht sieben Personen aus dem engsten Kreis waren anwesend, ein verlorenes tapferes Häuflein zwischen den Gestapo-Leuten." (Der Fotograf Abraham Pisarek)
Trotz des Verbotes waren annähernd hundert gekommen: unter ihnen Käthe Kollwitz, Hans Purrmann, Konrad von Kardorff und Leo Klein von Diepold, Otto Nagel, Ferdinand Sauerbruch, Hans Sauerbruch, Bruno Cassirer, Max J. Friedländer, Friedrich Sarre, Adolph Goldschmidt. „... die bedrückende Stimmung war kaum zu überwinden ...

Die Trauerhalle des Jüdischen Friedhofs an der Schönhauser Allee mit dem Sarg Max Liebermanns, 11. Februar 1935
(Foto: Abraham Pisarek)

Das Begräbnis Max Liebermanns
Martha Liebermann neben
Heinrich Stahl, vor ihnen der
Rabbiner Malvin Warschauer
(Foto: Abraham Pisarek)

Wir waren die einzigen Maler, und nur das schwermütige und schöne Gesicht der so hochstehend menschlichen und künstlerischen Käthe Kollwitz leuchtete aus der kleinen Menge Leidtragender heraus." (Hans Purrmann 1935) Am Sarg sprach Karl Scheffler, der langjährige Wegbegleiter, der in Verachtung der politischen Unfreiheit wenige Monate später das Erscheinen von „Kunst und Künstler" einstellte: „... daß wir mit ihm nicht nur einen großen Künstler zu Grabe tragen, sondern eine ganze Zeit. Er war der symbolische Mensch einer Epoche."

Der Rabbiner Malvin Warschauer in seiner Rede am Grab: „Wir wissen, seinesgleichen wird im Reiche der Kunst, wird dem deutschen Lande und dem Judentum, die in seiner Welt sich zusammenfanden, denen beiden er bewußt angehörte, so bald nicht wieder entstehen."

Martha Liebermann mußte bald darauf das Haus am Pariser Platz verlassen, die Gemäldesammlung wurde beschlagnahmt, ebenso die Villa am Wannsee mit Grundstück und Inventar. Die Witwe zog in den Westen der Stadt, Freunde rieten ihr zur Emigration.

Ihre in Frankfurt lebende Tochter hatte sich mit ihrer Familie 1938 in die USA retten können, für Martha Liebermann hielt die Schweiz seit 1941 ein Einreisevisum bereit, während Freunde in Schweden versuchten, einen Weg dorthin zu ebnen. Martha Liebermann zögerte und entschloß sich spät, zu spät, den Antrag auf Ausreise nach Schweden zu stellen. Die Reichsregierung verlangte dafür Devisen, eine immense Ablösesumme, die schließlich in Schweden zur Verfügung stand, unter der Bedingung, man lasse die alte Frau vor jeder Bezahlung ausreisen.

An einem Abend im März 1943 erschien die Gestapo bei Martha Liebermann und drohte, sie am nächsten Morgen abholen zu lassen, sollte das geforderte Lösegeld bis dahin nicht bereitliegen. Die Drohung glich de facto einem Todesurteil. In der folgenden Nacht nahm die fünfundachtzigjährige Martha Liebermann Gift, sie starb im Jüdischen Krankenhaus am 10. März 1943.

Bald nach ihrem Tod fiel das Haus am Pariser Platz unter Bomben in Trümmer.

Max Liebermann, 1931
(Foto: Erich Salomon)

Liebermann malt am Meer, es beginnt zu regnen. Ein Herr (tritt hinzu): Sehen Sie, Herr Professor, der Regen ist die Folge davon, daß es vorher gutes Wetter war – ich helfe Ihnen tragen.
Liebermann: Ebensogut können Sie sagen, ich bin, weil ich nicht schon gewesen bin – hab' ich recht?
Herr: Wie Sie Ihre Bilder nur malen können, weil sie nicht schon mal gemalt sind. – – (Sie gehen.)
Liebermann: Verblüffende Zusammenhänge, wat? Is so 'ne Mystik schon dajewesen? Unheimlich!
Herr: Und doch, Meister – – na, man weiß doch allerlei!
Liebermann: Wenn man man nich zu viel weiß, wissen Sie!
Herr: Doch wohl nicht – Ihre strenge und statiöse Kurve – ich meine, es ist eben alles gesetzmäßig, selbst meine ungeübten Augen – – sehen Sie, Sie malen und malen und werden beim Malen alt und doch nicht alt, ob jung ob alt, Sie kreisen immer in derselben Ordnung wie um eine in Zusammenhängen begreifliche Gegebenheit, da fällt mir das Wort aus dem Munde: Ihre strenge und statiöse Kurve.
Liebermann: Det glob ick, daß Sie da mehr Spaß an haben, als wenn Ihnen ein Weisheitszahn aus dem Munde fiele! Nischt für ungut!
Herr: Ich weiß, Sie berlinern mit Vorliebe, macht nichts! Ich bleibe dabei, daß ich was in Ihnen sehe, wenn ich auch vom Malen nur wenig ... fällt Ihnen da nichts auf?
Liebermann: Natürlich – wie wollen Se kieken, wenn Se nichts sehen können?
Herr: Wenn ich keine Liebermanns beurteilen will und auch wohl nicht darf, so weiß ich doch was von Liebermann.
Liebermann: Det tut mein Schuster och, aber ohne alle Mystik. Sonderbar, weil man achtzig wird, muß man sich derartige Beliebigkeiten in die Tasche stecken lassen.
Herr: Fassen Sie unsere Zeit, ich meine unsere Epoche, ins Auge ...
Liebermann: Da geb ich Ihnen schon vollständig recht.
Herr: Ihr Künstler unserer Zeit – – es kommt so heraus, unser ein gut Teil, unser So-Sein im ganzen, ist in Eurer Hand, unser Gefühl kreist in den Formen, die Ihr vorschreibt. Fragt sich nur in was für Unformen werden wir Stoff so oft ver ... verfälscht, verpfuscht, ver ... ver ...
Liebermann: Was hat denn das mit mir zu tun?
Herr: Schluß! Alle wohlgemeinten faulen Winde unserer Epoche sind an Ihnen abgeglitten, Ihre Kurve ist streng und statiös geblieben – wissen Sie: nicht überschwungt, nicht überschwelgt – und so!
Liebermann: Nu sagen Sie mir endlich, was habe ich und mein Pinsel eigentlich mit Ihrer Kurve zu schaffen.
Herr: Nochmals Schluß! Dauer sei Ihrem Pinsel und der Hand gegeben, die ihn führt, der Hand, die der Wirklichkeit winkt, daß sie ihre Nobelwerte bekennt, ihre Wichtigkeiten herzählt, der Hand, die so mit Zauber begnadet ist, daß die Wirklichkeit freundlichen Ernst macht und beständige Münze hineinlegt. Ob sie die unserer Epoche nicht allzuoft vorenthalten hat? Wir haben doch das Bild mit der Kurve fallen lassen!
Liebermann: So, also Sie kloppen mir sozusagen auf die Schulter und raten geradezu: malen Sie in Gottes Namen ruhig weiter, junger Mann von achtzig – oder versteh ich Sie in meiner freudigen Aufregung falsch?
Herr: Zum dritten Mal: Schluß! Lassen wir getrost das andere Bild auch

Max Liebermann, 1925

Max Liebermann mit seinem Dackel „Männe" im Berliner Tiergarten, 1929

fallen und malen uns ein drittes. Wie kommt Ihr Künstler dabei und macht uns von der Welt ein Gesicht? Ein kleines, winziges Stück macht eine Aussage von einem großmächtigen Stück. Wieso wißt Ihr was von ihr, außer weil Ihr verstohlen in ihr steckt und ihresgleichen seid, von ihr gesäugt, aus ihr gezapft und hervorgeschüttelt, in ihr abgesondert? Und was macht der Künstler von ihr für ein Gesicht, wenn nicht sein eigenes? Und kurz und gut – was zeigt er uns als Bild der Welt, wenn nicht unser eigenes, das ja auch nur sein eigenes ist, als ob wir nicht wie er am Ganzen teil hätten. Was bestürzt uns und faßt uns und sengt uns sanft, daß wir Segen aus solcher Entfachtheit erfahren, ein Heil, worin man sich wohl aufgehoben fühlt – was faßt uns an, außer daß wir uns im Abglanz wiederfinden! Und das darf uns dann trösten, daß wir uns, wir nämlich, die wir leisen Stolz darin suchen, nicht bloß Teilhaber am Geschäft und Betrieb zu sein, daß wir uns unwesentlich in mancher Kunstform, wesentlich in anderer wiederfinden und daß wir uns im letzten Falle einigermaßen akzeptabel vorkommen dürfen – dazu haben Sie beigetragen – also Dank, Meister, Dank!
Liebermann: Na, denn is jut!
(Ernst Barlach, 1927)

1847
Max Liebermann wird am 20. Juli in Berlin als zweiter Sohn des Fabrikanten Louis Liebermann und dessen Ehefrau Philippine, geb. Haller, geboren.
1859
Nach mehrfachem Umzug der Familie erwirbt Louis Liebermann das Haus am Pariser Platz Nr. 7 neben dem Brandenburger Tor.
1862
Beginn des Zeichenunterrichts bei Carl Steffeck.
1866
Abitur am Friedrich-Werderschen-Gymnasium und Immatrikulation an der Berliner Universität; doch statt eines ordentlichen Studiums weiterhin Arbeit im Atelier Steffecks.
1868
Beginn des Studiums an der Großherzoglichen Kunstschule in Weimar (bei Pauwels, Verlat, Thumann).
1870
Befreiung vom Kriegsdienst, dennoch kurzer Frontaufenthalt bei Metz.
1871
Zu Besuch bei Mihaly Munkácsy in Düsseldorf. Anschließend erster kurzer Aufenthalt in Holland.
1872
Reise nach Paris und Holland, hier Beginn der Freilichtmalerei.
1873
Im Dezember Übersiedlung von Weimar nach Paris.
1874
Sommeraufenthalt in Barbizon. Winter in Paris.
1875
Einige Tage in Barbizon, anschließend dritte Studienfahrt nach Holland.
1876
Reise über Düsseldorf und Berlin zu einer fünfmonatigen Maltätigkeit in Holland (Haarlem, Amsterdam).
1877
Im Sommer in Holland (Dordrecht, Zandvoort).
1878
Besuch der Eltern in Paris, gemeinsame Rückkehr nach Berlin. Nach einem Beinbruch Genesungsaufenthalt in Bad Gastein, von dort Reise nach Venedig. Im Dezember Übersiedlung nach München.
1879
Öffentliche Kampagne gegen das in München ausgestellte Gemälde „Der zwölfjährige Jesus im Tempel". Malaufenthalt in Dachau. Vermutlich Hollandreise im Frühsommer nach Zweeloo.
1880
Aufenthalt in Dongen (Brabant), im Herbst Rückkehr über Amsterdam nach München.
1881
In Den Haag Begegnung mit Jozef Israels. Von dort Weiterfahrt nach Dongen.
1882
Im Frühsommer Reise nach Berlin. Anschließend Malaufenthalt in Zweeloo in der holländischen Provinz Drenthe.
1883
Während des Sommers Arbeit in München. Reise nach Schlesien auf das Schloß Militsch.
1884
Übersiedlung von München nach Berlin. Im September Vermählung mit Martha Marckwald, anschließend Hochzeitsreise nach Holland (Scheveningen, Laren, Delden, Haarlem, Amsterdam). Im Dezember Rückkehr nach Berlin, Wohnung „In den Zelten 11".
1885
Berlin. Geburt der Tochter Käthe. Zur Kur nach Kissingen. Mitglied im „Verein Berliner Künstler".
1886
Studienaufenthalt in Laren.
1887
Im Sommer Reise nach Zandvoort und Katwijk.
1888
Im Frühjahr in Kösen bei Weimar, anschließend Reise über Innsbruck und Verona nach Mailand. Im August Kuraufenthalt in Baden-Baden.
1889
Organisation der inoffiziellen deutschen Kunstausstellung bei der Weltausstellung in Paris zum 100. Jahrestag der Französischen Revolution. Verleihung einer Ehrenmedaille. Im Sommer im holländischen Leiden.
1890
Im Frühjahr erster Arbeitsaufenthalt in Hamburg, anschließend in Kösen, im Sommer in Holland (Zandvoort und Delden).
1891
Umfangreiche Ausstellung im Münchner Kunstverein. Erneute Auftragsarbeit in Hamburg. Im November Goldene Hochzeit der Eltern.
1892
Im Februar Mitbegründer der Berliner Malervereinigung der „XI". Umzug in das Elternhaus am Pariser Platz, im September Tod der Mutter.
1893
Unterbrechung einer Italienreise in Rosenheim. Von dort über Mailand nach Florenz. Im Sommer Rückkehr nach Berlin.

„Selbstbildnis mit Zigarette",
1907
Bleistift 30 : 22 cm
Nationalgalerie Berlin, Kupferstichkabinett

Biographie

Max Liebermann, um 1927

1894
Im April Tod des Vaters. Studienaufenthalt in Holland von Juni bis September (Haarlem, Katwijk).
1895
Während des Sommers in Zandvoort. Im September vorzeitige Rückkehr nach Berlin.
1896
Auszeichnung als „Ritter der Ehrenlegion" durch die französische Regierung. Im Frühjahr Reise nach Paris in Begleitung Hugo von Tschudis. Besuch bei Edgar Degas, anschließend Weiterreise nach London, Begegnung mit James McNeill Whistler. Danach Arbeitsaufenthalt in Zandvoort und Laren.
1897
Anläßlich des 50. Geburtstages Ernennung zum Professor an der Berliner Königlichen Akademie der Künste, ohne hier jemals ein Lehramt auszuüben. Verleihung der Großen Goldenen Medaille auf der Großen Berliner Kunstausstellung. Im Sommer in Laren, im Winter Arbeit an einem Wandbild auf Schloß Klink in Mecklenburg.
1898
Sommeraufenthalt in Laren. Gewähltes Mitglied der Berliner Königlichen Akademie. Präsident der neugegründeten „Berliner Secession".
1899
Im Sommer Maltätigkeit in Laren, Zandvoort, Scheveningen. Fertigstellung des Ateliers auf dem Dach des Berliner Hauses.
1900
Sommeraufenthalt in Holland (Leiden, Scheveningen).
1901
Reise nach Laren, Hilversum, Amsterdam.
1902
Im Frühjahr Auftragsarbeit in Hamburg. Im Sommer in Holland (Scheveningen), im Herbst Reise über Florenz nach Rom.
1903
Im Sommer und Herbst in Holland (Huizen, Scheveningen). Veröffentlichung des Aufsatzes „Die Phantasie in der Malerei". Gewähltes Mitglied im Vorstand des Deutschen Künstlerbundes.
1904
Sommeraufenthalt in Edam.
1905
Im August in Noordwijk, anschließend in Leiden und Amsterdam. Im September in Hamburg.
1906
Vollendung des Gruppenbildes „Hamburger Professorenkonvent".
1907
Anläßlich des 60. Geburtstages große Einzelausstellungen in Berlin, Frankfurt und Leipzig. Sommeraufenthalt in Haarlem, Delft, Amsterdam.
1908
Reise nach Noordwijk. Ende Juli vorzeitige Rückkehr nach Berlin zum Begräbnis Walter Leistikows.
1909
Erwerb eines Grundstücks am Wannsee und Bau eines Landhauses. Arbeit in Hamburg im Auftrag der Kunsthalle.
1910
Im Sommer Übersiedlung in die neuerrichtete Villa am Wannsee.
1911
Im Frühjahr Reise nach Rom, im Sommer in Holland (Katwijk). Im November Niederlegung des Amtes als Sezessionspräsident. Wahl zum Ehrenpräsidenten der Sezession.
1912
Anläßlich des 65. Geburtstages Verleihung der Ehrendoktorwürde durch die Berliner Universität. Ernennung zum Ehrenmitglied an zahlreichen Akademien des In- und Auslandes. Im August in Noordwijk.
1913
Im Frühjahr Reise nach Rom und Neapel, letzter Sommeraufenthalt in Holland (Noordwijk).
1914
Ehrenpräsident der „Freien Secession". Wegen Kriegsausbruch unterbleibt die geplante Hollandreise.
1917
Anläßlich des 70. Geburtstages umfangreiche Retrospektivausstellung der Berliner Akademie. Verleihung eines preußischen Ordens. Kuraufenthalt in Wiesbaden.
1919
Vorübergehender Umzug in das Haus der Tochter.
1920
Im Oktober Berufung zum Präsidenten der Preußischen Akademie der Künste (alljährlich Wiederwahl bis 1932).
1927
Anläßlich des 80. Geburtstages große nationale und internationale Würdigung. Verleihung der Ehrenbürgerschaft von Berlin. Umfangreiche Ausstellung der Preußischen Akademie.
1932
Nach Ende der Amtszeit als Akademiepräsident Wahl zum Ehrenpräsidenten.
1933
Austritt aus der Preußischen Akademie der Künste, Niederlegung der Ehrenpräsidentschaft.
1935
Tod am 8. Februar in Berlin. Beisetzung auf dem Jüdischen Friedhof an der Schönhauser Allee.

Register

Achenbach, Andreas 89
Alberts, Jacob 100
Allebé, August 41
Augusta, Kaiserin 70

Baluschek, Hans 196
Bangemann, Oskar 215
Barlach, Ernst 180, 216, 226
Bastien-Lepage, Jules 64, 66, 69
Baum, Paul 88, 164
Baumgarten, Paul 178
Beckmann, Max 141, 159, 164
Begas, Reinhold 89
Behrens, Peter 191
Belling, Rudolf 216
Bellini, Giovanni 48
Berend-Corinth, Charlotte 166
Berger, Alfred Freiherr von 187, 190
Bernstein, Carl und Felicie 110, 111
Bismarck, Otto von 83, 88, 100, 181
Böcklin, Arnold 24, 117, 124
Bode, Wilhelm von 20, 96, 111, 143, 187
Bonnat, Léon 34
Bracht, Eugen 104
Brandenburg, Martin 101
Brandes, Georg 111, 187
Braque, Georges 157
Brentano, Clemens 111
Brockhusen, Theo von 196
Bülow, Karl von 181
Burchard, Heinrich 190
Bürkel, Heinrich 49

Caramelli & Tessaro (Kunsthändler) 40, 41, 56
Carpaccio, Vittore 48
Cassirer, Bruno (Verlag) 182, 200
Cassirer, Paul 157, 159, 160, 164, 182, 200, 220
Cassirer, Bruno & Paul (Galerie) 117, 124, 128
Cézanne, Paul 110
Chamisso, Adelbert von 111
Corinth, Lovis 124, 128, 159, 160, 164, 165, 187, 196, 207
Cornelius, Peter von 18
Corot, Camille 18, 34, 35
Courbet, Gustave 24, 32, 49, 51, 110
Cranach, Lukas von 25
Curtius, Ernst Robert 111

Daniel, Anita 220
Daubigny, Charles-François 35
Daumier, Honoré 176
de Lagarde, Paul (eigentl. Böttcher) 21
Degas, Edgar 34, 64, 111, 113, 117
Dehmel, Richard 190, 208, 210
Delacroix, Eugène 18
Desboutin, Marcellin 34
Dettmann, Ludwig 124
Diez, Wilhelm von 49
Dix, Otto 184, 197, 216
Durand-Ruel, Paul 32, 113
Dyck, Antonius van 26

Ebert, Friedrich 165
Edelfelt, Albert 35
Einstein, Albert 200, 208
Eipper, Paul 83
Elias, Julius 20
Engel, Otto Heinrich 124, 129
Ensor, James 100
Erzberger, Matthias 211
Eschke, Richard 20

Faure, Jean Baptiste 60
Ferdinand III. 13
Fontane, Theodor 182
Frenzel, Oskar 124
Friedländer, Max J. 107, 220
Friedrich Wilhelm IV. 12

Gaul, August 159, 160, 178
Gedon, Lorenz 50
Goethe, Johann Wolfgang von 25, 141, 182, 186, 193
Gogh, Theo van 68
Gogh, Vincent van 37, 68, 77, 110
Goldschmidt, Adolph 220
Goncourt, Edmond und Jules de 154
Grisebach, Eduard 187
Großmann, Rudolf 180
Gurlitt, Cornelius 117
Gurlitt, Fritz (Kunstsalon) 111, 117, 166
Gussow, Karl 24, 28, 33, 72, 76, 77

Hagen, Theodor 24, 27
Haller (Familie) 13, 17
Haller (Großvater) 13
Haller, M.J. (Bürgermeister) 13
Haller, Philippine
→ Liebermann, Philippine
Haller & Rathenau (Firma) 13
Hals, Frans 38, 39, 40, 52, 76, 83, 86, 97, 113, 141
Hamdorff, Jan 77, 79
Hancke, Erich 20, 39, 200, 211
Harden, Maximilian 164
Hardenberg, Karl August von 207
Hauptmann, Gerhart 182, 191, 216
Heilbut, Emil 90, 117
Heine, Heinrich 182
Heine, Thomas Theodor 164
Helferich, Hermann
→ Heilbut, Emil
Herbst, Thomas 20, 26, 28, 38, 44, 48, 51, 57
Herrmann, Curt 124, 164
Herrmann, Hans 61, 100, 101
Herstein, Adorf Eduard 164
Herz, Henriette Julie 111
Heyden, August von 104
Hill, Carl Fredrik 35
Hindenburg, Paul von 205, 213
Hitz, Dora 101
Hofer, Carl 197
Hofmann, Ludwig von 100, 104
Hofmannsthal, Hugo von 200
Hoschedé, Ernest 60
Huebner, Ulrich 205
Humboldt, Alexander und Wilhelm von 111
Humboldt, Wilhelm von 207

Israel, Richard 121
Israels, Isaac 68, 140
Israels, Jozef 40, 64, 66, 68, 69, 73, 76, 77, 86, 134, 137, 144, 155, 159, 210

Jaeckel, Willy 196
Jettel, Eugen 35, 40, 44, 45
Joachimsohn, Henri 21

Kalckreuth, Leopold von 24, 51, 129, 155
Kalckreuth, Stanislaus von 24, 27
Kampf, Arthur 197
Kardorff, Konrad von 220
Karl-Alexander (Großherzog) 24
Karl-August (Großherzog) 24
Kaulbach, Wilhelm von 50
Kerr, Alfred 158
Keczycki, Graf von 181
Kessler, Harry Graf 129
Kirchner, Ernst Ludwig 216
Klein von Diepold, Leo 220
Kleist, Heinrich von 182
Klimsch, Fritz 124
Klinger, Max 64, 101, 111, 117, 129, 143
Knaus, Ludwig 18, 27
Kobell, Wilhelm von 48
Koepping, Karl 88, 89, 151, 154
Kokoschka, Oskar 216, 220
Kolbe, Georg 164, 196
Kollwitz, Käthe 121, 180, 197, 216, 220
König, Leo von 196
Krüger, Franz 19, 148, 177
Kuehl, Gotthard 88

Laforgue, Jules 70, 72
Langenbeck, Bernhard 45
Langhans, Carl Gotthard 11
Lassalle, Ferdinand 83
Leibl, Wilhelm 27, 48, 49, 50, 51, 61, 69, 88, 89, 96, 106, 117, 124
Leistikow, Walter 100, 104, 121, 124, 128, 129, 156
Lenbach, Franz von 24, 48, 50, 100
Lepic, Graf Ludovic Napoléon 34
Lepke, Rudolf 30, 31, 117
Lessing, Gotthold Ephraim 73, 108
Levin, Julius 98
Levin, Rahel 111
Lichnowsky, Karl Max Fürst von 187, 207
Lichtwark, Alfred 96, 97, 137, 143, 144, 158, 178, 190, 191
Liebermann, Adolph 12
Liebermann, Anna 15
Liebermann, Benjamin 11, 21
Liebermann, Felix 15, 21
Liebermann, Georg 15
Liebermann, Joseph 11, 12, 15
Liebermann, Käthe
→ Riezler, Käthe
Liebermann, Louis 11, 12, 15, 16, 20, 107
Liebermann, Martha 73, 177, 220, 223

Liebermann, Philippine 12, 13, 19
Liebknecht, Karl 184
Lindenschmit, Wilhelm von 49
Luitpold, Prinzregent von Bayern 51
Luxemburg, Rosa 184

Maître, Léon 57
Makart, Hans 34, 100
Maltzan, Gräfin 68
Manet, Edouard 32, 35, 49, 60, 64, 111, 113, 133, 141, 168, 176
Mann, Heinrich 200, 216
Mann, Thomas 200
Marches, Baron de 32
Marckwald, Martha
→ Liebermann, Martha
Marées, Hans von 20
Matisse, Henri 157, 168
Mauve, Anton 73, 77
Max, Gabriel 49
Maximilian II. 49
Mebes, Paul 216
Mendelssohn, Moses 111
Menzel, Adolph 12, 18, 19, 22, 31, 52, 57, 66, 68, 69, 70, 72, 73, 81, 86, 87, 88, 89, 111, 117, 121, 124, 134, 148, 150, 151, 170, 176
Meunier, Constantin 117
Meyerbeer, Giacomo 15
Meyerheim, Paul 76, 150
Michelangelo Buonnarroti 210
Michelis, Alexander 24
Mies van der Rohe 216
Millet, Jean François 35, 37, 38, 39, 49, 64, 66, 86
Moll, Oskar 164
Moltke, Helmuth von 100
Mommsen, Theodor 111
Monet, Claude 111, 133
Morgenstern, Christian 49
Mosson, George 26, 100
Müller-Kurzwelly, Konrad 100, 101
Munch, Edvard 104
Munkácsy, Mihaly (eigentl. Michael Lieb) 27, 28, 30, 32, 33, 35, 37, 38, 45, 86

Nagel, Otto 220
Napoleon III. 34
Naumann, Friedrich 190
Neumann, Max 164
Nicolai, Friedrich 111
Nietzsche, Friedrich 187
Nolde, Emil 142, 156, 157, 158, 159, 216

Offenbach, Jacques 15
Oppler, Ernst 164
Orlik, Emil 205
Ostwald, Hans 17

Paal, Laszlo 35
Pauli, Gustav 170, 207
Pauwels, Ferdinand 24, 25, 26, 27, 28, 30, 40
Pechstein, Max 142, 156, 197, 216
Petersen, Carl Friedrich 97
Petit, Georges (Galerie) 64
Picasso, Pablo 157
Pietsch, Ludwig 31, 117, 154

Piloty, Karl Theodor von 24, 27, 49
Pissarro, Camille 111
Pohle, Leon 24
Purrmann, Hans 220

Raczynski, Athanasius Graf von 18
Raffael (eigentl. Raffaello Santi) 73, 140
Rathenau, Walther 211
Ravené, Pierre-Louis 18
Reicke, Georg 207
Rembrandt Harmensz van Rijn 26, 41, 56, 97, 133, 140, 141, 144, 145, 148, 151, 155
Renoir, Auguste 168
Riezler, Käthe 76, 178, 220
Riezler, Kurt (Legationsrat) 184
Rodin, Auguste 100, 178
Rosenhagen, Hans 117, 132
Rottmann, Carl Anton Joseph 49
Rubens, Peter Paul 133

Sachse, Louis Friedrich (Kunsthandlung) 18
Sarre, Friedrich 220
Sauerbruch, Ferdinand 215, 220
Sauerbruch, Hans 215, 220
Sichel, Nathanael 24
Sisley, Alfred 111
Skarbina, Franz 100, 104, 129
Slevogt, Max 124, 128, 133, 140, 159, 160, 164, 180, 182, 207
Speckter, Hans 26
Sperl, Johannes 38, 106
Spinoza, Baruch 144, 145
Spiro, Eugen 164
Spitzweg, Carl 48

Schadow, Gottfried 11, 176, 193
Schaper, Fritz 72
Scharff, Edwin 216
Scheffler, Karl 117, 164, 180, 205, 223
Schlegel, Friedrich von 111
Schleich, Eduard 49
Schleiermacher, Friedrich 111
Schlittgen, Hermann 76
Schmidt-Rottluff, Karl 196, 197, 216
Schnars-Alquist, Hugo 100
Schnitzler (Familie) 120
Schöne, Richard 72
Schulte, Eduard (Kunstsalon) 98, 100, 101

Stahl, Friedrich 100
Steffeck, Carl 18, 19, 20, 21, 22, 23, 24, 25, 26, 28, 33, 34, 72, 76, 96, 148, 176, 177
Stelling, Carolus 26
Stevens, Alfred 34, 64
Stoecker, Adolf 52, 76
Strebel, Hermann 190
Struck, Hermann 164

Tepper, Ernst 26, 33, 35
Thode, Henry 142
Thoma, Hans 124, 142

Thumann, Paul 24, 25
Tieck, Ludwig 111
Tintoretto, Jacopo 48
Tizian (eigentl. Tiziano Vecellio) 48
Troyon, Constant 35
Trübner, Wilhelm 49, 88, 98
Tschudi, Hugo von 113, 120, 121
Tucholsky, Kurt 108

Uhde, Fritz von 27, 38, 52, 77, 88, 89, 107, 129, 143, 166
Unger, William 40, 41, 151
Ury, Lesser 166, 196, 211

Velàzquez, Diego Rodriguez de Silva y 113
Velde, Henry van de 100, 117
Verlat, Charles 24, 33
Veth, Jan 79, 151
Vogel, Hugo 100, 101, 104
Volkmar, Antonie 19

Wagenbauer, Max Josef 48
Wagener, Joachim Heinrich Wilhelm 18
Wagner, Martin 216
Wagner, Richard 35
Warschauer, Malvin 223
Werner, Anton von 72, 73, 76, 87, 100, 104, 117, 121, 129, 141, 197
Whistler, James McNeill 113
Wilhelm I. 70
Wilhelm II. 9, 83, 87, 100, 101, 121, 129, 132, 143, 144, 170, 186

Zille, Heinrich 197, 205
Zügel, Heinrich von 50

Barlach, Ernst u.a.
„Max Liebermann im Urteil Europas", in: „Kunst und Künstler", Jg. 25, 1927, p. 365 ff.

Berend-Corinth, Charlotte
„Mein Leben mit Lovis Corinth", Hamburg 1947

Benkard, Ernst
„Begegnung mit Max Liebermann",
in: „Die Gegenwart", 24.4.1946

Bode, Wilhelm von
„Mein Leben", Berlin 1930

Braun, Ernst
„... unter frei denkende Menschen zu kommen",
in: „Neue Deutsche Literatur", Berlin/DDR 35. Jg., Heft 5 1987, p. 154 ff.

Ders.
„Die Beisetzung Max Liebermanns am 11. Februar 1935: Umstände, Personen, Überlieferungen, Pressereaktionen", in: „Jahrbuch d. Staatl. Kunstslg. Dresden", 1985, p. 167 ff.

Brauner, Lothar
„Max Liebermann", Berlin/DDR 1986

Busch, Günter
„Max Liebermann", Frankfurt/M. 1986

Corinth, Lovis
„Das Leben Walter Leistikows", Berlin 1910

Ders.
„Meine frühen Jahre" (1917), Hamburg 1954

Ders.
„Selbstbiografie", Leipzig 1926

Dehmel, Richard
„Gesammelte Werke", Berlin 1909,
in Bd. 8: „Kultur und Rasse"

Doede, Werner
„Berlin – Kunst und Künstler seit 1870", Recklinghausen 1961

Ders.
„Die Berliner Secession", Frankfurt/Berlin/Wien 1977

Donath, Adolf
„Die Liebermann-Feier. Ausstellung der Akademie", in: „Berliner Tageblatt" 23.6.1927

Eipper, Paul
„Ateliergespräche mit Liebermann und Corinth", München 1971

Elias, Julius
„Liebermann-Corinth",
in: „Kunst und Künstler", Jg. 13, 1915, p. 408 ff.

Ders.
„Max Liebermann: Eine Bibliographie", Berlin 1917

Ders.
„Max Liebermann zu Hause", Berlin 1918

Ders.
„Max Liebermann" (Graphiker der Gegenwart, Bd. 8), Berlin 1921

Felixmüller, Conrad
„Als ich Liebermann zeichnete", in: „Kunst und Künstler", Jg. 24, 1926, Heft 8

Friedländer, Max J.
„Max Liebermann", Berlin o. J. (1924)

Galliner, Arthur
„Max Liebermann – der Künstler und Führer", Frankfurt/M. 1927

Glaser, Curt
„Die Geschichte der Berliner Secession",
in: „Kunst und Künstler", Jg. 26, 1927/28, p. 14 ff.

Goldschmidt, Adolph
„Gedenkrede auf Max Liebermann" 1935, Hamburg 1954

Grisebach, August
„Erinnerung an Max Liebermann", in: „Das literarische Deutschland", Berlin 5.1.1951

Hamann, Richard
„Deutsche Malerei im neunzehnten Jahrhundert", Leipzig/Berlin 1914

Ders.
„Die deutsche Malerei vom 18. bis zum Beginn des 20. Jhdts.", Leipzig 1925

Ders./Hermand, Jost
„Naturalismus", Berlin 1959

Hancke, Erich
„Mit Liebermann in Amsterdam", in: „Kunst und Künstler", Jg. 12, 1913, p. 9 ff.

Ders.
„Max Liebermann, sein Leben und seine Werke", Berlin 1914 (2. Auflage 1923)

Ders.
„Max Liebermanns Kunst seit 1914", in: „Kunst und Künstler", Jg. 20, 1922, p. 340 ff.

Hausenstein, Wilhelm
„Die bildende Kunst der Gegenwart", Stuttgart/Berlin 1914 (2. Auflage 1920)

Ders.
„Berliner Eindrücke",
in: „Hier schreibt Berlin – Ein Dokument der 20er Jahre", München 1963

Helferich, Hermann
„Studie über den Naturalismus und Max Liebermann",
in: „Die Kunst für alle", Jg. 2, 1886/87, Heft 14/15

Heise, Carl Georg
„Max Liebermann",
in: „Die Großen Deutschen", Bd. 4, Berlin 1957

Herzog, Wilhelm
„Menschen, denen ich begegnete", Bern/München 1959

Justi, Ludwig
„Deutsche Malkunst im 19. Jhdt.", Berlin 1921

Katalog
„Max Liebermann – Hundert Werke des Künstlers zu seinem 80. Geburtstag", Berlin 1927

Katalog
„Max Liebermann in seiner Zeit", Berlin 1979

Katalog
„Für Max Liebermann 1847 – 1935", Nationalgalerie Berlin/DDR 1985

Katalog
„Liebermann schreibt an Lichtwark",
in: „Kunst und Leben – Alfred Lichtwarks Wirken f. d. Kunsthalle u. Hamburg", Hamburger Kunsthalle 1986

Koeppen, Wolfgang
„Max Liebermann – Juden in der deutschen Kunst",
in: „Portraits deutsch-jüdischer Geistesgeschichte", (Hrsg. Th. Koch) Köln 1961

Kokoschka, Oskar
„Mein Leben", München 1971

Kollwitz, Käthe
„Tagebuchblätter und Briefe", Berlin 1948

Kurth, Willy
„Der Spätstil Max Liebermanns", in: „Die Kunst", Jg. 45, 1922, p. 174 ff.

Laforgue, Jules
„Berlin – der Hof und die Stadt 1887", Frankfurt/M. 1970

Lamm, Albert
„Von neuen Bildern Max Liebermanns", in: „Kunst und Künstler", Jg. 27, 1929, p. 215 ff.

Landsberger, Franz
„Erinnerungen an Max Liebermann" (1957),
in: „Berlinische Notizen", Nr. 304, 1973

Ders.
„Max Liebermann – Der Künstler und Jude",
in: „Jüdische Rundschau", Jg. 40, 1930

Lichtwark, Alfred
„Briefe an Gustav Pauli", Hamburg 1946

Ders.
„Briefe an Max Liebermann", Hamburg 1947

Liebermann, Max
„Jozef Israels", Berlin 1911

Ders.
„Mit Rembrandt in Amsterdam", in: „Kunst und Künstler", Jg. 19, 1921, p. 261 ff.

Ders.
„Ein Credo",
in: „Kunst und Künstler", Jg. 20, 1921/22, p. 334 ff.

Ders.
„Gesammelte Schriften", Berlin 1922

Ders.
„Siebzig Briefe" (Hrsg. F. Landsberger), Berlin 1937

Ders.
„Die Phantasie in der Malerei", Frankfurt/M. 1978

Meier-Graefe, Julius
„Entwicklungsgeschichte der modernen Kunst" (1914), München 1986

Meißner, Günter
„Max Liebermann", Leipzig 1974

Muther, Richard
„Geschichte der Malerei im 19. Jhdt.", Bd. 3, München 1894

Ders.
„Max Liebermann",
in: „Aufsätze über bildende Kunst", Bd. 1, Berlin 1914

Nolde, Emil
„Jahre der Kämpfe", Berlin 1934

Osborn, Max
„Der bunte Spiegel", New York 1945

Ostwald, Hans
„Das Liebermann-Buch", Berlin 1930

Pauli, Gustav
„Max Liebermann – Des Meisters Gemälde", Stuttgart/Leipzig 1911

Pfefferkorn, Rudolf
„Die Berliner Secession", Berlin 1972

Rathenau, Walther u.a.
„Max Liebermann im Urteil seiner Zeitgenossen",
in: „Kunst und Künstler", Jg. 15, 1917, p. 463 ff.

Rosenberg, Adolf
„Die Berliner Malschule 1819 – 1879", Berlin 1879

Rosenhagen, Hans
„Liebermann", Bielefeld/Leipzig 1900

Seyppel, Joachim
„Lesser Ury", Berlin 1987

Scheffler, Karl
„Berlin, ein Stadtschicksal", Berlin 1910

Ders.
„Deutsche Maler und Zeichner im neunzehnten Jahrhundert", Leipzig 1919

Ders.
„Liebermann als Illustrator",
in: „Kunst und Künstler", Jg. 20, 1922, p. 237 ff.

Ders.
„Die fetten und die mageren Jahre", Leipzig/München 1946

Ders.
„Max Liebermann zum hundertsten Geburtstage am 20. Juli 1947", Hamburg 1947

Ders.
„Max Liebermann", Berlin 1922, Wiesbaden 1953

Schiefler, Gustav
„Max Liebermann. Sein graphisches Werk", Berlin 1907 (2. Aufl. 1914, 3. Auflage 1923)

Schmidt, Georg
„Max Liebermann – Zu seinem 10. Todestag", Basel o.J. (1945)

Singer, Hans W.
„Zeichnungen von Max Liebermann", Leipzig 1912

Strauss, Heinrich
„Judentum und deutsche Kunst",
in: „Deutsches Judentum – Aufstieg und Krise", Stuttgart 1963

Stuttmann, Ferdinand
„Max Liebermann", Hannover 1961

Teeuwisse, Nicolaas
„Vom Salon zur Secession", Berlin 1986

Terveen, Franz
„Max Liebermann in seinem Atelier", Berlin 1926, Göttingen 1958

Unger, William
„Mein Leben", Wien 1929

van Gogh, Vincent
„Sämtliche Briefe", dt. Berlin 1962

Veth, Jan
„Streifzüge eines holländischen Malers durch Deutschland", Berlin 1904

Waetzold, Wilhelm
„Deutsche Malerei seit 1870", Leipzig 1914

Wagner, Anna
„Max Liebermann in Holland", (Hrsg. Kulturabteilung d. Kgl. Niederld. Botschaft), Bonn 1976

Waldmann, Emil
„Kunst des Realismus und Impressionismus in Deutschland", Berlin 1927 (2. Auflage 1930)

Wickenhagen, Ernst
„Geschichte der Kunst", Esslingen [16] 1923

Wolff, Hans (Hrsg.)
„Zeichnungen von Max Liebermann", Dresden 1922

Impressum:

CIP-Titelaufnahme der Deutschen Bibliothek
Küster, Bernd:
Max Liebermann: e. Maler-Leben / Bernd Küster. – Hamburg: Ellert u. Richter, 1988
ISBN 3-89234-076-5
NE: Liebermann, Max [Ill.]

© Ellert und Richter Verlag, Hamburg 1988

Text: Bernd Küster, Worpswede
Lektorat: Elisabeth Krohn, Hamburg
Gestaltung: Hartmut Brückner, Bremen
Satz: Peter Appelt Grafik-Design & Fotosatz, Hamburg
Lithographie (Farbe): Tiroler Repro, A-Innsbruck
Lithographie (Titel): Rüdiger & Doepner, Bremen
Lithographie (Schwarz/Weiß): Rüdiger & Doepner, Bremen
Druck: Girzig + Gottschalk, Bremen
Bindearbeiten: Paderborner Druck Centrum, Paderborn

Bildnachweis:

Gemälde:
Gesellschaft Kruppsche Gemäldesammlung, Essen: S. 109
Kunsthalle Bremen: S. 95, 130, 138, 185, 188
Kunsthalle Emden: S. 199, 202/203
Kunsthalle Hamburg/Foto: Ralph Kleinhempel, Hamburg: S. 55, 119, 135, 189, 218
Kunstmuseum St. Gallen, Schweiz: S. 171
Moderne Galerie, Wien/Foto: Ali Meyer: S. 139
Museum Folkwang, Essen/Foto: Lutz Braun: S. 118
Nationalgalerie, Berlin (Ost): S. 29, 58, 78
Nationalgalerie, Berlin (West): S. 192, 194/195
Nationalgalerie, Berlin (West)/Foto: Jörg P. Anders: S. 131, 163
Neue Pinakothek, München/Foto: Joachim Blauel/Artothek, Planegg: S. 94
Niedersächsisches Landesmuseum, Hannover: S. 105, 112, 122, 123, 126/127, 146, 174/175
Saarland-Museum, Saarbrücken: Titel
Sammlung Georg Schäfer, Schweinfurt: S. 59
Staatsgalerie, Stuttgart: S. 85
Städelsches Kunstinstitut, Frankfurt/M.: S. 62
Städelsches Kunstinstitut, Frankfurt/M./Foto: Blauel/Gnamm/Artothek, Planegg: S. 43, 46/47
Städtische Kunsthalle, Mannheim: S. 198
Tate Gallery, London/Foto: John Webb: S. 219
Von der Heydt-Museum, Wuppertal: S. 42
Wallraf-Richartz-Museum, Köln: S. 63, 147
Zorn Collections, Mora, Schweden: S. 74, 75

S/W Abbildungen:
Archiv des Autors: S. 84, 143, 155, 160, 184, 206
Archiv für Kunst und Geschichte, Berlin (West): S. 180, 205, 217
Bildarchiv Foto Marburg: S. 14, 22, 35, 36, 37, 44, 51, 65, 97, 99, 101, 102, 120, 128, 136, 144, 152, 153, 165, 169, 181, 182, 191, 193, 210
Bildarchiv Preussischer Kulturbesitz, Berlin (West): S. 48, 70, 90, 104, 108, 116, 121, 125, 148, 170, 173, 183, 197, 204, 207, 208, 209, 214, 215, 221, 222
Bilderdienst Süddeutscher Verlag, München: S. 159, 177, 201, 228
Graphische Sammlung, Staatsgalerie Stuttgart: S. 115
Kunsthalle Bremen: S. 73, 82
Kunsthalle Hamburg: S. 190
Kunsthalle Hamburg/Foto: Ralph Kleinhempel: S. 111
Navigo, Hamburg/Bremerhaven: S. 179
Niedersächsisches Landesmuseum, Hannover: S. 71, 80, 114, 151, 162, 216
Rheinisches Bildarchiv, Köln: S. 187
Sammlung Georg Schäfer, Schweinfurt: S. 38
Sammlung Marianne Feilchenfeldt, Zürich: S. 61, 64, 67, 81, 86
Staatliche Graphische Sammlung, München: S. 92, 93
Staatliche Museen Preußischer Kulturbesitz, Kupferstichkabinett, Berlin (West): S. 227
Staatsgemäldesammlung München, Kupferstichkabinett: S. 56
Ullstein Bilderdienst, Berlin: S. 5, 9, 103, 149, 156, 161, 167, 172, 196, 200, 212, 213, 224, 225, 226

Danksagung:

Autor und Verlag danken Frau Marianne Feilchenfeldt sehr herzlich für ihr freundliches Entgegenkommen bei der Vorbereitung dieses Buches und für die großzügige Übertragung der Bildrechte.
Der Autor möchte an dieser Stelle ebenfalls Herrn Prof. Hans Sauerbruch für seine Hilfe am Zustandekommen der vorliegenden Arbeit in besonderer Weise danken.
Wilhelm M. Busch, der die Entstehung des Buches als Freund und Mentor fürsorgend begleitete, starb am 7. Juli 1987. Ihm ist dieses Buch gewidmet.